BEETHOVEN

Du même auteur

Mozart, l'itinéraire sentimental, Édition° 1, Michel Lafon, 1991, J'ai lu, 1993.
L'Honneur retrouvé du marquis de Montespan, Perrin, 1992.
Pavarotti, Jean-Claude Lattès, 1993.
Chopin, l'itinéraire sentimental, Jean-Claude Lattès, Michel Lafon, 1994.

EVE RUGGIERI

BEETHOVEN

JC Lattès

Pour Rachid Khimoune
En souvenir de Beethoven
qu'il rencontra un soir,
à Londres !

1

« Celui qui a compris une fois ma musique, celui-là doit se faire libre de toutes les misères où les autres se traînent. »

Dans la pièce baignée d'ombres un jeune homme s'avance, silencieux, tendu vers une silhouette dont le seul contour affole son cœur. Dehors, le vent tiède, un peu fou du mois de mai souffle sur la ville un parfum d'herbes fraîches venu des collines alentour. Sur le Prater, dans les jardins opulents du château de Schoenbrunn, les roses s'épanouissent dans l'ordonnance des carrés de buis. Mais ici, les épais rideaux sont tirés et les fenêtres closes. Nulle bougie n'éclaire le modeste logement où il vient d'entrer. Seule la pénombre laisse deviner un bureau d'acajou et le piano forte.

Ludwig avance et l'émotion voile son souffle d'une trace de cet asthme qui l'étouffe dès qu'il est en proie à la moindre appréhension. Il a seize ans, malgré le grand soin qu'il a porté à sa toilette, il est toujours aussi ébouriffé. Sa figure pâle, grêlée, cet air bourru qui jamais ne le quitte, son accent des bords du Rhin ne peuvent en aucun cas lui servir de sésame. Mais il a mieux pour justifier son intrusion dans l'antre du génie : la musique, son amour de la musique. Les yeux fiévreux, il serre entre ses doigts les recommandations qui lui valent d'être là : celle de son grand ami et protecteur, Ferdinand, comte von Waldstein-Wartenberg, qui connaît Haydn. C'est grâce à eux qu'il a quitté Bonn, grâce à eux qu'il va enfin rencontrer, écouter, le plus incontestable des maîtres, Wolfgang Amadeus Mozart.

Petit à petit, ses yeux s'habituent à l'obscurité qui s'éclaircit et découpe dans un fauteuil la silhouette d'un homme qui le regarde. Leurs yeux se croisent. Dans ceux de Ludwig, il y a toute la flamme de la passion, de l'attente, de l'admiration. Il dévore l'image qui s'offre à lui ; il devine, même assis, la petite taille du musicien. Mozart ne porte pas de perruque. Au-dessus d'une pelisse cramoisie, gansée d'un galon vieil or, le volume indomptable de sa chevelure blond-gris l'auréole d'une étrange lumière. A côté de lui, sur une table, posés parmi des liasses de papier réglé où courent, sans une rature, des vertiges de notes de musique, il y a une carafe de punch à moitié vide et quelques verres.

Ludwig toussote et, ne sachant comment se présenter, gauchement, plus brusquement qu'il ne le voudrait, il tend ses lettres que Mozart parcourt du regard sans se départir de l'extrême lassitude qui tire ses traits. Des mots, toujours les mêmes, ceux que l'on écrit pour recommander un prodige ! Encore un ! Et probablement parce qu'il l'a été lui-même, parce qu'il sait les heures de travail et la dictature paternelle qu'elles représentent, sans doute également parce que sa réputation d'enfant surdoué lui a tellement pesé plus tard, lorsqu'il n'était plus le charmant petit garçon en costume de cour que les aristocrates faisaient sauter sur leurs genoux et qui jouait si exquisement de l'épinette, il éprouve pour cette race, élevée en vase clos par des parents acharnés à leur gloire, une véritable répulsion.

Sans le savoir, Ludwig a introduit avec lui, dans l'antre du musicien, l'image de ce père qui, à l'heure même où Beethoven attend le cœur battant quelques mots d'encouragement, souffre aux côtés de sa fille Nannerl une agonie qui l'entraînera, deux semaines plus tard, vers la mort. La rancœur et la compassion agitent tour à tour Wolfgang, quand il se remémore l'image de Léopold si terriblement omniprésent. Cet homme déchiré entre son désir fou d'épargner à son fils les mesquineries qu'il lui avait fallu supporter et la peur incontournable de l'inconnu, d'une liberté qui l'effrayait faute de l'avoir pratiquée. Léopold qui, jusqu'au bout, l'a culpabilisé, couvert de lettres de récriminations, de plaintes et qui a voulu étouffer chez Wolfgang son unique passion, l'opéra. Maintenant, le père et le fils ont rompu. C'est Wolfgang qui en a pris l'initiative mais l'empreinte paternelle sur son esprit est trop forte pour qu'il parvienne à l'effacer, de même qu'il ne peut oublier la sécheresse de ses instances, sa détestation pour Constance, les suppliques pour que son fils songe d'abord à se placer officiellement avant de composer ses opéras. Son père qui en ce moment même, comme le lui écrit sa sœur Nannerl, se meurt !

Tout accable Mozart. Constance qui est partie une fois de plus prendre les eaux, la mort de son ami le comte Hatzfeld qui avait son âge ! le départ de l'exquise Nancy Storace qu'il aime tendrement, ses insolubles problèmes d'argent dans lesquels, malgré sa gloire, il continue de se débattre. Chroniquement ruiné, de plus en plus souvent malade, il travaille des nuits durant pour répondre à l'invitation des dilettanti de Prague et élaborer *Don Juan*, cet opéra qu'il pressent comme son chef-d'œuvre, en même temps qu'il termine deux admirables quintettes pour instruments à cordes. Et voilà qu'on lui envoie ce jeune homme.

Mozart lit la lettre. Il aimerait refuser l'entrevue demandée. Mais la requête est signée Waldstein, neveu de la comtesse Wilhelmine von Thun, celle qui fut si généreuse quand autrefois il a choisi l'indépendance et Vienne.

Alors, il invite Ludwig à s'asseoir et lui demande de jouer. Jouer ! Ludwig n'attend que cela. Le moment où toute son angoisse va disparaître pour laisser place à cette exaltation qui s'empare de lui lorsque les notes jaillissent sous ses doigts. Le morceau qu'il exécute est brillant et les innombrables difficultés techniques qu'il déjoue avec une folle dextérité devraient impressionner le maître. L'écoute-t-il au moins ? Wolfgang a les yeux clos, le souffle court, seules ses pommettes rouge sombre mettent un peu de vie sur son visage exsangue.

Qu'importe ? Ludwig, lui aussi, a oublié Mozart. Il joue, il improvise, il est dans son monde, dans un monde idéal dont il connaît l'originalité, l'éclat et, pourquoi pas, le pouvoir sur ceux qu'il y entraîne.

Il joue de toutes ses forces d'adolescent impatient, de toute son âme affolée d'émotions, d'espoirs, de brusques angoisses, de tendresses si déchirantes. A son front perlent d'imperceptibles gouttes de sueur. Il joue son triomphe. Quand il plaque l'accord final, c'est son corps tout entier qui bascule vers l'instrument. Où est-il ? Ah oui. Vienne. Mozart. Il est chez Mozart. Alors il redresse sa trop lourde tête et, les yeux brillants, l'interroge du regard.

Mozart n'a pas tressailli. Il n'a sans doute écouté que par pure politesse. Un sourire las, le maître remercie l'élève, et Beethoven va s'éloigner de Mozart sans que le ciel ne s'en soit mêlé ! La rencontre du siècle n'aura duré que quelques minutes. Plus tard, beaucoup plus tard, Beethoven ne sera guère plus aimable avec Rossini venu lui rendre hommage.

Pour l'heure, Mozart est sur le point de laisser sortir cet autre génie que la vie lui envoie peut-être parce que déjà, il est trop tard pour lui.

Sa propre musique le presse, il a entamé depuis quelques mois une course contre la mort : la sienne, la seule capable aujourd'hui de lui interdire d'écrire ce qu'il a encore à nous dire. Cette mort dont il devine le souffle sur ses lèvres. Pour se débarrasser de l'importun, il griffonne sur un morceau de papier quelques notes dont Beethoven pressent aussitôt les pièges. Immédiatement, il se met au piano, improvise, greffant sur le thème imposé les obstacles les plus inouïs pour les vaincre aussitôt. Cette fois-ci, il en est sûr, il a fait la preuve de son incomparable talent, et le maître, conquis, convaincu, va l'applaudir.

Le maître, en effet, a changé d'attitude. Le masque froid est tombé, et il écoute, attentif. Mais lorsque Ludwig achève sa partition, Mozart se lève et le raccompagne à la porte. Il lui redemande son nom, et, à ses amis qui ont applaudi, il lance :

– Faites attention à celui-là, il fera parler de lui dans le monde.

C'est fini, le rêve est brisé. Beethoven balbutie encore qu'il voudrait entendre Mozart jouer, mais celui-ci refuse. Il s'est acquitté de sa dette envers la comtesse Wilhelmine, il ne donnera ni concert, ni leçons, ni investiture. Rien de plus qu'un congé poli mais ferme.

Dans un ultime espoir, avant que la porte ne se referme, Ludwig scrute le visage de Mozart, mais Mozart l'a déjà oublié.

Alors, il se retrouve dans la rue, meurtri. « Il fera parler de lui dans le monde ! » La remarque ne l'a pas flatté.

Elle ne sonnait même pas comme un présage. Ludwig a seize ans et des siècles sur les épaules, mais il sait sans l'ombre d'un doute que son nom traversera les frontières. A peine sorti de l'enfance, il a déjà composé, quatre années auparavant, *Neuf variations pour clavecin en ut mineur sur une marche de Dressler*, l'année suivante *Trois sonatines pour clavier en mi bémol majeur, fa mineur et ré majeur* qu'il a dédiées à l'Électeur Maximilien Frederic, un *Concerto pour piano en mi bémol majeur* et *Trois quatuors en mi bémol majeur, ré majeur et ut majeur.*

C'est pour que le monde, ce monde auquel Mozart vient de faire allusion, ait un vrai et beau commencement qu'il est venu à Vienne. Qu'imaginait-il? Que ce génie dont il entend parler depuis ses plus jeunes années allait l'applaudir, le féliciter publiquement, lui ouvrir les portes des salles de concert, lui prodiguer conseils et encouragements, mieux, lui donner des leçons là où il aurait pu déceler quelques faiblesses, dans son jeu, dans son écriture?

Malgré son amertume, Ludwig se veut lucide : c'est exactement ce qu'il attendait de cette rencontre, et la raison même qui a poussé le nouvel Électeur Maximilien Franz de Habsbourg à pourvoir aux frais de ce voyage. Sinon, que viendrait-il faire dans cette énorme capitale, lui, le petit provincial mal dégrossi? rencontrer Joseph II? Un empereur ne peut l'émouvoir autant qu'un musicien. Même si la réputation du fils aîné de l'impératrice Marie-Thérèse, cet étrange souverain qui se veut philosophe et grand novateur plaît au jeune homme. Joseph II interdit, dit-on, à ses domestiques de s'agenouiller devant lui, reçoit lui-même le peuple, couche sur une paillasse en feuilles de maïs enveloppé d'une peau de cerf pour marquer son horreur du luxe. Hélas, malgré toutes ses tentatatives de réformes, malgré sa volonté de faire de Vienne une capitale des penseurs, de l'étude et des philosophes, malgré les répressions que Marie-Thérèse tente d'opérer sur le libertinage et la frivolité de la ville, la capitale viennoise est sourde à tout, sauf à la musique. C'est la musique de Mozart qu'elle applaudit. « Le plus grand compositeur du monde ! » s'éblouit Haydn. Et tout le peuple viennois d'accourir à ses opéras, aux *Noces de Figaro*, dont le public, malgré la cabale dirigée par Saliéri, a bissé sept arias. S'il n'est qu'un musicien, c'est Mozart.

Bien sûr, Ludwig a d'autres lettres de recommandations qui pourraient lui ouvrir les salons des grandes familles aristocratiques. Mais qu'y ferait-il ? Il s'est toujours senti pesant, lourdaud, encombré d'un corps dont la maladresse si risible s'assortit d'une susceptibilité et d'un orgueil intense.

Il a échoué à Vienne. Il le sait, il sent qu'il vient de passer à côté d'une rencontre essentielle pour lui. Les deux musiciens, le maître incontesté et le jeune homme auraient eu pourtant beaucoup à se dire. Ils ont les mêmes idées fortement nationalistes, le même rêve d'affranchir l'Allemagne du goût musical italien et, plus profondément, une bonté rayonnante. Tous deux souffrent de la dictature de l'argent qui les lie aux plus basses tâches et bride leur inspiration. Tous deux n'ont qu'une même passion : composer, composer en toute indépendance. Un rêve qui n'est pas de leur siècle. Pour bien vivre de sa musique, il faut être officiellement attaché à une cour, où peu d'aristocrates différencient les domestiques des musiciens qui d'ailleurs portent leur livrée. Mozart, à moins de quatre ans de sa mort, en pleine maturité et en pleine possession de son art, paie chèrement sa révolte contre le Prince Électeur de Mannheim qui lui refusait la liberté d'écrire.

De toute évidence Mozart ne l'a pas écouté. Ou si peu. Et à cet instant, en arpentant fébrilement le pavé,

Ludwig en est à se demander si la louange n'était pas une formule toute faite, un réflexe de courtoisie plus qu'une opinion sincère et raisonnée... Au moins Vienne l'aura-t-elle distrait de Bonn et de ses malheurs familiaux.

Pendant presque deux mois, il y a vécu comme un garçon de son âge, en compagnie de ses grands amis, Stephan von Breuning et Franz-Gerhard Wegeler. Les deux jeunes gens, étudiants en médecine, ont fait partie du voyage de l'aller et les lenteurs du périple n'ont en rien altéré leur bonne humeur. Pour Ludwig, ce voyage représentait bien autre chose qu'un déplacement. Il fuyait Bonn, ses tracas et ses chagrins, bien résolu à rester à Vienne, à y percer, et à convaincre le monde de son génie. C'est pour cela qu'au lieu de se contenter sagement de l'aide financière de l'Électeur, il a également emprunté une somme – très lourde pour lui – au bon docteur Schaden, certain que sa musique et l'amour que lui porteront les Viennois le rembourseront au centuple. Après tout, n'est-il pas, déjà, applaudi et vénéré à Bonn ? Son nom ne circule-t-il pas dans tous les salons ?

Mille fois, dans la voiture, à la pension, Ludwig a raconté à ses amis ce qu'il espérait de son entrevue avec Mozart. Mille fois, il a recomposé, dans sa tête, le programme qu'il lui jouerait. Mille fois, aux sorties des concerts, il a expliqué à Stephan pourquoi, peut-être, il serait préférable de commencer par le thème de l'un de ses quatuors plutôt que par une sonate.

En attendant le jour de l'entrevue, il s'est nourri, gavé de cette musique dont Vienne est si gourmande. Et maintenant, il lui faut retrouver le meublé où il a pris pension avec ses amis. Que leur dire ? Comment leur raconter sa désillusion ? Une blessure d'amour-propre froissé lui étreint le cœur. A l'entrée de son immeuble, il relève la tête. Il a pris sa décision. Et s'il ne leur disait rien. Il se taira.

Il n'en a d'ailleurs pas le loisir. La logeuse, quand il commence, à pas pesants, à grimper les marches de l'escalier, lui tend deux lettres. L'une porte le cachet du comte von Waldstein, l'autre, la signature de son père. Les deux apportent la même mauvaise nouvelle. On le rappelle d'urgence et, malgré les dérobades qu'il cherche déjà fébrilement dans sa tête, il se heurte toujours à la même implacable réalité : il doit rentrer à Bonn.

Sur le chemin du retour, la voiture qui volait à l'aller semble se traîner interminablement. Ludwig suffoque, harassé, il tousse, et, dans son désespoir fébrile, c'est la misère qu'il voit se substituer au cocher pour fouetter les deux vigoureux chevaux de poste qui tractent la berline et l'arrachent aux ornières des mauvais chemins ; cette increvable misère qui le poursuit depuis son enfance où elle cernait son berceau. Stupidement, il a cru pouvoir y échapper, et s'enfuir de Bonn qu'il chérit et abhorre tout à la fois, Bonn où le destin ne lui a jamais été favorable. Bonn qu'il atteindra seul, loin de ses deux chers amis restés à Vienne.

Dieu sait pourtant s'il était parti plein d'espoir, s'il croyait aux lendemains qui chantent ! Mais le rêve n'aura duré que quelques semaines ; jusqu'à Vienne, la main de son père s'est abattue sur son épaule. La lettre qu'il a reçue dans la capitale autrichienne, griffée de pattes de mouche, maculée de taches d'encre, plombe sa redingote.

D'un geste las, Ludwig glisse ses doigts dans sa poche, les crispe au contact du papier qui se froisse comme l'un de ces mauvais rêves qui persistent au réveil. La réalité odieuse de sa vie l'a rattrapé. Bonn est encore loin, mais déjà Ludwig est exténué, bien plus par les sombres perspectives de son retour que par l'inconfort du voyage. Lui qui n'a jamais eu d'enfance, sera-t-il aussi privé d'adolescence ?

Vienne a été un échec, pire, une frustration, comme si la vie lui avait soudain, dans un mirage de quelques semaines, offert puis repris brutalement ses plus belles richesses.

Il tourne et retourne dans son esprit torturé les tourments que son destin lui inflige. Ce qu'il peut concevoir de son avenir se mêle, dans un même brouillard opaque, à l'échec de sa rencontre avec Mozart, qui n'a pas reconnu en lui ce que tous voudraient qu'il fût : son héritier.

Beethoven sait ce qui l'attend à Bonn. Tout ce que sa jeunesse bouillonnante, son ambition, veulent à toute force écarter. Alors, pour s'en protéger, et sans doute pour préserver encore quelques instants son rêve musical, cette élévation de l'esprit à laquelle son corps tout entier aspire, il s'offre, le temps d'une halte à Augsbourg, une illusion de bonheur. C'est qu'à Augsbourg, demeure Stein, le célébrissime facteur de piano.

Au relais de poste où il fait halte, une nouvelle lettre de son père l'attend. Celle-là, il ne l'ouvre pas. Il sait trop bien ce qu'elle contient. Il aura, dans la diligence, le loisir de la parcourir, et de pleurer. La missive en poche, ses bagages à peine déposés, il s'enquiert de l'adresse de Stein et y vole.

Là, à peine a-t-il entrouvert la porte de l'atelier, que déjà l'atmosphère, le décor l'apaisent immédiatement. Luisant dans la pénombre, il découvre les plus beaux objets de désir que son imagination peut créer. De magnifiques instruments, qui brillent d'un vernis patiemment élaboré.

Les ouvriers ont levé la tête quand il est entré, mais il ne leur a pas prêté attention. Pas même un bonjour. L'odeur forte de la colle lui monte un peu à la tête et les hommes se poussent du coude, inquiets de la lueur fiévreuse qui embrase le regard de ce jeune homme aux gestes trop brusques. L'un d'eux s'écarte du groupe et disparaît par une petite porte tandis que Ludwig effleure les claviers , les caresse de ses doigts, tourne autour des pianos, en choisit un, et commence à jouer.

Toute sa douleur, toute la frustration de ce voyage raté lui brûlent les doigts. Il s'abîme dans ses émotions, les yeux mi-clos, enivré par la pureté du son de l'instrument, inconscient du retour de l'ouvrier, accompagné maintenant d'une toute jeune fille. C'est Nanette, la fille de Stein, que la beauté de cette musique jamais entendue, si nouvelle à ses oreilles, bouleverse. Malgré la peine qu'elle éprouve à s'arracher à ce puissant univers sonore, elle court à son tour chercher son père.

Ah quel bel après-midi ils ont passé tous les trois ! Ludwig se le rappelle dans la voiture retrouvée. Ces longues conversations avec le père et la fille qui lui ont offert un rafraîchissement, le désir de Nanette de l'écouter, et l'écouter encore, redemandant insatiablement qu'il lui joue tous les airs de sa composition ! Si seulement Mozart en avait fait autant !

Avec un pauvre sourire, Ludwig se souvient de cette merveilleuse rencontre avec Stein, de leur séparation, de la promesse qu'il s'est solennellement faite d'acquérir le plus vite possible un piano de cette qualité.

Et puis son sourire se fane. La deuxième lettre n'est toujours pas ouverte. Ah ! S'il pouvait gagner encore quelques instants, juste pour se nourrir un peu de ces derniers moments de répit, d'amitié, d'échanges, mais maintenant qu'il a quitté Augsbourg, maintenant qu'il n'est plus question de nouvelles haltes, la lecture de la lettre confirme ses pires appréhensions : son père, avec son écriture chaotique, le bouscule, le presse, n'attend que lui.

A quelques lieues de Bonn, là où leur route grimpe sec sur les dernières collines et où les chevaux ralentissent la course dans la voiture bringuebalée, secouée en tous sens, Ludwig sent monter de nouveau en lui ces spasmes qu'il ne connaît que trop, cette difficulté à respirer, le sifflement pernicieux de l'asthme. De sa poche, il sort un mouchoir qu'il applique sur le bas de son visage ; puis, il reste un long moment absorbé dans ses pensées, traquant dans le fond de son cœur la raison secrète de son malaise physique. Ce n'est pas cette tourmente de la chair qui le fait le plus souffrir mais celle, sournoise, de l'esprit, une mélancolie oppressante qui l'étreint brusquement, sans prévenir. L'irrépressible angoisse de la mort, de la maladie qui annihile jusqu'à son inspiration pour ne l'abandonner qu'après de longues heures d'inactivité. Ludwig s'effraie de ces vagues de malaise, redoute de voir la neurasthénie s'infiltrer dans son expression, dans son art.

Cette « melankolie », il sait qu'il la tient de sa mère, « sa meilleure amie », sa seule douceur, sa mère au visage, trop souvent triste. Cette mère qu'il n'a jamais entendue rire pour laquelle il revient à Bonn. Sa mère qu'il aime tant. Ah, comme il est heureux lorsqu'il arrive parfois à lui arracher un sourire, une caresse ! Ah, comme il aimait, du temps où son cher grand-père était encore vivant, admirer l'immuable rituel des préparatifs de sa fête, le jour de la sainte Maria-Magdalena.

C'était alors le meilleur moment de l'année chez les Beethoven, la seule parenthèse de bonheur, où chacun perpétuait, l'espace d'une journée, l'illusion d'une famille heureuse, unie. Tôt le matin, on allait chercher des branchages de viornes, de lauriers, des brassées de fleurs pour décorer le baldaquin installé en cette occasion au-dessus du grand fauteuil en tapisserie, sur lequel était accroché le portrait du grand-père, comme si tout le monde voulait convier l'aïeul musicien à la fête. Transportant leurs pupitres dans la maison modeste des Beethoven, les musiciens de l'orchestre de la chapelle installaient leurs instruments dans les deux pièces qui donnaient sur la cour ; les amis, les voisins, tous étaient invités ; et tous participaient aux préparatifs de la fête.

De grandes tables étaient dressées sur lesquelles on étendait des draps blancs. Puis on disposait avec soin et en abondance, de la charcuterie, des crêpes, de la bière et du vin du Rhin.

Ce jour-là, Maria-Magdalena van Beethoven, née Keverich, devait s'enfermer dans sa chambre, où elle tentait de se reposer malgré le bruit assourdissant des meubles que l'on déplace, les cris des voisines énervées, auxquels succédait au fur et à mesure que la nuit avançait le son des instruments que l'on accorde. Vers le début de la soirée, elle choisissait la plus belle de ses robes, celle des mariages et des fêtes, lissait ses cheveux striés d'argent en deux bandeaux plats, poudrait ses traits fatigués et attendait, le cœur battant comme une jeune mariée, le « toc toc » qui viendrait la délivrer.

Son mari ouvrait alors la porte, un bougeoir à la main et , selon un cérémonial que personne n'aurait osé modifier, lentement, émue à s'en rompre le cœur, sous les applaudissements de tous, elle descendait majestueusement l'escalier au rythme des premières mesures de l'orchestre improvisé. La musique emplissait la maison, envahissait la cour, comme un appel, une invite à tous ceux qui désiraient entrer : la musique chez les Beethoven était le sel de la terre, le pain quotidien de la famille.

Ludwig se rappelait le père Hanzmann, un moine organiste qui n'aurait pour rien au monde manqué ce rituel. C'est au cours de cette cérémonie familiale où l'accompagnait parfois le frère franciscain Willibald Koch, qu'il avait remarqué les dons de Ludwig, fièrement campé sur le tabouret du piano, s'évertuant, de tout son amour et de toute sa science balbutiante, à réjouir le cœur maternel, ce cœur, écrira-t-il plus tard, qui « sait parler comme il sied aux plus humbles et aux plus grands personnages ». Après l'un de ces concerts, il avait invité l'enfant à le suivre à l'église, pour lui enseigner les rudiments de l'orgue.

Lorsque les derniers voisins avaient rejoint la fête, lorsque la musique avait tourné les têtes, occultant les difficultés quotidiennes, on servait le souper, le vin coulait à flots; et tous, ivres de mélodie et de bonheur, se mettaient à danser fort tard dans la nuit, jusqu'aux premières lueurs de l'aube qui fanaient l'illusion et repeignaient, sur les traits de sa douce amie, les stigmates de la fatigue et de la phtisie galopante.

Et aujourd'hui, elle se meurt. C'est ce que lui annoncent les lettres. C'est le cri que lance son père, incapable d'organiser sa vie, de s'occuper de ses trois autres enfants, Johann, Karl et la toute petite sœur si pâle et si frêle dans son berceau.

Maria-Magdalena, une fois de plus, épuisée par d'incessantes quintes de toux, s'est couchée. Cette fois-ci, elle ne se relèvera pas. Et ce n'est pas cette image de sa mère crachant des cuvettes de sang que Ludwig veut se rappeler. Il préfère conserver celle de cette femme si douce, dans le soleil du dernier été, dans la petite cour de la maison qu'elle a voulu, malgré son épuisement, fleurir. De toutes ses forces, il cherche à ne se souvenir que d'elle, mais pernicieuse, l'entrevue avec Wolfgang le hante. Comment en chasser la blessure de son cœur? Cesser de se répéter la scène pour comprendre à quel moment il a failli, ce qu'il aurait dû faire pour retenir l'attention de son modèle, ou ce qu'il a fait et qu'il n'aurait pas dû faire. Les images tourbillonnent au son de la musique qu'il a exécutée et qui maintenant éclate dans son esprit enfiévré. Le salon de Vienne, la carafe de punch, la cuvette de sang, sa mère exsangue, tout se confond.

Ses yeux le brûlent, la fatigue, l'anxiété brouillent son regard. Comme ils lui semblent loin ces jours presque heureux et perdus à tout jamais. Ludwig van Beethoven n'est plus un enfant, d'ailleurs qu'a-t-il vécu de l'enfance ? Son père lui a pris sa jeunesse et, avec sa mère qui s'en va, les dernières images s'effacent. Elle seule savait le prendre sur ses genoux, le cajoler, murmurer à son oreille des histoires qui le ravissaient dont, bien sûr, son grand-père était le héros.

Lorsqu'il était mort, en 1773, Ludwig n'avait que trois ans. Mais les souvenirs qu'il garde de cet homme restent tellement vifs, sensibles, physiques, qu'il ne sait ce qui est de la légende, ou de la réalité. Maria-Magdalena adorait son beau-père, le Kapellmeister, l'homme illustre de la famille, qui très vite avait regretté la défiance qu'il avait pour cette jeune veuve d'un valet de chambre et fille d'un maître queux, au service de la maison du Prince Électeur. Longtemps il s'était repenti d'avoir boudé les noces de son fils Johann, lorsque celui-ci, envers et contre son père, s'était entêté à épouser Maria-Magdalena. Très vite, le Kapellmeister avait béni le ciel de ce qu'il avait pris au début pour une mésalliance. Très vite, il avait réalisé qu'elle était l'élément fort de la famille, la vestale d'une pauvre petite flamme de bonheur que Johann s'évertuait à souffler, puis à éteindre. Avec une abnégation totale, elle avait fait face à tout. A la pauvreté, à la mort de trois de ses enfants sur les sept que lui avait donnés son mari, et enfin à la tuberculose qui devait l'emporter avant le décès, quatre mois plus tard, de Maria-Margarita, sa petite dernière. Surtout, elle avait fait face à l'alcoolisme de plus en plus virulent de Johann qui suivait en cela les traces de sa propre mère, qu'il avait fallu enfermer, rongée par son vice, dans un asile de Cologne où elle était morte.

Mais tant qu'avait vécu son grand-père, qui pourvoyait essentiellement, grâce à sa charge et à son commerce de vins, aux besoins de sa famille, la maison avait été heureuse. Originaire des Flandres, organiste à Louvain, Ludwig van Beethoven l'ancien, fuyant la crise économique qui frappait les Pays-Bas, avait émigré en Allemagne. Il s'était installé à Bonn, dans une jolie maison ornée de tableaux de maîtres hollandais, et de collections de dentelles de Bruges, où son fils Johann s'était réfugié avec toute sa famille. De son temps, la vie y était aisée, sans richesse extravagante, sans ostentation, mais d'un raffinement et d'une simplicité qui avaient à jamais marqué son petit-fils.

Il n'avait que trois ans, et pourtant Ludwig se souvenait avec une intense acuité de ces moments magiques sur les genoux du vieil homme, blotti contre ce grand-père imposant dont il portait le prénom mais si doux, si chaleureux. Ce grand et beau monsieur au visage sérieux, aux joues rouges, racontait à son petit cœur, « ce cœur où tout résonne », comment il était devenu musicien, très vite repéré par le Prince Électeur qui l'avait nommé musicien de la Cour. Il lui racontait les concerts, ses programmes favoris, comment il entraînait à sa suite tous les musiciens de l'orchestre, riait d'un rire énorme, caressait d'une main de velours... Et quelle voix magnifique il avait ! Ludwig ferme les yeux et aussitôt, les airs préférés de son grand-père résonnent à son oreille. Comment peut-on être malheureux dans une maison où chante celui que l'on aime et que l'on admire ? Une maison où la musique coule à flots ?

Mille fois, son grand-père lui avait répété comment, de ténor, il était devenu, avec l'âge et la voix qui mûrit, basse à l'église et à l'opéra. Quelquefois, il lui chantait le soir de vieux airs en français et en italien, langues qu'il maniait à la perfection.

Devenu maître des ballets et des chœurs, il savait ce

qu'exigent de travail, de lutte, et de constance l'art musical, la pratique quotidienne de la voix, d'un instrument. « La musique est une maîtresse exigeante », chuchotait-il à l'oreille de son petit-fils.

« C'était un homme d'honneur », soupirait sa mère, quand elle évoquait son beau-père. Et c'est sur cet homme d'honneur que Ludwig reportait désormais toute son affection, son estime et ses meilleurs souvenirs d'enfance.

Lui, le grand-père, et pas Johann, son père.

Ah, son père ! Ludwig tremble en y pensant. Le hait-il ? Le plaint-il ! Il n'en sait rien. Il n'a jamais supporté la moindre allusion aux frasques paternelles, pas plus qu'il n'a admis les airs de pitié dont les amis et les voisins l'accablent. Très jeune, il a appris à repousser les autres et à leur faire ravaler leurs doléances. Mais pourtant, en son for intérieur, il a beau fouiller sa mémoire, rien d'heureux n'y surgit venant de Johann. Rien, pas même une éventuelle complicité née de la musique. Car si Ludwig van Beethoven, l'aïeul, avait été un grand musicien, son fils, Johann, est loin d'être aussi talentueux ; sa fréquentation du monde musical, sa pratique quotidienne, l'éducation qu'il a lui-même reçue, lui ont tout juste servi à déceler chez son fils des dons musicaux exceptionnels. Dans la voiture, Ludwig se demande s'il lui racontera, en arrivant, ce que lui a dit Mozart ? Johann, comme tous ceux qui l'entourent, n'a que ce nom sur les lèvres. On se le répète à l'envi dans les orchestres, les chapelles, les salons. Osera-t-il lui dire le désintérêt, la politesse acquittée, le congé presque immédiat, sans rémission possible ?

Non, l'esprit de son pauvre père, rongé par l'alcool, est trop malade. Depuis seize ans, il n'émerge de son ivrognerie que pour s'intéresser aux progrès de Ludwig, c'est-à-dire à la façon dont celui-ci pourra un jour monnayer son talent.

Quand a mûri dans la tête du pauvre Johann, l'idée que s'il s'attelait à devenir un second Léopold, Ludwig deviendrait un autre Mozart, les rêves les plus fous l'ont assailli. Si Ludwig décrochait de prestigieuses charges auprès du Prince Électeur, s'il rapportait à la maison suffisamment d'argent pour que la vie d'avant reprenne son cours, alors lui, Johann Beethoven pourrait tenter de relancer le commerce des vins de son père, qui ne cesse de péricliter, et dont il boit plus qu'il ne vend les fonds.

Johann s'est inspiré de ce qu'il connaît du rôle joué par Léopold, mais, c'est avec autorité, brutalité, et surtout sans aucune méthode rationnelle qu'il va initier Ludwig.

Comment Ludwig pourrait-il oublier ces débuts sans joie ? Pourtant, il n'en veut pas à son père de ce rêve de puissance plaqué sur ses frêles épaules d'enfant. Sans lui, aurait-il seulement pu apprendre la musique ? Il n'y avait pas assez d'argent dans la maison du 934 de la Rheingasse pour s'offrir un professeur. Et peut-être, avec son tempérament rêveur, aurait-il gaspillé ces heures enfantines à courir la campagne, flâner sur les bords du grand Rhin, décrocher de temps en temps les volets de Gottfried Fischer, le boulanger de la famille et voler, dans le poulailler de son épouse, quelques gros œufs bien chauds qu'il emportait en courant, Mme Fischer sur ses talons, lui criant qu'il n'était qu'un affreux « croque-œuf ».

« Je ne suis qu'un “ croque-notes ” », lui répondait-il en se réfugiant chez lui, pour se remettre aussitôt à son piano afin d'y travailler ses gammes avant le retour de Johann.

C'est vrai, que son père était chaotique jusque dans son emploi du temps. C'est vrai, qu'il le réveillait souvent la nuit par le bruit de ses pas que l'alcool alourdissait. Pris d'une frénésie quasi hystérique d'enseignement, il accrochait alors l'épaule de son fils pour le secouer, le tirer vers le piano. L'école elle-même n'empêchait en rien l'expression de la dictature paternelle. Ludwig regardait partir ses frères pour la Münsterschule, et lui restait, à s'essayer au hautbois, au violon, au piano.

Mais il aimait ça. Quelle qu'en était la voie, il en aimait le but : cette musique, que ses petites mains apprivoisaient chaque jour davantage, la musique, raison suprême, même jouée la nuit, même exécutée dans le souffle aviné de son père et de Tobias Pfeiffer son compagnon de musique et de beuverie, un bohémien fantasque, un musicien ambulant, qui logeait alors chez eux.

Souvent, Ludwig pleurait de fatigue. Il titubait sur son banc. Mais il ne leur en voulait pas. Il ne parvenait même pas à détester l'âme damnée paternelle, ce Pfeiffer, avec ses éclats, ses ivresses. Au fond, le bohémien-flûtiste savait parfaitement lui faire comprendre le solfège et rectifier ses défauts. Pfeiffer l'écoutait, l'encourageait. Combien de fois l'avait-il poussé à mieux saisir telle ou telle nuance, combien de fois lui avait-il répété qu'il devait servir son talent, ce don de Dieu, le travailler, l'affiner toujours sans relâche. Pfeiffer, lui au moins, aimait ces petits airs qui trottaient dans la tête d'enfant de Ludwig et prenait plaisir à l'entendre jouer ces mêmes mélodies qui ulcéraient tant son père, qui les considérait comme une perte de temps, un temps volé à l'étude, donc au succès.

C'est que Johann voulait à tout prix que ces répétitions « rapportent » dans le sens le plus concret du terme : depuis deux générations, la musique avait toujours été le gagne-pain de la famille. Johann, que son père produisait en public dès l'âge de dix ans, transmettait donc à son fils cet héritage qu'on lui avait de même transmis. Dès lors, la musique passait avant tout. Avant l'école, avant le jeu, avant l'enfance.

Le dimanche, par exemple, alors que les enfants de son âge ainsi que ses frères jouaient dans les cours ou s'amusaient dans la campagne, Ludwig, à cinq ans, restait cloîtré dans la grande église du quartier; assis auprès de l'orgue, il avait l'ordre d'écouter sans bouger, de regarder le maniement des pédales et le jeu des doigts sur les claviers. Aujourd'hui encore, lorsqu'il ferme les yeux, le souvenir est là avec une extrême précision : la fraîcheur de l'église, le silence respectueux avant que n'éclatent les formidables sons, l'odeur d'encens et de fleurs un peu sûres, la petite chaise de bois blanc calée contre le mur où il reste assis, dans le poudroiement d'or des rais du soleil qui tombent des vitraux. Là, il a connu des moments de paix intenses, d'émotions et de vertiges. Comme il aimait ces instants ! Combien il admirait alors son père, immense démiurge de cet énorme et impressionnant instrument de chapelle. Comme il aimait le voir se pencher vers lui, l'air sévère qui sied à un dieu musicien, pour lui prédire que dès que ses doigts seraient assez longs, assez puissants, il pourrait, lui aussi, pénétrer dans cette forêt de tuyaux, de colonnes qui se dressaient vers le ciel !

Mais à cette époque bénie, Ludwig ignorait que cette prédiction paternelle répondait à un plan très précis, une stratégie calculée; que l'ambition immédiate de Johann, avant même que son fils ne devienne le meilleur musicien attitré de la Cour, avec une rémunération régulière, restait qu'il s'exhibât pour rapporter le plus vite possible ces thalers qui manquaient tant au domicile familial.

C'est ainsi que, dès qu'il en avait jugé Ludwig capable, Johann avait organisé son premier concert. Il fallait faire comme Léopold qui avait entraîné Wolfgang de cour en cour, de salles de concert en salons. Ce serait à Cologne, que Ludwig se produirait et pour rivaliser avec Léopold, Johann n'avait pas hésité à le rajeunir de deux ans. L'âge d'un jeune virtuose est un capital qu'il convient de gérer adroitement.

Ludwig se rappelle très bien l'affiche qui annonçait le formidable événement. Ce bout de papier qu'il a conservé parmi ses premières partitions.

« AVERTISSEMENT

Aujourd'hui, dato le 26e de mars 1778, dans la salle des Académies musicales, dans la Sternengasse, le Hoftenorist de l'Électeur de Cologne, Beethoven, aura l'honneur de présenter deux de ses élèves, à savoir : Mlle Averdonc, Altiste de la Cour, et son petit garçon de six ans. Ils auront l'honneur de se présenter, la première avec différents beaux airs, le second avec différents Clavier-Concerten et Trios, où il se flatte que toute la haute assistance prendra un plaisir complet, d'autant plus que tous deux ont eu l'honneur de se faire entendre de toute la Cour avec le plus grand plaisir. »

Mais Cologne n'avait pas été un succès. Johann n'était pas le seul à s'être inspiré de l'exemple de Léopold, et en ces années, les prestations d'enfants prodiges abondaient. D'ailleurs, aujourd'hui encore, Ludwig s'en félicite. Maintenant qu'il y réfléchit dans cette voiture, pendant les quelques minutes qui le séparent des retrouvailles avec sa famille, peut-être que ce concert a révélé la découverte de ses sentiments véritables pour son père. Pour la première fois, quand il avait dû jouer devant cette salle à moitié vide il avait senti monter en lui un sentiment de mépris douloureux, et presque de pitié devant Johann se démenant pour attirer la foule et vendre des billets, l'exhibant, comme un petit monstre de foire, étalant aux yeux d'une ville inconnue le spectacle de la déchéance familiale.

Mais l'échec de ce premier concert n'avait pas

désarmé Johann, pas plus qu'il ne l'avait écarté de son obsession : être le père d'un second Mozart. De retour à Bonn, l'éducation musicale de son fils s'était poursuivie dans le plus grand désordre, suivant un calendrier hautement fantaisistes. Pfeiffer parti, Ludwig avait été confié au vieil organiste Egidius van den Eeden. Le matin à l'aube, il filait vers le cloître des Franciscains car c'était le seul moment où le frère organiste était disponible ; là encore, c'était Mozart qu'on lui donnait à étudier, mais avec quel bonheur ! Avec quel plaisir il déchiffrait les partitions de Bach, de Haendel ou de Gluck !

A peine se passionnait-il pour un instrument, que son père le lançait aussitôt dans l'étude d'un autre. Le piano, l'orgue, le hautbois ou la flûte ne satisfaisaient pas Johann. Il fallait aussi le violon. Et ce fut l'un de ses cousins éloignés, Franz Rovantini, qui lui en enseigna les rudiments.

Il se souvient de ces années comme d'une course continuelle : quelle folle poursuite après le temps ! Dans la voiture Ludwig se revoit tombé du lit à l'aube, puis de retour chez lui pour se précipiter à l'école, hirsute, pas lavé, les vêtements fripés et déchirés, honteux du regard de ses condisciples sur lui. Seules, quelques rares escapades dans la campagne, sur les collines qui entourent Bonn, lui donnaient l'impression de vivre un peu. Là il pouvait s'abandonner à son amour effréné de la nature, parfois même s'offrir quelques retraites rêveuses à la fenêtre du grenier d'où l'on apercevait sa petite voisine, Cécilia Fischer :

– Qu'est-ce que tu regardes, Ludwig ? lui demandait-elle régulièrement, de sa petite voix pointue. Comme il ne répondait pas, elle insistait :

– Qu'est-ce que ça signifie ? Pas de réponse, c'est encore une réponse !

– Oh ! non !... Pardonne-moi ! J'étais occupé d'une si

belle, si profonde pensée, je ne pouvais pas m'en arracher...

C'était là, bien souvent, qu'il tentait d'oublier son père, de plus en plus obsédé par une tournée de concerts internationaux d'où il reviendrait fortune faite! Mozart n'avait-il pas conquis la cour de France au même âge?

Par cette douce journée de printemps, Ludwig se souvient encore de la deuxième et dernière tentative de Johann pour lui faire entreprendre un voyage d'exhibition lucrative. Cette fois-ci, il avait tablé sur l'étranger: La Hollande. Peut-être, là-bas, se souviendrait-on encore de Ludwig l'ancien, peut-être que les origines de la famille porteraient bonheur à l'entreprise? Le père, le fils, et la mère s'étaient alors lancés dans un périple inconfortable, programmé en plein hiver. A Rotterdam, ils avaient été accueillis par la famille Rovantini, qui leur avait assuré le gîte et le couvert. Mais, comme à Cologne, le concert s'était soldé par un échec. D'ailleurs même si on les avait reçus dans les plus grandes maisons, même si le jeu de Ludwig avait étonné tout le monde par sa virtuosité, le voyage n'avait rien rapporté, ou à peine de quoi en couvrir les frais.

Pire, le trajet avait été une épreuve pour Maria-Madgalena van Beethoven. L'hiver de 1781 avait été particulièrement froid et dans la voiture qui les ramenait à Bonn, sur le bateau qui avait traversé le Rhin, elle n'avait pas cessé de tousser, ni de s'inquiéter pour son fils. Pas une seconde, elle n'avait relâché son étreinte. Et sur l'embarcation, pénétrée jusqu'aux os par l'humidité glaciale, elle avait tenu contre son sein les pieds gelés de son enfant.

De retour, la fièvre s'était emparée d'elle la forçant à garder le lit, une fois de plus!

Dieu merci, la chance avait fini par leur sourire et les

efforts de Johann avaient été récompensés. Lorsque son père l'avait présenté à l'examen d'admission à l'orchestre de la Cour, Ludwig avait décidé de jouer le tout pour le tout, c'est-à-dire une fugue à deux voix que le Prince Électeur avait lui-même composée. Il l'avait fait sans flagornerie, parce que la fugue, pourtant très difficile, lui plaisait. Et le Prince Électeur, émerveillé par la maîtrise d'exécution du jeune enfant, avait ordonné sur-le-champ qu'il soit engagé et pris en main par l'organiste de la Cour, qui devait, de plus, parfaire son éducation et développer ce rare talent. Ludwig avait onze ans.

Onze ans, mais quel orgueil, quelle fierté ! La charge s'assortissait d'un salaire qu'on lui réglait rubis sur l'ongle, ainsi que d'un costume. Adieu les oripeaux. Le dimanche, pour l'office, il accompagnait désormais les musiciens de la Cour à l'église, et seule la musique pouvait lui détacher l'esprit de son frac vert d'eau, complété d'une veste de soie brodée, aux poches galonnées d'or, d'un jabot de dentelle et d'une belle perruque, bref, l'uniforme de l'orchestre en titre.

Et tant pis si la splendeur de sa tenue ne masquait ni sa taille un peu trop courte, ni son cou posé sur des épaules trop larges pour son âge, ni son visage tout grêlé, ni ce teint si sombre qu'il lui avait valu le sobriquet de l'« Espagnol ».

Mais quelle fierté, quelle lumière dans les yeux de sa mère, quand elle le regardait gaillardement partir honorer sa charge !

Malgré la tiédeur qui règne dans la voiture, Ludwig frissonne au souvenir des baisers tendrement posés sur sa joue, aux tentatives appliquées de Maria-Magdalena pour lui apprendre à poudrer tout seul sa perruque, et à la poser bien droit sur sa tête. Elle, elle le trouvait beau ! Et suprême compliment, quand il était ainsi vêtu, elle ne manquait jamais de lui dire combien il ressemblait à son grand-père...

A la pensée de sa mère qui l'envahit à nouveau, Ludwig sent son angoisse l'étreindre ; la dernière lettre paniquée de son père, reçue au départ d'Augsbourg, a ravivé la pire de ses craintes : si sa mère disparaissait, Johann serait bien incapable d'assumer l'éducation et la charge de ses deux frères. Karl n'a que treize ans et Nikolas-Johann onze. Quant à la petite Maria-Margarita, elle est encore au berceau. C'est lui, Ludwig qui devra tenir les rênes de la famille, et pourvoir aux besoins de tous, y compris à ceux de son père. Comment, comment a-t-il pu croire un instant qu'il lui échapperait ?

Les choses avaient pourtant semblé s'améliorer, à l'époque de son entrée à la Cour. Peut-être parce que Ludwig passait le plus clair de son temps au château, et n'avait pas constamment sous les yeux le spectacle affligeant du logis mal tenu, de ses frères quasi abandonnés aux servantes des voisines, des scènes terribles de son père, chroniquement ivre et épisodiquement brutal. Peut-être ne voyait-il plus la lente désagrégation familiale, parce que quelqu'un, qui était à la fois son professeur et son ami, était entré dans sa vie.

Ludwig avait douze ans lorsque son éducation avait été confiée à cet homme cultivé, nouvel organiste de la Cour, Christian-Gottlieb Neefe. Le professeur et l'enfant avaient en commun une certaine mélancolie, et Neefe, qui avait trente-quatre ans, soutenait, dans une complicité tacite, l'enfant morose taciturne et silencieux, trop souvent triste mais vibrant d'un amour-propre inaltérable.

Plus encore que son soutien, Neefe avait offert un trésor inestimable à Ludwig : le monde de la connaissance, dont il était jusque-là privé. Il n'était jamais allé au lycée, mais grâce à Neefe, il était entré à la grande école des poètes et des philosophes. Neefe l'avait initié aux idées humanistes dont il avait fait son pain quotidien, et à douze ans, Ludwig avait commencé à chercher des correspondances, des liens secrets entre la poésie et la musique. Neefe n'avait-il pas composé une mélodie sur une ode du poète Klopstock : « Dem Unendlichen » ? Ne lui avait-il pas fait entendre en même temps que Bach d'autres compositeurs français, allemands ou italiens tels que Grétry, Cimarosa, Mozart bien sûr...

Pour la première fois, Ludwig qui travaillait avec méthode, sous les directives exigeantes mais parfaitement assurées et patientes de son maître avait enfin cessé sa course effrénée d'un instrument à l'autre : Neefe l'avait astreint à l'étude systématique du piano, à celle de l'écriture, à l'utilisation de la basse continue, tout en protégeant l'enfant contre son environnement familial.

Le jeune organiste avait selon Nottebohm cité par Brigitte et Jean Massin une théorie très affirmée : « Les lois et les phénomènes de la musique devaient se rattacher à la vie psychologique de l'homme et, à proprement parler, devaient la prendre pour base. »

Et si, très vite, le maître avait été dépassé par l'élève en virtuosité et en technique, Ludwig avait continué de s'enrichir au niveau de l'éducation du goût et du sentiment musical. A cet égard l'enseignement de Neefe ne pouvait qu'être stimulant et efficace.

Mais très curieusement, Neefe, comme Johann, n'avait pas échappé à la fascination du cas Mozart. Et comme les progrès de Ludwig, depuis qu'il le faisait travailler, étaient fulgurants, Neefe n'avait pas résisté à la tentation de publier ses premières œuvres l'année de ses treize ans – qu'il ramenait à... onze ! Dans le même élan, il avait fin mai 1783 publié dans un magazine musical cette information qui mêlait fort adroitement les mérites de son jeune élève aux siens : « Louis van Beethoven, fils du ténoriste ci-dessus nommé, jeune garçon de onze ans, doué des plus rares dispositions. Il joue du piano-forte avec un talent remarquable; il déchiffre fort bien, et en un mot il joue couramment le " clavecin bien tempéré " de Sébastien Bach, ouvrage auquel l'a initié M. Neefe. Quiconque connaît cette collection de préludes et de fugues dans tous les tons, œuvre de la plus haute difficulté, peut juger du degré de science qu'il faut avoir pour la jouer. M. Neefe l'a aussi poussé dans l'étude sérieuse du contrepoint, autant que ses préoccupations le lui ont permis. Maintenant, il l'exerce à la composition et, pour le stimuler, il lui a fait graver à Mannheim neuf variations pour clavier sur une marche de Dressler. Ce jeune génie mérite d'être soutenu et de pouvoir voyager. Il deviendra certainement un second Wolfgang-Amadeus Mozart, s'il continue comme il a commencé. »

Le voyage touche maintenant à sa fin : par la fenêtre de la voiture, Ludwig aperçoit avec un soulagement mêlé d'angoisse les maisons blanches de Bonn qui bordent le Rhin. Dans les eaux immobiles du fleuve, se reflètent face à la ville les douces collines qu'escaladent allégrement les vignes toutes échevelées de pampres. Sur le ciel d'azur, se découpent avec la même netteté la cathédrale et le château cerné de ses remparts qui surplombent les ruelles de la ville, étroites et sales.

Les sabots des chevaux claquent fort sur un rythme métallique qui accentue les pensées morbides du jeune homme. Trop vite, la voiture atteint la cour exiguë de la maison paternelle. Trop vite, son père en sort, trop vite il se précipite sur lui, effondré, empestant l'alcool. Il a les yeux hagards de l'homme qui vient de perdre sa dernière attache. En cette minute, tout bascule, Johann regarde Ludwig comme un fils regarde son père lorsqu'il attend de lui un secours, une décision, une autorité; et Ludwig regarde Johann comme un père regarde un fils prodigue, brisé, avide de protection; puis Johann s'écroule contre la poitrine de Ludwig qui doucement, après une brève étreinte, le repousse pour entrer dans cette maison qu'il avait cru pouvoir oublier pendant ces deux mois d'absence. Le logis est plus sombre que dans ses pires souvenirs, noyé de crasse et de désordre. En quelques semaines, la demeure s'est imbibée d'une odeur âcre de misère et d'abandon. Les trois enfants s'y pressent sous le regard tendre et apitoyé de Cécilia Fischer, qui est venue les garder. Dans son berceau, relégué dans le coin le plus obscur de la pièce, Maria-Margarita s'agite.

Pendant l'absence de Ludwig, Johann a perdu ses derniers élèves. Après avoir vendu ses tableaux et les collections de dentelles hérités de son père, il s'est lourdement endetté. Il a même contraint sa femme, effondrée, à vendre ses vêtements. Et, au lieu d'aller à l'école, de faire leurs devoirs ou de dormir, ses deux frères ont dû passer leur temps à chercher leur père dans les bouges où l'alcool l'a assommé et où il gît, quand ce n'est pas au poste de police où ses brutalités, et ses tapages nocturnes l'ont consigné.

Ludwig enregistre mécaniquement ce spectacle mais ne s'y arrête pas. Contrôlant comme il peut le tremblement de sa main, il pousse la porte de la chambre de sa mère. Sur le lit, exsangue, celle-ci lutte pour respirer. La tuberculose a fait des ravages. Maria-Magdalena, squelettique, les yeux brillants d'une fièvre dévorante, semble dormir, le corps parcouru de brefs sursauts.

Ludwig lui prend la main. Caresse sa joue. Maria-Magdalena tourne péniblement la tête, lui sourit, elle sait qu'elle va mourir, et c'est à ses autres enfants qu'elle pense. A Johann capable de les précipiter à la ruine et au déshonneur. Alors, humblement, tout en lui en demandant pardon, elle supplie son fils de veiller sur eux. Sur eux tous. Et même sur Johann.

Ludwig promet, et la regarde fermer les yeux, épuisée. Il ne pleure pas. Il est au-delà de la douleur et de la réalité, l'horrible vérité anesthésie ses sens. Glacé, il vient de comprendre que le mal a pris les rênes de son destin. Le voyage est terminé.

2

« Elle savait détourner l'insecte de la fleur. »

Comme Mozart, Ludwig a donc perdu sa mère. Mais là s'arrête la comparaison : Mozart était seul au chevet de Anna-Maria morte dans une ville étrangère. Ludwig, lui, est entouré d'amis, aimé et formidablement aidé par le Prince Électeur. Certes il est de retour à Bonn, où la situation familiale est désastreuse, mais lorsque, quelques jours plus tard, on enterre Maria-Magdalena van Beethoven, il est au milieu d'êtres chers et attentifs presque plus que des amis, une autre famille qu'il s'est choisie. Et ces acteurs de sa vie étendent sur lui une aile protectrice.

D'abord, il y a Franz-Gerhard Wegeler. Celui par qui le bonheur était arrivé. Franz avait quinze ans. Il était l'ami du fils de M. Bachem, employé supérieur des douanes du Rhin, chez lequel, après les classes, il courait jouer. Or, de la maison des Bachem, presque contiguë à celle des Beethoven, Franz tendait l'oreille, toute son attention captée par la musique qui s'échappait des fenêtres, entrecoupée de cris et d'ordres brutaux.

« On pouvait voir de là le petit Ludwig, ce qu'il faisait et souffrait. »

Un jour, n'y tenant plus, Franz s'était échappé de chez les Bachem pour frapper à la porte voisine. C'est Ludwig qui lui avait ouvert. Jamais il ne devait oublier leur premier regard, l'immédiate amitié qui était née de cette rencontre, malgré leur différence d'âge.

Franz était bouleversé par les rudes conditions de vie de Ludwig, en même temps qu'il était ébloui par les dons musicaux de son camarade. Pas un instant il ne doutait de son génie, il en parlait avec flamme à ses propres amis, et surtout aux Breuning. A Hélène von Breuning qui l'avait invité, émue par le portrait que Franz, dans l'emphase de sa jeunesse, dressait de Ludwig. Ce jour-là avait été sans doute l'un des plus beaux de la vie de Beethoven. Sa mère était alors continuellement alitée, chez lui, il tentait de cacher les bouteilles de vin que rapportait son père, et courait des soirées entières pour le retrouver dans les quartiers les plus louches de la ville, afin de lui éviter les rafles de police, et le déshonneur.

Chez les Breuning, il avait découvert une tout autre image de la famille, celle qu'il aurait pu avoir. Hélène était veuve du conseiller aulique électoral, mort le 15 janvier 1777 dans le grand incendie du palais de Bonn en tentant de sauver les papiers du château dont il était l'archiviste. Elle avait trente-deux ans lorsque Ludwig avait fait sa connaissance. Elle était douce, tendre, dotée d'une patience à toute épreuve, et de quatre enfants joyeux. Trois garçons et une fille, Eleonore-Brigitte, familièrement surnommée Lorchen.

Le soir, chez les Breuning autour de la table familiale, les discussions, les rires, la bonne entente réchauffaient les cœurs. « Il règnait dans cette maison, avec toute la vivacité de la jeunesse, un ton de bonne éducation sans raideur. Christophe von Breuning s'essaya de bonne heure à de petites poésies ; Étienne von Breuning l'imita beaucoup plus tard, mais non sans succès. »

La fortune, l'aisance permettaient à Hélène de céder à sa générosité naturelle. Et, très vite, Ludwig prit l'habitude de pousser cette porte comme si elle était la sienne.

« Il fut bientôt traité comme l'enfant de la maison, écrira plus tard Franz Wegeler ; il y passait non seulement la plus grande partie du jour, mais même souvent la nuit. »

Là, il se sentait libre ; tout semblait facile. Tout concourait à s'accorder gaiement avec lui et à développer son esprit.

Hélène se prit d'une réelle affection pour l'enfant. Très vite, elle discerna l'âme à vif sous l'apparence rugueuse, excusa ses mouvements d'humeur, sa susceptibilité maladive et son orgueil incommensurable. Elle seule parvenait à le dérider. Sûre de l'empire, immense, qu'elle exerçait sur Ludwig, souvent opiniâtre et maussade ; pour épargner sa susceptibilité, et justifier le gîte et le couvert qu'elle lui offrait si fréquemment, elle le pria d'enseigner la musique à ses enfants. Il la leur apprit, comme il apprit d'eux un supplément de littérature et de philosophie. On riait beaucoup derrière les blancs rideaux de mousseline. La petite Eleonore se plaisait, elle aussi, à écrire des vers sous la lampe, quand elle ne brodait pas. Et Hélène, avec une extrême finesse, lui enseignait l'art de se tenir en société.

« Elle fut mon ange gardien », écrira plus tard Ludwig.

Quel bonheur pour lui d'être au centre de cet aréopage de penseurs et de poètes, de mécènes et de beaux esprits. Ici, personne ne lui rappelait la chute de sa famille, les infamies de son père, l'alcool qui avait ramené les Beethoven à une condition plus basse que celle dont étaient issus leurs ancêtres les plus humbles.

Dans ce même cercle, il jouissait de la plus grande liberté jamais octroyée par son père : inventer, suivre le cours de ses sentiments l'ennivrait, et pour une fois, la mélancolie dont il se plaignait si souvent était une muse. Il aimait faire frémir ses admiratrices. Il avait parfaitement compris que les touches d'ivoire de l'instrument frappaient aussi leur sensibilité ; et de ce pouvoir-là, il ne se lassait pas.

Aussi confiait-il à d'autres les quelques compositions qu'il avait déjà écrites ; préférant improviser, quand il sentait que l'inspiration était là, qu'elle guidait ses doigts ; alors le temps ne comptait plus, il était Le temps, lui, Ludwig. Il était capable d'en marquer les heures et les minutes, de suspendre les souffles au clavier, d'oublier tout et de faire oublier tout ce qui le tourmentait et le poursuivait dans ses cauchemars.

Souvent même, il était l'ordonnateur de leurs soirées. Quand la brise de l'été entrait par les fenêtres et en faisait palpiter les voilages, lourde des parfums des rosiers grimpants, voluptueuse des promesses intangibles qu'offre la nuit ; quand, de la ville, ne montaient plus que quelques rires ou quelques aboiements, Éléonore ne se faisait jamais prier pour jouer. Avec sa grâce inimitable, elle réclamait, comme un enfant sa gourmandise, la dernière composition de Ludwig. Ah ! comme il aimait le très léger froncement qui marquait son front quand une difficulté technique ralentissait le déchiffrage de la partition ! Ah, comme il aimait son air de triomphe lorsqu'elle en surmontait les difficultés et que ses doigts délicats volaient sur le clavier !

C'est encore dans cette grande maison bénie, ouverte, riante sous les tilleuls de la place de l'Église, entourée d'une grille ouvragée où s'entrelaçaient les roses, que Ludwig avait rencontré un autre de ses anges gardiens, le jeune comte von Waldstein.

Ce soir-là, Ludwig, au clavecin, s'amusait, pour la grande joie de toute la famille à improviser des petits portraits musicaux. Le jeu ravissait particulièrement Lorchen, à laquelle Ludwig ne savait pas résister quand elle réclamait « sa » récréation. Lorsque le comte, ami de Franz et de Stephan dont il avait à peu près l'âge, entra dans le salon, il fut, lui aussi, immédiatement frappé par l'originalité de la composition, et par le jeu expressif de Ludwig. Si bouleversé, qu'il décida d'aider, de la façon la plus discrète et la plus élégante, ce jeune musicien.

Ludwig avait besoin d'argent : il lui ouvrit les portes des grandes maisons afin qu'il puisse y donner des leçons, puis demanda à l'Électeur de nommer le jeune homme second organiste, une charge assortie d'une pension de cent cinquante florins par an.

Ludwig travaillait alors sur un vieil instrument. Il lui offrit son premier beau piano pour son anniversaire, et ne répugna pas à lui rendre visite, dans sa modeste chambre.

Ludwig aimait improviser? Il lui commanda la musique d'un « ballet chevaleresque » et quelques variations sur un thème de son cru dont il souffla l'idée au Prince Électeur afin de ne pas froisser la susceptibilité du tout jeune homme.

Bref, chez les Breuning, on l'adorait, et rien n'entamait cette affection omniprésente : ni les sautes d'humeur de Ludwig, ni ses accès de mélancolie, ni les brusques angoisses qui l'assaillaient à propos de sa santé, lorsqu'il sentait peser trop lourdement sur lui la charge familiale. Et voilà que le décès de sa mère ravive ces douleurs, ces maux d'estomac, qu'il ressent régulièrement, cette peur d'être atteint par la même maladie : il croit qu'il va bientôt mourir, il tremble de n'être plus là pour aider les siens, il est terrifié à l'idée de ne plus pouvoir jouer, créer.

« L'étroitesse de poitrine dont je souffre ne s'est pas améliorée et me fait craindre la tuberculose. A cette faiblesse s'ajoute une mélancolie qui est un mal presque aussi grave que la maladie elle-même. »

Sa tristesse prend de plus en plus souvent le pas sur son enthousiasme. La neurasthénie le mine et il le sent. Le côté humoristique et joyeux qui explose de temps en temps chez lui se fane et un profond tourment ravage ses traits. Mais son orgueil toujours, et la pudeur qui l'habite l'empêchent de se confier. Même Hélène von Breuning ne parvient plus à lui arracher des confidences. Non qu'elle les demande par curiosité, mais elle a le sentiment que s'il s'épanchait, une partie du poids moral qui l'accable s'en trouverait allégée. Rien n'y fait, ni les espiègleries de Lorchen, ni les regards tendres d'Hélène. A la moindre allusion, Ludwig s'enferme dans un silence de plomb, à la limite de la grossièreté. Lui fait-on une réflexion sur le comportement de son père qu'immédiatement il se ferme et part en claquant la porte. S'il juge Johann, c'est en silence : jamais, ni dans ses correspondances, ni dans ses conversations, il n'émettra la moindre critique à son propos.

Pour cela, on l'excuse, on le comprend. Tous admirent son courage et son opiniâtreté à garder la tête haute. Jamais, même dans ses trop rares moments de bonheur, il n'oublie les siens. Après la mort de sa mère, il fait face, sans tenter d'échapper ni de se soustraire à la dramatique situation familiale, qui désormais est la sienne. Pourtant malgré les leçons prodiguées grâce à l'entremise du comte Waldstein, malgré son emploi à la Cour et un horaire chargé, il parvient tout juste à survivre. Son père ne l'aide en rien : la pension que lui verse le prince, toujours à la demande du comte, est immédiatement bue. Alors, malgré la blessure d'orgueil que lui impose une telle requête, Ludwig demande à l'Électeur d'en mieux répartir le montant :

« Comme il a été demandé, cent rheinthalers seulement de la pension annuelle du père devront lui être versés à l'avenir, les autres cent rheinthalers devront être donnés au fils en plus de sa pension actuelle et en même temps que les vingt-quatre boisseaux par an, pour qu'il puisse élever ses frères », déclare immédiatement l'Électeur, qui va encore plus loin, et oblige Johann, à cause de ses écarts de conduite, à quitter la maison familiale pour s'installer hors de Bonn. Ludwig refuse de mettre l'ordre à exécution. Il ne peut chasser Johann qui, quoi qu'il fasse, reste son père, et Ludwig se sent lié par la promesse solennelle faite à sa mère de prendre soin de tous.

Le léger surplus d'argent dont il jouit est aussitôt utilisé pour parfaire l'éducation de ses deux frères. L'aîné, Karl, a des dispositions musicales, il lui trouve un professeur. Johann-Nikolas a trop manqué l'école pour rattraper un niveau acceptable, Ludwig le place chez un apothicaire auprès duquel il s'initie aux rudiments de l'art pharmaceutique.

Reste la question de la dette vis-à-vis du docteur Schaden lors de son voyage à Vienne. Il ne peut pas encore le rembourser, et souffre de cette situation de dépendance. Alors, il prend la plume et, avec beaucoup de déférence, demande un délai.

« Le 15 du mois d'automne, Bonn. 1787.

Très noble et particulièrement cher ami !

Je puis aisément juger ce que vous pensez de moi, et je ne puis démentir que vous ayez des raisons bien fondées d'en penser des choses désavantageuses ; pourtant je ne veux pas m'excuser avant de vous avoir indiqué les raisons qui, je l'espère, vous feront accepter mes excuses. Il faut vous l'avouer, depuis mon départ d'Augsbourg, ma joie et ma santé ont commencé à décliner ; à mesure que j'approchais de ma ville natale, je recevais de mon père des lettres me conseillant de voyager plus vite que de coutume, car ma mère n'était pas dans un état de santé favorable je me hâtai donc autant que possible, bien qu'étant moi-même indisposé; le désir de pouvoir encore une fois revoir ma mère écarta tous les obstacles et m'aida à surmonter les plus grandes difficultés. Je trouvai encore ma mère, mais dans l'état de santé le plus misérable; elle avait la phtisie et mourut enfin, il y a environ sept semaines, après avoir supporté bien des douleurs et bien des peines. C'était pour moi une si bonne, une si aimable mère, ma meilleure amie. Oh! qui donc était plus heureux que moi, alors que je pouvais encore prononcer le doux nom de mère, et qu'il était entendu, – et à qui puis-je le dire maintenant? Aux images muettes que mon imagination compose à sa ressemblance? Depuis mon retour ici, je n'ai encore goûté que peu d'heures agréables; tout le temps j'ai eu des étouffements et je dois craindre qu'il n'en résulte de la phtisie; à cela s'ajoute encore la mélancolie, qui est pour moi un mal presque aussi grand que ma maladie même. Pensez maintenant à ma situation, et j'espère recevoir votre pardon pour mon long silence... je dois vous prier d'avoir encore quelque patience avec moi; mon voyage m'a coûté très cher, et je n'ai ici aucun secours, pas même le moindre, à espérer; ici, à Bonn, le Destin ne m'est pas favorable... »

Patiemment, petit à petit, il met de côté l'argent du remboursement. Dieu merci, grâce aux Breuning, toutes les familles aristocratiques de Bonn vont le recevoir : les Honrath, Westerholt, Hatzfeld...

Et les jeunes filles de ces maisons, dont il a souvent l'âge, sont les premières qu'il fréquente. Ombres féminines à peine effleurées, mains blanches ourlées de dentelles hésitant sur le clavier, parfums de fleur... Ludwig découvre un nouvel univers; un monde mystérieux et palpitant, celui de la féminité. Il s'épanouit dans l'atmosphère légère, intime de ces moments qu'il ne manquerait pour rien au monde.

Et pourtant, Dieu sait s'il déteste les leçons ! Elles lui rappellent trop les interminables gammes, arpèges, et autres exercices fastidieux que son père lui faisait supporter. Mais lorsque l'élève est jeune, jolie, bonne musicienne de surcroît, Beethoven devient patient, exquis, promenant « un air grave et contemplatif ». Sa gentillesse et sa science musicale savent briser la glace. Les notes s'éveillent peu à peu sous les doigts délicats. Alors, quelle fraîcheur, quel trouble ! Quelle volupté dans ces instants de grâce !

Ainsi dans sa maison, le comte Friedrich von Westerholt organise fréquemment des concerts privés où il joue lui-même « du basson avec son propre ensemble d'instruments à vent, composé de ses serviteurs et de ses gens de maison ! »

Ludwig y vient-il avec tant d'empressement pour Wilhelm, le fils du comte, excellent flûtiste au demeurant ou pour participer aux concerts qu'il affectionne il est vrai et qui l'amusent beaucoup ? Non, c'est pour y retrouver la jolie fille aînée du comte, Marie Wilhelmine, une autre de ses élèves.

Dès qu'il croise son regard, son cœur bat la chamade. Il défaille en lui plaçant les doigts sur le clavier. Il a le feu aux joues quand elle lui sourit. Il a à la fois envie de toucher le ciel et les étoiles, et de se blottir seul au fond de la terre pour savourer cette étrange sensation de manquer brusquement de souffle. Il aime s'abîmer dans ses pensées, succomber sous la puissance de sa magnifique vision.

Mais il n'ose se déclarer. Le sentiment lui suffit, il n'éprouve pas la nécessité, pas encore, de le savoir partagé, encore moins de voler un baiser, de goûter au fruit défendu.

Il vivait un « amour à la Werther » répétera Schindler, l'ami et le biographe de Beethoven. Pourtant là encore, Ludwig ne confie rien. Il se tait. Seules, ses rougeurs, ses états d'âme alertent son entourage. Particulièrement Bernhard Romberg, remarquable violoncelliste qui vient aussi chez le comte von Westerholt. C'est lui qui baptisera cette inclination que Ludwig voudrait secrète « à la Werther ».

Mais quoi de plus normal chez un adolescent de dix-huit ans, qui de surcroît, ne s'en donne que seize depuis le subterfuge de son père à Cologne. Les musiciens de la Cour se poussent du coude, s'amusent de sa timidité. Il serait temps de déniaiser l'amoureux transi, ne serait-ce que pour l'amener à déclarer sa flamme.

Autour de lui, on ourdit le complot, on programme le piège. L'orchestre se produit fréquemment en public, et au retour du concert, les musiciens ont pris l'habitude de fêter leur succès dans un quelconque cabaret. Ce jour-là, toutes les conditions semblent réunies. L'été frémissant souffle une brise tiède, les collines croulent sous la végétation les chemins qui mènent au cabaret sont éclaboussés de soleil et sur les tables des pichets de grès débordent de bière fraîche et mousseuse.

C'est Nikolas Simrock, le cor solo de l'orchestre, qui aperçoit le premier la jolie fille qui passe, l'œil vif, la croupe ronde et l'air très peu effarouché par les plaisanteries grivoises de la clientèle. Pendant que Ludwig se rafraîchit et songe à sa jolie Wilhelmine, les musiciens discutent avec la demoiselle. Accepterait-elle d'initier Ludwig aux joies de l'amour et au plaisir ?

L'affaire amuse la belle. Les musiciens s'écartent de Ludwig, pour laisser le champ libre à leur complice qui s'avance, son corsage de batiste blanc froncé largement décolleté sur une poitrine généreuse, un sourire avenant aux lèvres que Ludwig ne comprend pas ! Que lui veut-elle ? Pourquoi vient-elle troubler ses rêveries ? Mais lorsqu'il discerne le but de la démarche, et repousse les avances d'un ton un peu sec, la fille se met à rire. Le jeu l'amuse, et elle tient trop à la prime pour abandonner. Elle tente donc de prendre quelques libertés, essaie de s'asseoir sur les genoux de Ludwig et de lui voler un baiser. Beethoven sombre alors dans une rage folle et, pris de l'un de ces brusques accès de mauvaise humeur légendaires, il la gifle à la volée.

Ce ne sont pas les corps qui l'intéressent, mais les cœurs. Et ce n'est pas des femmes qu'il est amoureux, mais de l'amour, de l'état dans lequel ce sentiment le plonge tout entier et l'inspire. D'ailleurs, il n'est pas fidèle, sauf à ses propres pulsions. Déjà Wilhelmine est détrônée au profit d'une cantatrice célèbre : Magdalena Willmann, le nouvel objet de sa passion. Ludwig l'a découverte lors d'une représentation de *L'Enlèvement au sérail* dont elle est la prima donna. Sa voix, aérienne, pure, transporte d'enthousiasme le public, et le cœur de Ludwig. Il ne jure plus que par elle, court dans sa loge lui présenter ses respects, assiste à tous ses concerts et récitals. L'a-t-il demandé en mariage comme le prétendait l'écrivain américain Alexandre W. Thayer qui fit paraître dès 1866 une énorme biographie de Beethoven ? Rien ne le prouve, d'autant que l'intermède amoureux est de courte durée : Magdalena est en tournée et, après Bonn, elle doit repartir pour l'Italie.

Ludwig se morfond peu. D'ailleurs, il n'en a pas vraiment le temps. Jeannette von Honrath vient d'entrer dans sa vie. La jeune fille est venue passer des vacances chez les Breuning, les deux familles sont très unies. Beethoven est immédiatement chaviré par cette « belle blonde enjouée, de manières aimables, et d'un caractère affectueux ». Elle a prié, d'un regard appuyé, Ludwig de lui donner des leçons de musique. Comment trouver la force de refuser. Il la courtise, en même temps que Stephan von Breuning; et Jeannette qui s'amuse de la concurrence entre les deux garçons, plonge dans les délices de cette amourette d'adolescent à trois voix, qui dure le temps que durera l'été.

« Elle avait beaucoup de goût pour la musique et possédait une jolie voix. Plus d'une fois, elle agaça notre ami en lui chantant une romance alors très connue : " Me séparer encore aujourd'hui de toi – et ne pouvoir m'y opposer – est trop douloureux pour mon cœur ! " » raconte Franz Wegeler dans ses Mémoires.

L'été passé, Ludwig continue de papillonner. Cette fois-ci, il a trouvé où butiner quelques regards, quelques ressources à son penchant pour l'amour, une jolie caresse à son orgueil. Elle s'appelle Barbara Koch. Elle est l'amie intime d'Eleonore von Breuning. Plus tard, elle sera comtesse Belderbusch. Pour le moment, sa mère possède une sorte d'auberge-café littéraire où Beethoven se rend régulièrement, avec la meilleure société de Bonn. Là, romanciers, poètes et musiciens aiment se retrouver, pour échanger leurs points de vue sur les événements qui bouleversent l'Europe tout entière, la révolution qui gronde en France, ou le mouvement franc-maçon, dont l'université de la ville est l'un des foyers les plus actifs. Barbara est intelligente, fine. Elle possède l'art consommé de recevoir et de mettre les artistes en valeur.

« Parmi toutes les personnes du sexe féminin que j'ai appris à connaître dans le cours d'une existence passablement agitée et jusqu'à la vieillesse, c'est cette dame qui m'a paru s'approcher de l'idéal d'une femme accomplie », se rappelle l'ami Franz, qui assure Ludwig de son indéfectible amitié.

Des inclinations de Ludwig, Wegeler note d'ailleurs, avec lucidité et un brin de tendresse, qu' « il ne fut jamais sans amour, surtout pour les dames d'un haut rang ».

Ce soir, Ludwig est heureux. Franz Wegeler est de retour de Vienne où il poursuivait ses études et tout naturellement il a rejoint la famille Breuning. Dès lors, avec Stephan, le fils de la maison et Beethoven ils vont jeter dans cette demeure chaleureuse les bases d'une amitié fondée sur des préceptes humanistes, qui tiendra jusqu'à la mort. Les enfants, qui ont été initiés par leur père aux généreuses idées des révolutionnaires américains, partagent avec Ludwig son attirance pour les intellectuels qui prônent la liberté. Pendant des soirées entières, jusqu'à une heure avancée de la nuit, ils échangent leurs lectures, citent à voix haute des passages vibrants de passion et de lyrisme, et dans ces moments d'enthousiasme, Ludwig se jette sur le piano et illustre les pages qu'ils viennent de déclamer en de brillantes improvisations.

Mais c'est Franz, aujourd'hui, le héros de la soirée. On se presse autour de lui. On le prie de raconter les derniers événements viennois, ce qui se dit, ce qui se chante, ce qui se joue dans la capitale. Qu'enseigne-t-on dans les collèges ? Ludwig en est curieux. Grâce au comte Waldstein, il s'est lui aussi inscrit à l'Université. Et voilà les trois amis, à l'ombre du sourire tendre d'Hélène, en train de débattre des textes et des professeurs. Ludwig n'a qu'un nom à la bouche, celui de son jeune maître de littérature allemande, Euloge Schneider qui lui enseigne en profondeur toute la portée des poètes dont Neefe lui avait déjà lu des extraits. Klopstock, à propos duquel Ludwig dira plus tard au grand Goethe : « Je l'ai porté avec moi durant des années. Quand j'allais me promener et partout. Ah ! Certes, je ne l'ai pas toujours compris ; il s'élève si hardiment et il commence toujours trop haut pour retomber toujours maestoso. Mi bémol majeur ! N'est-ce pas ? Mais il est grand et élève l'âme. Quand je ne le comprenais pas, je le devinais pourtant – à peu près. »

Aujourd'hui, Euloge Schneider a justement lu Schiller. Les élèves se sont passionnés lors de la discussion sur sa tragédie *Les Brigands*, écrite en 1781 et opposant deux frères, l'un froidement calculateur, l'autre exalté, idéaliste. De l'école qu'il a peu fréquentée car il lui préférait le clavier, Ludwig n'a rien appris, mais Neefe a semé en son esprit le désir de connaître, de découvrir, de comprendre ; la satisfaction d'entendre des poètes parler à son cœur, à sa sensibilité.

Ce soir, pour fêter le retour de Franz, il a apporté chez ses amis un recueil de poésies révolutionnaires composées par son cher professeur :

« Mépriser le fanatisme, briser le spectre de la stupidité, combattre pour les droits de l'humanité... ah ! cela, nul valet des princes ne le peut. Il faut des âmes libres, qui aiment mieux la mort que la flatterie, la pauvreté que la servitude... Et sache que, de telles âmes, la mienne ne sera pas la dernière ! »

Emporté par cette ardeur, on applaudit à tout rompre, et l'on décide de participer à la souscription de ce recueil.

Ce sont ces moments-là, si forts, passés chez Hélène von Breuning, qu'ils se rappelleront plus tard, au crépuscule de leur vie. La lettre de Franz à Ludwig vibre encore de cette émotion :

« L'homme, même quand il s'est élevé aussi haut que toi, n'est heureux qu'une fois dans sa vie : c'est quand il était jeune. Les pierres de Bonn, du Kreuzberg, de Godesberg, la Baumschule etc., ont pour toi des arêtes où tu peux accrocher joyeusement mainte pensée. »

Quand Wegeler repart de Bonn pour poursuivre ses études, Ludwig qui continue ses découvertes se gave de lectures philosophiques, d'Histoire, de théâtre et retrouve auprès du jeune professeur les principes auxquels il tient déjà : la liberté de conscience, l'abolition des privilèges... ; Schneider enseigne à ses étudiants les grands textes du passé ; pour lui, ce sont les expressions du génie des peuples : que ce soient les œuvres d'Homère, de Shakespeare, ou de Rousseau et spontanément Beethoven rejoint les idées du mouvement « Sturm und drang » qui prône le retour à la nature, les droits de l'individu et le culte du sentiment.

Ce mouvement littéraire qui s'élève contre les contraintes sociales et refuse les règles artistiques pour permettre à l'artiste de créer selon sa propre nature enchante Beethoven parce qu'il y trouve un écho en son cœur. Dans sa tête se lèvent une tempête d'émotions, l'envie de se dresser contre le vent de l'histoire, contre le destin. Un lion sommeille en lui, sauvage et solitaire, souvent étouffé par un inexplicable désir de fuite, par la mélancolie toujours, et d'insurmontables sursauts d'orgueil qui le rendent impressionnable et irritable à souhait.

Un jour, Hélène von Breuning lui demande d'aller donner des leçons de musique à l'un de ses amis, le comte de Westphal. La course n'est pas longue : le vieil homme habite juste en face de chez elle. La requête plonge Beethoven dans une révolte irrépressible. Pourquoi Hélène von Breuning lui demande-t-elle ce sacrifice ? Pourquoi donner des leçons à quelqu'un d'aussi âgé ? Elle sait combien il déteste enseigner. Et par-dessus tout, qu'on l'oblige à quoi que ce soit.

Mais Mme von Breuning connaît son Ludwig. Elle se doute bien qu'il n'osera pas longtemps s'opposer à elle. Il l'aime trop. Elle sourit, redemande, tente de le persuader. Rien n'y fait.

Beethoven vire et tourne, cherche une excuse, un

alibi ; il feint de se rendre chez le comte, traverse la rue, s'approche du portail lorsque soudain, il sent dans son dos un regard, imagine une main qui retient le rideau ; dès lors il ne peut résister : il fait demi-tour, ce n'est pas son jour ! Il promet d'y revenir le lendemain, et même de donner deux heures de cours en suivant.

Aucun reproche ne ponctue sa rebuffade. Pas un mot. Hélène plongée dans son ouvrage sourit. Honteux, mais résolu à ne pas céder, Ludwig s'éclipse pour l'une de ces promenades solitaires dont il a le secret. Longtemps il va parcourir les bords du Rhin où fleurissent tant de légendes, où la rêverie transforme l'histoire en poème. Il marche, les cheveux au vent, et son cœur, sa colère se calment peu à peu. La nature l'absorbe. Il s'arrête un instant aux abords d'Oberwesel, là où apparaissent, lorsque l'eau se retire, les récifs des sept vierges, la Lorelei de Heine, le rocher de l'Enchanteresse qui, après avoir séduit les bateliers, succombe elle-même à l'amour. Le soir exalte la mythologie du fleuve. Le voilà assis sur la berge de Melhem pour contempler la ruine du Drachenfefs qui domine la montagne couverte d'une épaisse et sombre frondaison.

« Laissez-le ! murmure Hélène von Breuning. Il a de nouveau ses lubies. »

Elle seule le comprend. Vingt ans plus tard, il l'évoquera avec infiniment de tendresse : « Elle savait détourner l'insecte de la fleur... »

Deux années ont passé et Eleonore, la petite Lorchen, a grandi. Ludwig ne regarde plus cette compagne comme une enfant, mais comme une ravissante adolescente qui commence à s'épanouir. Elle est douce, simple et naturelle. Presque une sœur ! Ils ont l'impression de se connaître depuis tellement longtemps qu'ils ne luttent pas contre le penchant de plus en plus prononcé qu'ils éprouvent l'un pour l'autre. Désormais dans le salon d'Hélène, c'est à côté de Lorchen que Ludwig va s'asseoir, c'est d'elle, encore plus que de Stephan, qu'il attend des commentaires sur sa musique. Et pour une fois, pour la première fois, le trouble est partagé. Eleonore recherche la compagnie de Ludwig, ses yeux brillent de manière insolite, elle prend un soin interminable à sa toilette. Hélène observe, mais, comme à son habitude, n'émet aucun commentaire.

Noël approche dans la fièvre de ses préparatifs, qui commencent véritablement, le 17 décembre. Ce jour-là les Breuning ont pris l'habitude de fêter l'anniversaire de Ludwig comme s'il était leur frère et leur fils.

« La maison d'Hélène von Breuning était plus ta maison que ta propre maison, surtout après la mort de ta noble mère », lui rappellera, bien plus tard, Franz Wegeler.

Un grand feu pétille dans la cheminée, sur la table juponnée de taffetas garance l'éclat de l'argenterie se mêle à celui, fragile, du cristal des hauts verres à pied. Dans le salon, sur un petit guéridon, les cadeaux attendent Ludwig. On célèbre ce soir ses dix-huit ans (vingt en fait, ce que tout le monde continue d'ignorer, une « erreur » dont Beethoven ne prendra connaissance qu'à la quarantaine). Dehors, la neige tombe sur les jardins, les effaçant peu à peu mais ils ont tous chaud au cœur devant la mine ravie, rouge d'émotion, de Ludwig quand il découvre le faste de la réception. Tous ses amis sont là. Waldstein a fait relier ses premières partitions dans un maroquin magnifique, Eleonore lui a brodé un superbe gilet et, au milieu des présents de Stephan et de Ries, le premier violon à la cour, il y a un petit bouquet de roses auquel est accrochée une enveloppe.

Il lit, avec un air grave que dément l'émotion de son

regard fixé maintenant sur Eleonore. Eleonore dont la joie est au diapason de la musique qui monte en lui. A la mort de Beethoven on trouvera dans son portefeuille les roses séchées et ce petit poème en prose :

« A Beethoven, pour son anniversaire – par son élève.
Bonheur et longue vie je te souhaite en ce jour
Mais aussi par surcroît
Je me souhaite quelque chose !
A moi, de ta part :
Je souhaite ta faveur
A toi, à mon égard
Indulgence et patience. »
« De ton amie et élève, Lorchen v. Breuning. »

Si seulement elle savait à quel point elle l'a, cette faveur, inscrite dans le cœur de Beethoven, dans le silence de ses émois ! Pour lui répondre, plus encore que par des regards, ou des soupirs, Ludwig attend le soir du nouvel an 1791 où il est invité chez les Breuning. Jamais son cœur n'a battu si fort en poussant la porte familière de la maison. Pour une fois, il a pris le plus grand soin de sa toilette, coiffé sa tignasse, et il tient serré contre son cœur le cadeau qu'il a fini, après des affres d'hésitations qui ont duré une bonne semaine, par choisir pour Eleonore.

Pendant plus de deux heures, il a soigneusement pesé chaque mot du texte qui doit accompagner le paysage miniature qu'elle pourra toujours garder avec elle. Puis il y a joint un ruban retenant une couronne de roses, un frisson de soie déjà imprimé de quelques mots de vœux, en français. Et enfin, n'y tenant plus, il a renoncé à son parti pris de neutralité. Il a biffé les lettres et ajouté :

« A Mademoiselle Lorchen – de Beethoven – 1791
Soyez aussi heureuse qu'aimée. »

Eleonore ne s'y trompe pas. Avec son cœur et ce

qu'elle déduit de son intuition féminine, elle a traduit le message comme il le fallait. Et puisque, implicitement, Ludwig l'a assurée de ses sentiments, elle compose à la hâte un autre petit poème parfaitement explicite :

« O puisse ton bonheur
Égaler tout à fait le mien !
Alors ce serait cette année
Atteindre au but suprême. »
« A Monsieur Ludwig v. Beethoven
Votre amie Lorchen Breuning. »

Quel but suprême ? Des fiançailles ? Un mariage, peut-être ? Ludwig est fiévreux. Eleonore l'a exhorté à la patience, mais si son idée de l'amour se satisfait de l'attente, son cœur déborde, au point de confier son euphorie à sa muse et de composer, dans la pénombre de l'église et de la solitude, une fugue pour orgue qu'il baptise « Portrait d'une jeune fille ». Eleonore va encore lui inspirer *Vingt-quatre variations sur l'ariette Venni amore*, de Righini, dédiées par la suite à la comtesse von Hatzfeld, un *Rondo pour piano forte*, et *Douze variations pour le clavecin ou le piano forte avec un violon obligé*, écrites sur le « se vuol ballare » des *Noces de Figaro* qu'il lui dédie publiquement.

Elle est la nourriture de son inspiration, et même si ses occupations à la Cour ne lui en laissent pas beaucoup le temps, l'envie de composer pour elle lui brûle les doigts.

Pourtant il va devoir quitter Bonn. L'Électeur part pour Mergentheim pendant deux mois, et son orchestre le suit. Et puis, les événements politiques et artistiques qui secouent le monde accaparent aussi ses pensées. Mozart est mort. La révolution française est sur toutes les bouches, la guerre fait rage aux frontières. L'effervescence est telle qu'il n'achève pas la sonate en ut majeur qu'il est en train de composer pour elle :

« J'ai beaucoup à faire, sans quoi je vous aurais copié la

sonate promise depuis si longtemps. Dans mon manuscrit, elle n'est guère qu'une esquisse, et il aurait été difficile, même à l'adroit Paraquin, de la copier. »

C'est que Haydn est à Bonn, et cette visite va déterminer son avenir.

Haydn vient de quitter son mécène, Nicolas Esterhazy, pour se rendre en Angleterre où l'attendent les mélomanes et les salons de la meilleure société. L'Angleterre paie généreusement les artistes et Haydn, qui a pris du recul avec la famille Esterhazy dont il n'était, somme toute, que le plus brillant des domestiques, compte y acheter son indépendance. A Vienne, il a fait ses adieux à Mozart qu'il ne reverra plus et c'est lors de sa courte halte à Bonn, qu'il rencontre le comte Waldstein, impatient de faire découvrir à ce vieux musicien le jeune talent de la ville. Le comte lui fait entendre la Cantate composée par Beethoven à l'occasion de la mort de Joseph II et qui ne fut jamais jouée en raison de ses difficultés techniques. La partition annonce, en filigrane, les thèmes de la *Neuvième Symphonie.* Haydn est séduit. A la prière du comte, il promet qu'à son retour dans la capitale, il donnera des leçons à ce prodige; si celui-ci se décide pour un séjour à Vienne.

Depuis le jour où il l'a entendu pour la première fois jouer dans les salons d'Hélène von Breuning, Waldstein sait que Bonn est désormais trop étroite pour le génie de Beethoven. Ludwig a besoin de parfaire sa technique. Il en est tout à fait conscient et soupire trop souvent, malgré les enseignements de Neefe, sur le désordre de son éducation musicale, et sur les lacunes, qu'il lui reste à combler.

Sans relâche, le comte rappelle la promesse de Haydn à l'Électeur, et le persuade d'allouer à son protégé une bourse suffisante pour couvrir les frais du voyage, tout en continuant à lui verser son salaire. Harcelé, l'Électeur finit par accepter. Il suffit, maintenant, d'attendre le retour de « papa » Haydn.

Ludwig est au comble de la joie. Il va revoir Vienne ! Vienne, qu'il pensait, après l'échec de sa première tentative, définitivement interdite à ses espoirs. Mais Lorchen ?

Lorchen a dix-huit ans. Elle l'aime et il l'aime. Sans nul doute évoquent-ils ensemble ce départ, qui ne sera qu'un intermède. Car enfin, la proposition de l'Électeur stipule parfaitement qu'après avoir parachevé son éducation musicale, Ludwig devra revenir à Bonn.

Que se passe-t-il alors ? Ludwig veut-il, avant de partir, se fiancer à Eleonore ? Eleonore refuse-t-elle ? Atermoie-t-elle ? Ou n'a-t-elle pas le droit à la parole ? Toujours est-il qu'une violente querelle éclate chez les Breuning. Hélène, pour une fois, va sortir de sa réserve habituelle. Est-ce elle qui conseille aux deux tourtereaux d'attendre ? Ludwig, avec son orgueil et sa susceptibilité maladive, interprète-t-il la réponse comme un refus péremptoire, jeté à son visage parce que l'on n'aurait pas oublié, en dépit de tout, la mauvaise réputation de sa famille et leur différence sociale ?

Quoi qu'il en soit, cette fois-ci, il ne parvient ni à se raisonner, ni à juguler les assauts de sa formidable colère. Il fait front, interprète, accuse. Et, comme « il a tendance à tout dramatiser car le drame est le pain quotidien de sa création musicale », ainsi que l'affirme Franz Wegeler qui le connaît comme un frère, Ludwig prononce des paroles dures et blessantes, terribles, qui ne lui laissent qu'une alternative : quitter la maison aimée pour n'y plus revenir sauf en cas d'excuses, si le pardon peut lui être accordé.

Il part donc en claquant la porte de la belle maison alanguie sous les tilleuls où il a été si heureux et jamais il ne la repoussera. Plus jamais il n'entendra sonner l'épinette d'Hélène von Breuning. Plus jamais il ne surprendra, ravi, le sourire de celle qui l'aima si parfaitement, comme son propre fils, lui offrant le refuge de ses salons aux harmonies secrètes où flottait, impalpable, le parfum des roses.

Le 1er novembre 1792, c'est chez lui que ses amis viennent lui faire ses adieux. Son sac est prêt. Il y a glissé des esquisses de ses compositions, les souvenirs de Lorchen, le portrait de son grand-père qu'il a sauvé de l'infortune.

Waldstein, ému, écrit dans son album ce billet exquis :

« Cher Beethoven,

« Vous allez à Vienne pour réaliser un souhait depuis longtemps exprimé : le génie de Mozart est encore en deuil, et pleure la mort de son disciple. En l'inépuisable Haydn, il trouve un refuge, mais non une occupation; par lui, il désire encore s'unir à quelqu'un. Par une application incessante, recevez des mains de Haydn l'esprit de Mozart. »

C'est l'heure de se quitter. Demain, à l'aube, la diligence l'emportera vers Vienne, et Ludwig n'est toujours pas allé s'excuser auprès d'Hélène von Breuning. Pas plus qu'il n'a revu Eleonore.

La nuit est froide. Ses amis sont tous là, autour de lui. Franz, avec lequel il échange un long regard d'affection, lui tient la main. Pourtant les plus chers, les plus proches, les Breuning, sont absents.

Il soupire, s'en veut, ressasse le souvenir de cette stupide querelle. Mais la blessure qu'il s'est faite, est encore trop cuisante. Il referme l'album.

C'est alors qu'Eleonore apparaît, un peu triste peut-être... Ludwig s'est immobilisé. Ils se regardent, muets. Puis, doucement, elle rouvre l'album, et y inscrit trois vers de Herder :

« Que l'amitié, avec le Bien,

Croisse comme l'ombre du soir
Jusqu'à ce que s'éteigne le soleil de la vie.
Votre Véritable Amie, Eleonore Breuning.
Bonn, le 1er novembre 1792. »

Maintenant ils se sourient, sans toutefois parvenir à effacer, dans leurs yeux, cette imperceptible fêlure que l'éclat de Ludwig y a inscrite. D'ailleurs pas un instant il ne se trompe sur le contenu de ces quelques lignes. Eleonore y parle d'amitié, et non plus d'amour. Elle lui propose la sienne mais en même temps ne lui laisse aucun espoir.

Il comprend qu'elle n'est revenue que pour rompre. Avec délicatesse, certes mais sans état d'âme. Son altercation lui a-t-elle ouvert les yeux ? A-t-il perdu, dans son cœur, toutes les qualités dont elle le parait et qui occultaient sa maladresse, ses sautes d'humeur, cette apparente laideur dont elle avait perçu les métamorphoses lorsque le génie de Beethoven l'habitait ?

Pourtant elle a rompu. Sans rancune mais sans faiblesse. Effaçant en quelques mots tracés d'une main ferme, la parenthèse amoureuse de leur histoire commune.

Ludwig est brisé. En même temps, les perspectives viennoises l'enfièvrent, et il est sûr que lorsqu'il reviendra, la blessure sera cicatrisée. La sienne, puisque Eleonore l'a expulsé de sa vie de femme.

Alors, il ne proteste pas et lui dit au revoir sans se douter un seul instant que c'est un adieu qu'ils s'adressent. Ludwig ne reviendra jamais à Bonn.

3

> Adieu mon amie. Il m'est impossible de vous nommer autrement, si indifférent que je puisse vous être...

A ce moment de sa vie, lorsque Beethoven prend la route, dans la fraîcheur du matin, la Révolution gronde en France. Après sa victoire à Valmy, l'armée française progresse si rapidement que la population de Bonn a pris peur. Craignant l'arrivée imminente des troupes révolutionnaires que l'on dit assoiffées de sang, le Prince Électeur et la Cour ont fui. Le château s'est vidé sans que Beethoven sache rien de la débacle. Pour l'heure, malgré sa joie de revoir Vienne, il ne trouve, dans le bruit lointain des canonnades, qu'un écho à sa rancœur. Pendant les vingt-six heures de voyage nécessaires pour atteindre Francfort, il a risqué plusieurs fois d'être fait prisonnier, tant la route frôle la ligne de front. Qu'importe! Ces échauffourées lui rappellent cette funeste querelle qui le remplit de rage et décuple sa volonté d'aller de l'avant.

Sans le sourire d'Hélène, ce sourire qui savait si bien calmer les outrances de sa susceptibilité, il se livre tout entier à sa rancœur, persuadé jusqu'au tréfonds de son âme qu'on l'a repoussé à cause de ses origines. Auraient-ils menti en louant les grandes idées révolutionnaires dont ils se gorgeaient tous ? De toute évidence, lorsque le moment est arrivé de lui donner leur fille, ils n'ont pas pu renoncer à leurs privilèges. La vieille question sociale a refait surface. Son talent, son génie n'ont pas pesé lourd.

Qu'importe ! Le jour viendra où il leur prouvera que s'il y a « plusieurs princes, il n'y a qu'un Beethoven ». D'ailleurs ce jour est tout proche... Il le sait, il le sent, et ce ne sont pas les dangers du voyage qui l'empêcheront d'avancer. Quoi ! La peur des armées de la liberté lui ferait rebrousser son chemin ? Il exhorte le cocher à fouetter les chevaux, à passer malgré la poudre, malgré le désordre, malgré les renseignements alarmistes pris aux relais de poste.

Quand enfin il arrive à Vienne, après d'exténuantes péripéties, avant toutes choses il remercie ses guides. « J'ai donné un petit pourboire au postillon, parce que le drôle nous conduisait avec danger de recevoir des coups au milieu de l'armée hessoise et marchait un train d'enfer. » Puis il se met en quête d'un logement, bien décidé à ne pas perdre de temps pour conquérir cette ville, éblouissante de plaisirs et de légèreté effervescente malgré la guerre.

Les fêtes qui ont eu lieu, deux mois auparavant, pour le somptueux couronnement de François II, y laissent encore flotter une atmosphère d'insouciance et de joie. Le Prater, avec ses innombrables cafés, et cet air d'incessante kermesse, où la cohue populaire enveloppe le Corso mondain. L'Empereur et ses frères y circulent en voiture attelée, le jeudi surtout quand entre six et huit heures du soir, les violons des orchestres rivalisent de séduction dans « l'allée des soupirs ». Là, les élégants exibent leurs redingotes cintrées à la taille et la blancheur immaculée de leurs pantalons. Pendues à leurs bras, des ombres féminines nimbées de mousseline abritent leur teint de porcelaine sous de minuscules ombrelles ouvragées. Partout, à l'ombre des grands arbres, les restaurateurs ont dressé tables et bancs pour y servir d'épais chocolats fumants, et l'appel des marchands ambulants, d'oranges et de friandises ne parvient jamais à les distraire de leur attention, lorsqu'un orchestre joue les derniers morceaux à la mode.

Mais le lieu de promenade le plus recherché reste le jardin du Jeu de paume où les grenadiers manœuvrent dans une discipline d'automates. Après le souper, on se rend volontiers au pavillon de musique où Polonais, Tsiganes et Turcs dévoilent les accents de leur folklore, c'est là que se nouent les intrigues amoureuses les plus compliquées ébauchées dans les nombreux théâtres de la ville : à la Porte de Carinthie par exemple où l'on se presse pour y découvrir les derniers opéras. Au Nationaltheater, haut-lieu du ballet, sans parler de la myriade de salles des faubourgs, où l'on préfère des créations plus modernes : c'est là que fut donné *La Flûte enchantée*, un succès foudroyant. Et lorsque l'été arrive, dans les kiosques à musique, on danse le menuet, quand on n'est pas invité à l'un de ces concerts privés, les plus courus de la capitale, chaque grande famille tenant à entretenir son propre orchestre, à débusquer de nouveaux talents.

C'est cette atmosphère de douceur, de courtoisie et d'élégance que découvre Ludwig en cette nouvelle année 1793. Mais pour l'instant, il n'a pas le cœur au divertissement. Il attend beaucoup de Haydn, par qui et pour qui il a entrepris ce voyage. Seul Haydn peut l'aider à prendre sa revanche, il le sait. Pour calmer les plaies de son amour-propre blessé, il ne lui faut pas moins d'un triomphe. Et un triomphe exige encore beaucoup de savoir-faire.

La chambre qu'il loue n'est qu'une mansarde. Il s'en moque : le luxe ne l'a jamais ébloui, et puis il doit compter ses florins : les rumeurs de guerre se faisant insistantes, le Prince Électeur n'a pu lui octroyer qu'une partie de la somme prévue et Ludwig préfère être prudent : jamais son orgueil ne supporterait un autre échec viennois. Jamais, non plus, on ne le verra courtiser quiconque pour subvenir à ses modestes besoins. Vienne devra l'aimer pour sa musique, et pour sa seule musique. Il en prend la résolution avant de se rendre au rendez-vous que lui a fixé Haydn, hanté, malgré ses efforts, par l'image d'Eleonore.

Mais Dieu quelle tenue pour se présenter chez le maître ! Avec son habit tout froissé, ses mauvais souliers, sa cravate trop lâche et douteuse, son teint sombre plaqué de rougeurs, grêlé, ses cheveux ébouriffés, il a l'air d'un vagabond.

Plein de morgue, il arrange à peine sa mise lorsqu'il se présente ensuite chez le baron von Zmeskall, un billet d'introduction du comte Waldstein à la main. Waldstein a subtilement choisi cette adresse pour Ludwig, parce qu'il connaît et apprécie l'extrême simplicité de Zmeskall, sa bonne humeur ; il sait qu'il ne froissera pas, par des manières trop policées, le jeune Rhénan en révolte.

Waldstein ne s'est pas trompé. Le courant passe tout de suite entre Beethoven et le jeune baron, de dix ans son aîné. La sympathie est immédiate et réciproque, d'autant que Zmeskall aime la musique et pratique fort honnêtement le violoncelle.

C'est lui qui va, progressivement, guider Beethoven dans les salons de la meilleure société viennoise, même si celui-ci, pour le moment, boude un peu ces sorties courant, le plus souvent possible, chez Haydn pour y prendre ses leçons dont il attend beaucoup.

A son retour de Londres, le vieil homme s'est installé

dans une petite maison entourée d'un jardin, aux abords de la ville; mais il ne rêve que de repartir vers la capitale anglaise, où il a connu la faveur du public et perçu de substantiels cachets. Pourtant il se sait responsable de Ludwig van Beethoven. C'est lui qui a fait venir de Bonn le jeune musicien pour parfaire son éducation musicale. Dès lors comment ne pas tenir ses promesses?

Seulement Haydn, absorbé par ses idées de voyage, n'a que peu de temps à consacrer à son nouveau disciple; il le néglige. Beethoven s'en rend compte et piaffe d'impatience. On lui a promis une aide, donc on lui doit toute l'attention que son génie exige. Par bonheur, le respect qu'il porte au grand musicien tempère ses humeurs. Alors, il cherche par tous les moyens à capter son attention. Dès leur première rencontre, il a montré à « papa Haydn », comme l'appelait Mozart, ses premières compositions, quelques ébauches emportées dans ses bagages. Haydn les a consultées avec un grand soin, feignant d'ignorer les frémissements d'impatience de Ludwig, puis il a reposé les feuillets et soupiré selon le flutiste Louis Drouet, cité par Jean et Brigitte Martin : « Vous avez beaucoup de talent et vous en acquerrez plus encore, énormément plus. Vous avez une abondance inépuisable d'inspiration, mais... Voulez-vous que je vous le dise franchement?

– Certes, car je suis venu pour avoir votre opinion.

– Eh bien, vous ferez plus que ce que vous avez jamais fait jusqu'à présent, vous aurez des pensées que personne n'a encore eues, vous ne sacrifierez jamais – et vous ferez bien – une belle pensée à une règle tyrannique, mais vous sacrifierez les règles à vos fantaisies; car vous me faites l'impression d'un homme qui a plusieurs têtes, plusieurs cœurs, plusieurs âmes, et... mais je crains de vous fâcher.

– Vous me fâcherez si vous n'achevez pas.

– Eh bien donc, puisque vous le voulez, je dis que, d'après mon sens, on trouvera toujours dans vos œuvres quelque chose, je ne dirai pas de bizarre, mais d'inattendu, d'inhabituel – certes partout de belles choses, même des choses admirables, mais ici et là quelque chose d'étrange, de sombre, parce que vous êtes vous-même un peu sombre et étrange ; et le style du musicien, c'est toujours l'homme. Regardez mes compositions. Vous y trouverez souvent quelque chose de jovial, car je le suis moi-même. Vous y trouverez une pensée gaie à côté d'une pensée sérieuse ; comme dans les tragédies de Shakespeare... Eh bien, rien n'a chez moi pu détruire cette sérénité naturelle, pas même mon mariage ni ma femme ! »

Ludwig s'est tu, déconcerté par cette conversation. Il attendait un commentaire technique, que Haydn souligne ses faiblesses. Mais non. Le maître, avec une prescience formidable et une remarquable intuition de l'âme torturée de Ludwig, a simplement dressé un portrait de l'homme. Ludwig ne comprend pas qu'à la lecture de ces premières partitions Haydn a réalisé qu'il possédait déjà, même encore larvée, la pleine maîtrise de son style, et que ces leçons, quelles qu'elles fussent, ne le décideraient jamais à sacrifier sa fantaisie à la rigueur. L'écriture de Ludwig est trop moderne, trop écartée des règles de composition classiques pour que l'étude de ces mêmes règles lui soit réellement bénéfique.

Beethoven, à ce moment, est avide de progrès et de triomphe. Il se jette sur les devoirs que lui donne Haydn. Il y travaille avec frénésie, mais Haydn qui sait que le jeune génie de son protégé ne saurait se mesurer à l'aune de ses autres élèves n'en corrige pas la moitié préférant d'autres méthodes. Ayant deviné combien la nature, même celle domestiquée des jardins de Vienne, enrichit l'œuvre du jeune musicien, il préfère lui parler de musique dans les allées d'un parc, ou sur les terrasses ombragées des cafés, autour d'un bon chocolat. Bien sûr, le Danube, ce petit canal civilisé, ne peut en rien rivaliser avec le large et indomptable Rhin, mais on est à Vienne, et Ludwig doit s'en accommoder.

Haydn, en homme plein de bonté et de sagesse, ne se froisse jamais des colères et des arrogances de son élève, dont il sent toute l'impatience, dont il cerne de mieux en mieux les traits de caractère, et qu'il appelle affectueusement « notre grand Mogol ».

Mais ce que le maître ne peut deviner, ce sont les blessures profondes de Ludwig. Depuis neuf mois qu'il est à Vienne, il n'a pas reçu la moindre nouvelle des Breuning. Le remords et la douleur agitent ses nuits. Au matin, il se réveille épuisé mais conforté dans sa résolution de succès. Plus sûr de lui parce que seule cette idée peut l'armer pour affronter le quotidien et soigner son mal d'amour, son mal d'amitié et cette immense solitude à laquelle sa vie à Bonn ne l'a pas préparé, et que le tendre dilettantisme de « papa » Haydn ne parvient pas à rassasier. Ludwig tourne comme un lion en cage et lorsqu'il comprend que Haydn ne fera rien d'autre pour lui il se met à progresser.

Par bonheur, Schenk, le viennois de grande réputation, est totalement subjugué par le formidable talent de ce jeune musicien qu'il découvre improvisant au piano lors d'une soirée privée chez l'abbé Gelinek. La force et l'originalité de la musique de Beethoven le frappent au point de le décider, quelques jours plus tard, à lui rendre visite chez lui où règne « un désordre génial qui l'effraya un peu ». Prudemment il feint de n'en rien voir et engage immédiatement la conversation sur les compositions de Beethoven. Celui-ci, flatté par l'attention que lui porte Schenk, lui raconte le but de son séjour à Vienne, les leçons qu'il prend avec Haydn. Schenk y jette un regard, et note immédiatement les fautes que Ludwig a commises.

Quelques instants plus tard, l'accord est conclu : Schenk fera travailler Beethoven, corrigera ses copies, à la condition absolue « que Haydn n'en sache jamais rien ». Ludwig aime et respecte trop son maître, même s'il se plaint de ses absences et de ses propres occupations qui l'empêchent de « se confiner dans des leçons de grammaire musicale », pour prendre le risque de le froisser. Il tremble tellement à l'idée que le subterfuge soit découvert qu'il repasse sur toutes les corrections de Schenk avec sa propre plume afin que le maître ne se doute de rien.

Haydn est, de toute façon, trop généreux pour se formaliser de telles gamineries et lorsque Gélinek, l'entremetteur, vendra la mèche par pure jalousie, il sourira de la supercherie.

Lors de leurs rendez-vous et jusqu'à leur dernière rencontre en 1824, par hasard, à l'auberge du cor de chasse, Schenk et Beethoven se rappelleront toujours avec plaisir et complicité leurs leçons secrètes, et le tour qu'ils jouaient à Haydn. Pourtant, malgré l'affection qu'il lui porte, Ludwig ne parviendra jamais à tempérer la déception que la pédagogie du maître lui inspire et lorsque, un jour, Haydn lui demandera de mettre sur le titre de ses ouvrages, « élève de Haydn », Beethoven refusera catégoriquement « parce qu'il avait pris quelques leçons auprès de Haydn, mais n'avait jamais rien appris de lui », nous dit Ries.

Mais surtout, et plus que jamais, parce qu'il ne veut rien devoir à personne, et surtout pas le reconnaître. Haydn ne s'en offusque pas. Avant son départ pour Londres, le 19 janvier 1794, il confie Beethoven à Albrechtsberger, organiste de la Cour et maître de chapelle qui doit, trois fois par semaine, l'initier aux règles de la fugue à plusieurs voix. L'épreuve dure un an. Après quoi, Beethoven rompt et critique sévèrement Albrechtsberger auquel il ne reconnaît pas le moindre talent si ce n'est « l'art de fabriquer des squelettes musicaux ».

Déçu par Haydn puis par Albrechtsberger, Beethoven se tourne alors vers Antonio Saliéri, le futur maître de Schubert qui doit lui enseigner la musique italienne et le chant vocal ; mais le verdict final sera le même. De leur côté, les trois professeurs sont unanimes : Beethoven, indocile et opiniâtre, ne supporte ni les leçons, ni les conseils.

Qu'à cela ne tienne ! il va lui-même choisir ceux qui vont l'instruire : d'abord le violoniste Krumpholz qui s'attache tellement à lui qu'il ne va plus s'en éloigner, défendant le musicien et ses œuvres avec une obstination incomparable. Beethoven, non sans affection, l'a surnommé « mon fou ». Lui si mystérieux, si réservé quant à ses créations, associe Krumpholz à son travail, lui fait écouter ses ébauches. Un ami ? Pas vraiment. Pas encore. Plutôt un chaleureux professeur-admirateur, qui ne suffit pas à l'appétit d'ogre de son élève. Ludwig se tourne alors vers le chanteur Ignaz Schuppanzigh, petit bonhomme replet et bon vivant, dont l'excellente humeur lui fera supporter les moqueries affectueuses de Beethoven qui aime toujours les surnoms et épanche dans de lourdes plaisanteries son désespoir profond et ses tourments. Il n'a toujours rien reçu d'Eleonore, mais ne se résout pas encore à prendre la plume, même si sa mauvaise conscience entame les accents démesurés de son orgueil. Schuppanzigh devient « Mylord Falstaff » et la cible de Beethoven qui griffonne ce genre de mélodie sur l'esquisse de la sonate op. 28 :

« Canon de circonstance sur Schuppanzigh – Éloge de l'obèse (solo) : le diable t'emporte ! Schuppanzigh est une canaille, qui ne le connaît ?

(A quatre voix) : Nous disons tous unanimes :
Tu es le plus grand des ânes, hi, hi, hi ! »

Mais le chanteur pardonne tout. Plus encore : il introduit le musicien et sa musique chez le prince von Lichnowsky où il se rend fréquemment, avec son quatuor. Les concertos de Beethoven fascinent le prince qui demande à rencontrer l'auteur. Très vite, toute la noblesse est au courant. Le baron van Swieten, directeur de la Bibliothèque impériale et fondateur de la Société de Musique, le prince Kinski, le comte Razumowski, ambassadeur de Russie à Vienne et deuxième violon dans les quatuors de Haydn, la comtesse von de Thun, tante du comte Waldstein, Maximilien Lobkowitz, un peu plus jeune que Beethoven, et richissime propriétaire terrien, tous veulent rencontrer ce talentueux virtuose et tous organisent régulièrement des concerts privés, des réunions littéraires ou musicales. Certains entretiennent même pour leur compte un orchestre de plusieurs musiciens.

A peine Zmeskall a-t-il présenté Beethoven au prince Karl von Lichnowsky, un homme bon et gai, raffiné et intelligent, âgé d'environ quarante-cinq ans, que celui-ci invite le musicien à quitter sa chambre en location et à venir loger chez lui. Et voilà Beethoven installé dans un somptueux appartement. Pour lui, l'aubaine est inespérée. Bonn est devenu, avec la guerre, un département français, et les subsides de l'Électeur, en exode, se sont taris. Du jour au lendemain, Beethoven cesse de tenir ses comptes, mais garde avec précaution sa mansarde. La querelle Breuning n'est pas oubliée : il veut qu'on le traite d'égal à égal, et que cela se sache autour de lui. Il est l'invité, et non pas l'obligé. Il est un génie, on lui doit des égards. Il se pique de monter à cheval, et en exige un qui lui soit réservé. Les domestiques le serviront en premier, avant le prince si tel est son besoin. Et puis il veut de l'espace ? Qu'à cela ne tienne, sur ordre de son hôte on fait tomber des cloisons dans son appartement pour qu'il y soit plus à l'aise. Lichnowsky, avec une élégance et une patience hors du commun, admet tout, accède à chacune des exigences de son invité sauf lorsqu'on lui fait part des protestations de Beethoven qui ronchonne parce que ses repas ne lui seront pas servis à sa convenance. « Je dois être régulièrement rentré à trois heures et demie, m'habiller, soigner ma barbe. Je ne supporte pas cela. » Cette fois-ci, l'étiquette restera de rigueur et Beethoven sera contraint d'aller dîner au restaurant.

Dès les premières semaines de l'installation du musicien chez lui, le prince se fait un honneur et une fierté d'organiser un concert dans son palais ; le premier concert de Beethoven devant un parterre de princes, de comtes et de barons, tous fervents de Mozart et de Haydn, invité lui aussi. Et c'est le prince lui-même qui tourne les pages de la partition de Beethoven.

Le souffle suspendu, l'aristocratie viennoise attend le bon vouloir de Ludwig que la qualité de ses auditeurs n'intimide pas le moins du monde. Il semble même qu'il ait résolument renoncé à toutes les leçons de bonne tenue et d'élégance que lui enseignait jadis Hélène von Breuning. L'une des invitées, Mlle Kissow, âgée de douze ans se rappelle sa déception lorsqu'elle le rencontra, ce soir-là, pour la première fois.

« Il était petit et sans apparence, avec un visage rouge et laid, couvert des marques de la petite vérole. Sa chevelure était brune et retombait presque en mèches autour de son visage. Sa mise était très ordinaire, et peu éloignée de ce laisser-aller qui était alors à la mode. Il parlait beaucoup en dialecte et avec une façon de s'exprimer assez vulgaire et il paraissait encore moins maniéré dans les gestes et l'attitude. Je me souviens encore très bien de Haydn, ainsi que de Saliéri, dans la petite salle de musique, assis sur le sofa, l'un et l'autre toujours vêtus avec soin, à l'ancienne mode, coiffés avec la queue, en souliers et bas de soie, tandis que Beethoven avait coutume de venir, même dans cette société, de la manière la plus libre, à la mode nouvelle d'outre-Rhin, presque en négligé. »

Quel programme musical a-t-il concocté pour eux ? Les plus classiques de ses compositions, comme le lui a conseillé Haydn ? Bien sûr que non ! le plaisir de s'imposer, voire de soulever une controverse est trop puissant chez Ludwig pour qu'il se range à pareil avis. Ce soir-là, il jouera les *Trois trios pour piano, violon et violoncelle,* qu'il dédie au prince de Lichnowsky, son hôte, et qu'il a répertoriés opus 1, comme si toutes ses créations précédentes, celles de Bonn, celles de sa période dite à la manière de Haydn ou de Mozart n'avaient jamais existé, et que sa véritable expression musicale naissait ce soir-là, à Vienne.

A la fin du concert, le public reste sans voix. Balayé, déconcerté par l'expression puissante, ample, grave, jamais atteinte à ce jour par un autre compositeur. Les regards se tournent vers Haydn : personne n'a reconnu son influence, ni celle de Mozart. Et c'est Haydn qui va se lever le premier et applaudir à tout rompre.

Beethoven n'a pas fini de les surprendre. Bissé, il se rassoit, les subjugue au-delà du descriptible par sa virtuosité, et par son talent d'improvisateur. Personne ne peut rester indifférent à sa musique. Qu'elle plaise ou révolte, elle n'en bouleverse pas moins profondément l'âme, la pensée, la vie !

Et Beethoven, sûr de son pouvoir, continue de repousser les portes du classicisme, s'offre toutes les libertés avec les règles bien établies par Bach, Mozart, Haydn. Il fait fi des conventions. Il se libère. Il veut être avant tout un homme libre, un musicien libre.

Après la représentation, Haydn vient le féliciter, mais lui conseille de ne pas publier le 3ᵉ trio en ut mineur, qu'il trouve un rien provocant : c'est bien sûr celui que Beethoven préfère. Mais il écoute Haydn parce qu'il sait l'âme du vieux musicien dépourvue de tout calcul et de toute jalousie. Haydn connaît mieux que personne les interprètes et le public de Vienne ; il sait que les auditeurs ne sont pas tout à fait prêts pour tous ces bouleversements et que les musiciens capables de se jouer de telles difficultés techniques sont trop peu nombreux sur la place. Beethoven, en rentrant dans ses appartements, le soir même, veut savourer sa victoire. Mais curieusement, c'est à Éléonore qu'il songe en se couchant et il n'en éprouve aucune joie. Quelque chose l'étouffe, lui serre le cœur. Ah, que l'admiration des gens que l'on n'aime pas est futile et amère ! Il ne les supporte plus, tolère encore moins l'affection, les attentions de la princesse Christine von Lichnowsky. « On veut, avec une sollicitude grand-maternelle, faire mon éducation dans cette maison ; et cela a été si loin qu'il s'en est fallu de peu que la princesse ne me mette sous un globe de verre, afin que nul indigne ne me touche ou ne m'effleure de son souffle. »

Soudainement il a compris combien il lui en veut de lui rappeler Hélène von Breuning et en même temps combien les Breuning lui manquent, les enfants, Eleonore, et surtout, surtout Hélène, son ange gardien, avec laquelle il s'est conduit de la plus inqualifiable manière. Pendant plus d'un an, il a eu beau s'étourdir de plaisirs, d'arrogances, se jeter dans l'étude, il ne se pardonne toujours pas sa grossièreté.

Il pleure et, dans l'une de ses insurmontables pulsions, se jette alors sur sa plume :

« Respectable Eleonore. Ma très chère amie,

« C'est seulement après que j'ai passé toute une année

dans la capitale que vous recevez de moi une lettre, et cependant vous étiez certes toujours présente et vivante dans mon souvenir. Souvent déjà je me suis entretenu avec vous et avec votre chère famille, mais le plus souvent sans le calme que j'aurais désiré avoir. Quand la fatale discussion m'est revenue à l'esprit, ma conduite d'alors m'a paru si abominable ! Mais c'était fait ; ô combien je donnerais pour pouvoir, si j'en étais capable, effacer de ma vie une façon d'agir si déshonorante, et d'ailleurs diamétralement opposée à mon caractère ! Il est bien vrai que beaucoup de circonstances nous éloignaient toujours les uns des autres, et les rapports chuchotés des propos tenus réciproquement par les uns sur les autres ont été, je le suppose, le principal obstacle à toute réconciliation. Chacun de nous croyait ici parler avec une véritable conviction, et ce n'était pourtant que la colère une fois allumée, et nous nous trompions tous deux. Votre bon et généreux caractère, ma chère amie, me garantit vraiment que vous m'avez pardonné depuis longtemps. Mais on dit que le repentir le plus sincère est celui où l'on s'avoue soi-même sa faute : c'est ce que j'ai voulu. – Et maintenant, s'il vous plaît, tirons le rideau sur toute cette histoire ; tirons-en la leçon suivante : quand des amis se querellent, il vaut toujours mieux se passer des tiers, et que l'ami aille trouver directement son ami.

Vous recevez ici une dédicace de moi à vous ; je voudrais seulement que l'œuvre soit plus grande et plus digne de vous – on me tourmentait ici pour publier ce petit ouvrage et j'ai saisi cette occasion pour vous donner, ma respectable Eleonore, une preuve de mon estime et de mon affection pour vous et de mon souvenir constant pour votre famille. Acceptez cette bagatelle, et pensez qu'elle vient d'un ami qui vous honore beaucoup. Oh, si elle vous fait plaisir, mes vœux seront entièrement satisfaits. Que ce soit un petit rappel du temps où j'ai passé tant de si bonnes heures dans votre maison, peut-être cela entretiendra-t-il mon souvenir en vous, jusqu'à ce que je revienne, ce qui ne sera sûrement pas tout de suite. Oh, comme nous nous réjouirons alors, ma chère amie ; vous trouverez alors en votre ami un homme plus joyeux, pour qui le temps et un Destin meilleur auront arrondi les angles de son mauvais caractère d'autrefois. [...] »

Les larmes aux yeux, il fourrage dans ses affaires pour y retrouver les cadeaux, les vestiges du bonheur et de l'amitié à jamais révolus. Ce gilet d'angora que lui avait tricoté Eleonore, et qu'il a tant porté « qu'il ne peut plus le conserver que dans l'armoire aux habits, comme un objet de vous qui m'est très cher ».

Il trouve une cravate qu'elle lui a offerte peu avant la funeste querelle, et il s'effondre.

« [...] la belle cravate travaillée de vos mains a éveillé en moi des sentiments bien douloureux, si agréable que m'ait été la chose elle-même. Son effet fut de me rappeler le temps passé, et votre conduite généreuse envers moi m'a fait rougir de honte. Vraiment, je ne pensais pas que vous me trouviez encore digne de votre souvenir. Oh ! Si vous aviez pu être témoin de mes impressions d'hier à ce propos, vous ne trouveriez sûrement pas exagéré ce que je vous dis : votre souvenir m'a fait pleurer et m'a rendu tout triste. – Je vous en prie, si peu que je puisse mériter votre confiance, croyez-moi, mon amie (laissez-moi vous appeler toujours ainsi) j'ai beaucoup souffert et je souffre encore beaucoup de la perte de votre amitié. Vous et votre mère chérie, je ne vous oublierai jamais. Vous avez été si bonnes pour moi que votre perte ne peut être et ne sera pas réparée de sitôt. Je sais ce que j'ai perdu et ce que vous étiez pour moi. [...] Adieu mon amie. Il m'est impossible de vous nommer autrement, si indifférent que je puisse vous être. Croyez pourtant que je vous vénère, vous et votre mère, tout autant qu'auparavant. S'il m'est possible de vous faire quelque plaisir, je vous en prie, adressez-vous à moi; c'est encore le seul moyen qui me reste de vous exprimer ma reconnaissance pour l'amitié dont j'ai joui... Pensez quelquefois à votre ami toujours respectueux. Beethoven. »

Un pauvre ami qui reçoit de plein fouet la nouvelle de la mort de son père. A défaut d'aller à Bonn pour assister à l'enterrement, il écrit aussitôt à ses frères pour les assurer qu'il continue d'être là, et les invite à le rejoindre à Vienne où il les prendra, une fois encore, en charge.

Lorchen lui répond-elle ? Sans doute, mais Beethoven n'a pas gardé ses lettres : d'ailleurs que pouvait-elle lui écrire, sinon qu'elle pardonnait, et surtout, qu'elle se fiançait avec Franz Wegeler, son cher Franz, l'ami de toujours. Quant à Hélène à laquelle il n'ose toujours pas écrire directement : rien. Pas un mot. Pas une nouvelle. Dès lors la douleur, la solitude aussi le précipitent dans une frénésie d'occupations. Vienne l'accapare, les matinées et les soirées musicales, les cours particuliers, ceux qu'il reçoit lui-même, ses compositions, tout est bon pour étourdir son chagrin, pour oublier Eleonore et son futur mariage.

Chaque jour, il plonge dans le tourbillon de la vie mondaine, négligeant ses lectures, profitant de la facilité des relations sociales et de sa position chez le prince qui lui offrent des conquêtes faciles. On l'aperçoit dans une loge avec une dame « qu'il apprécie beaucoup »; dit-il n'hésitant pas à écrire à son éditeur, Simrock : « Si vos filles sont déjà grandes, gardez-m'en une comme fiancée; car si je suis célibataire à Bonn je n'y resterai pas longtemps. »

Le voilà résolument libertin d'autant plus que son ami

Franz est enfin de retour à Vienne. Trop heureux de sa présence et totalement dépourvu de rancune, Ludwig n'est pas loin d'éprouver un certain bonheur à l'idée qu'Eleonore ait choisi pour mari un homme dont il connaît les richesses du cœur. « Nous nous retrouvâmes avec les mêmes sentiments, qui ne s'étaient pas affaiblis et il ne se passa guère un jour sans que nous nous voyions. » Et puis quel meilleur témoin de ses succés féminins, Ludwig pouvait-il espérer ? De là à penser que Franz s'en ferait le rapporteur auprès d'Eleonore...

« A Vienne, aussi longtemps du moins que j'y ai vécu, Beethoven était toujours en liaisons amoureuses, et il avait pendant ce temps fait des conquêtes qui auraient été fort difficiles, sinon impossibles à plus d'un Adonis. – Un homme peut-il, sans avoir connu l'amour dans ses plus intimes mystères, avoir composé *Adélaïde, Fidelio* et tant d'autres ouvrages. »

« L'amour dans ses plus intimes mystères » est une bien belle expression comparée à la sordide réalité selon laquelle Beethoven aurait contracté une épouvantable maladie vénérienne : la syphilis. Son médecin, le docteur Bertolini, entreprend, dès que Ludwig se sent atteint par ce mal dont il est incapable de connaître lui-même l'exacte nature, toute une correspondance avec le musicien où ce dernier « entrait dans le détail et l'origine de ses maux ». Si, tenu par le secret professionnel et craignant de mourir du choléra, Bertolini brûlera les lettres, il ne pourra pas s'empêcher, plus d'une fois, de faire de discrètes allusions aux relations sexuelles « passagères que, parfois, Beethoven s'était procurées » lors de ses premières années à Vienne.

L'hypothèse est d'ailleurs corroborée par les témoignages de l'un de ses compagnons d'excursion : le violoncelliste Doleczalek : « Beethoven avait toujours quelque amour en tête, il aimait l'aventure, mais de ses aventures, il ne s'est pas toujours tiré " sans difficultés ". » Et puis, quelques années plus tard, Ludwig mettra ses frères en garde « contre toute la tribu des mauvaises femmes », et il notera, dans la liste des livres à acheter, un ouvrage de Lagneau sur le traitement des maladies vénériennes.

D'une femme à l'autre, d'un concert à un autre concert, il parvient toujours, malgré ses accès de mauvaise humeur, à bouleverser l'assistance. Ce sont surtout les jeunes qui se laissent emporter par sa fougue, par son puissant lyrisme. Czerny qui y assiste, enfant, raconte à quel point il surprend ses adversaires, « Il se joue des difficultés et tire du piano des effets que, même en rêve, nous n'aurions pas cru possibles ». Des rêves qui se changent en cauchemars pour ses rivaux, écœurés, qui cherchent à se venger en se moquant de son physique : « un petit jeune homme noiraud, très laid, de caractère très violent ». Mais Ludwig n'a que faire de ses adversaires ; c'est ainsi qu'un soir, pressé par quelques amis de relever le défi face à un pianiste renommé, d'un geste peu élégant, il attrape la partition du violoncelle, la pose à l'envers sur le piano et, après en avoir joué le thème avec un doigt, tel un enfant, se lance à la stupéfaction de tous dans une improvisation éblouissante.

Pendant trois ans, il va donc rester l'hôte du prince et bénéficier abondamment de ses largesses : Lichnowsky continue de lui offrir les plus rares et les plus précieux instruments de musique, et l'assure d'une rente annuelle de six cents florins. En mélomane et en homme de cœur, il tolère tous les caprices de Ludwig, jusqu'à admettre que le musicien lui ferme sa porte, parce que ses visites – le prince attend parfois une heure dans l'antichambre pour le seul plaisir de déchiffrer ses dernières créations – troublent son inspiration.

En fait si Beethoven se montre tellement grossier, c'est parce qu'il a le sentiment de devoir se protéger de toutes parts : de ceux qui lui accordent trop de sollicitude, comme de la servilité de certains. Et puis au fond, il aime à bousculer les usages. Avec ostentation, il est familier avec ses mécènes, traite tout le monde sur un pied d'égalité. « Il se moquait des préjugés de la classe élevée, et affectait les mêmes manières avec une duchesse qu'avec une bourgeoise », témoigne Mme Chérubini qui le rencontre à Vienne.

Il va même jusqu'à fuir ouvertement les aristocrates qui pleurent pendant ses concerts, « Qui peut vivre parmi des enfants aussi gâtés ! » Un autre jour, il reprend vertement un musicien étranger qui veut lui baiser la main : « Faites cela à votre mère. » Mais, prudent, et quelque peu cynique il note quand même dans son journal : « Ne jamais montrer aux gens le mépris qu'ils méritent ; on ne sait jamais si l'on n'aura pas à s'en servir. » Sa familiarité avec le baron Zmeskall n'a pas de limite et dépasse souvent, dans ses épîtres, les bornes de la plus élémentaire politesse :

« Très cher baron Vidangeur,

« Je vous suis bien obligé pour votre faiblesse de vos yeux, à l'avenir, je m'interdis de ne pas emmener ma bonne humeur que j'ai quelquefois, car vous m'avez donné le cafard avec votre radotage Zmeskall-Domanovezique. Le diable vous emporte, je ne veux rien savoir de toute votre morale. La force est la morale des hommes qui se distinguent des autres, et c'est la mienne. Si vous recommencez aujourd'hui, je vous houspillerai jusqu'à ce que vous trouviez admirable tout ce que je fais. Car je vais au Cygne, je préférerais au Bœuf, mais cela dépend de la décision Zmellkallique-Domanovezique. Adieu Baron Ba... ron ron nor orn rno onr (voilà quelque chose du vieux Mont-de-Piété). »

Ne dit-on pas qu'il s'est rendu chez le baron von Zwieten coiffé de son bonnet de nuit comme s'il allait y rester jusqu'au lendemain. Probablement parce qu'il a une confiance totale en son propre génie, aucune flatterie ne le touche. Un jour, dans les salons du prince, il confie à un amateur de musique qu'il voudrait « être dispensé de marchander avec les éditeurs ; j'aimerais en trouver un qui m'assure une rente viagère déterminée, moyennant le droit de publier tout ce que je composerais, et je ne me ferais pas prier pour composer. Je crois que Goethe fait ainsi avec Cotta, et si je ne me trompe, l'éditeur de Haendel a fait de même à Londres.

– Mais, mon cher jeune homme..., il ne faut pas vous plaindre ; vous n'êtes ni Goethe ni Haendel, et il n'est pas à supposer que vous le deveniez ; de tels maîtres ne reverront jamais le jour. »

Le prince Lobkowitz qui assiste à la scène s'interpose. Non sans quelque courage, car il est pris entre deux feux. D'une part il doit à son invité tous les égards de l'hospitalité, d'autre part il connaît assez les sautes d'humeur exécrables de Beethoven pour craindre un pugilat, mais comme il ne désire pas davantage froisser le musicien, il tente alors d'expliquer l'étonnement de son invité en abondant dans son sens : comment une seule génération peut-elle produire autant de talents ? Ludwig, pas dupe, refuse de céder, et préfère se retirer :

« C'est tout à fait regrettable, Excellence, mais avec des hommes qui n'ont ni foi ni estime de moi, juste parce que je ne suis pas encore universellement célébré par la renommée, je ne peux avoir aucuns rapports. »

Au milieu des aristocrates, il reste un petit paysan, il le sait et il le sent. A Vienne, il n'a pas un seul ami. Wegeler est reparti pour Bonn et le vide causé par son départ est pire que ce que Beethoven avait ressenti avant son arrivée, parce qu'il lui fait toucher du doigt les abysses de sa solitude. Où est son confident, son médecin de l'âme et du corps ? Où aller le soir, maintenant que Franz n'est plus là, qui l'écoutait jouer, qui lui redonnait confiance quand il était sombre et découragé ? Comme toujours, il regrette les scènes épouvantables qu'il lui a faites, même s'il cherchait à se faire pardonner aussitôt dans des lettres haletantes.

« Je le reconnais, je ne mérite pas ton amitié, tu es si noble, tu as si bon cœur ! »

Franz, qui sait si bien écouter, sourire, apaiser... Franz lui manque terriblement et Ludwig sait bien que ce n'est pas auprès de ses frères qui sont à Vienne eux aussi, qu'il va trouver quelque réconfort. Mauvaises langues, jaloux du succès de leur aîné, grappillant des pourcentages personnels sur son dos quand il les charge d'aller vendre ses œuvres et semant souvent la discorde entre le musicien et ses relations, ils pèsent sur lui comme des boulets de plomb.

Par bonheur, Beethoven qui est invité un jour de 1798, à une soirée musicale où se produit un quatuor, remarque le premier violon, un jeune homme qu'il ne connaît pas, mais dont le jeu l'intéresse vivement. Il s'en approche, se met à tourner les pages de la partition jusqu'au moment où le jeune violoniste levant les yeux découvre, stupéfait, que ce partenaire inattendu n'est autre que Beethoven, le génial musicien avec lequel depuis quelque temps déjà, il cherchait à entrer en relation. Souvent il l'a aperçu à l'auberge de La Table d'Hôte, mais jamais il n'a osé l'aborder de peur d'être sèchement éconduit tant la mauvaise réputation de Beethoven s'est répandue dans la ville comme une traînée de poudre. Aussi est-il totalement abasourdi quand Beethoven le salue puis disparaît, avant même qu'il ait pu se présenter à lui.

Beethoven qui, de son côté, s'est renseigné apprend

que le jeune homme se nomme Karl Amenda, qu'il est étudiant en théologie, lecteur chez le Prince Lobkowitz et, actuellement, professeur de musique des enfants de Mozart. D'origine balte, il a les traits slaves, le nez aplati avec de grands yeux; et ressemble un peu à Beethoven dont il est presque le jumeau. Est-ce cette ressemblance qui séduit Ludwig? Le lendemain, il lui fait porter un message :

« Qu'avez-vous fait? Vous avez conquis le cœur de Beethoven! Beethoven vous fait prier de lui faire le plaisir de votre présence! »

Ils ne se sépareront plus. Chaque soir, Beethoven le ramène chez lui; à peine arrivés devant la maison d'Amenda, c'est Amenda qui raccompagne Beethoven jusqu'à son domicile. Ils ont toujours du mal à se quitter et Vienne les voit, bras dessus, bras dessous, discourir sans fin de musique, rire, se promener ensemble. Leur amitié devient légendaire. Lorsque l'un des deux est seul en ville, on est inquiet pour l'autre : serait-il malade?

Amenda, malgré sa simplicité et sa franchise, est flatté par l'affection du musicien, sans bien mesurer ce que lui-même lui apporte. Grâce à cette amitié, Ludwig reprend des forces, peut affronter le monde. Amenda est devenu le frère, l'ami, le confident. A Franz, Beethoven écrit des lettres enflammées, à Amenda, il ouvre son cœur, épanche ses tourments, parle de musique des heures durant.

La vie est beaucoup moins facile depuis qu'il a décidé de recouvrer sa liberté. Chez le prince, et malgré, ou peut-être à cause de trop d'attentions, il a l'impression de s'asphyxier. Les soirées mondaines l'épuisent, il est de plus en plus sujet à de douloureux maux de ventre qui le clouent dans son lit. Toujours délicat, lorsqu'il avertit le prince de son départ, celui-ci ne le retient pas, ne lui demande aucune explication, et lui conserve sa pension de six cents florins bien que Beethoven lui ait assuré qu'il voulait, qu'il pouvait vivre de ses compositions !

Enfin seul ! Enfin libre ! Il se sent mieux dans sa petite chambre, maître de son temps et de ses amitiés. Lorsque l'argent manque, Amenda pousse Beethoven à travailler pour payer son loyer. Il l'enferme, renfrogné, pestant, jusqu'à ce qu'il ait composé quelques partitions – ses devoirs – qu'Amenda court apporter chez le propriétaire pour qu'il les monnaye.

Ensemble, il rêvent de voyages à l'étranger qui régleraient une fois pour toutes les questions financières : Amenda lui assure qu'en Italie, les musiciens sont mieux considérés, mieux payés et que sa musique y fera un triomphe. Le monde les attend ? Le moment n'est-il pas venu d'aller le conquérir ? Ils sont sur le point de partir lorsque Amenda l'abandonne : il doit rentrer d'urgence en Courlande, s'occuper de la famille de son frère décédé subitement et exhorte Ludwig à poursuivre leurs projets, malgré tout, malgré lui. Mais Ludwig refuse. Seul, sans son ami, il ne se sent ni la force, ni le courage de se lancer dans ce nouveau périple. « Puisque tu ne peux pas m'accompagner, je ne ferai pas le voyage d'Italie. »

Et puis, en guise d'adieu, il lui offre le manuscrit du *Premier quatuor en fa majeur* de l'opus 18, qu'il aime tant, et dans lequel il avait entendu les pleurs d'une séparation, celle de deux grands amis : la leur.

4

« Quelle triste vie est maintenant
la mienne ! »

Ludwig partira tout de même. Sans Amenda, mais avec le prince von Lichnowsky, qui l'invite à l'accompagner à Prague, Nuremberg, Leipzig et Berlin, régions d'où les nobles viennois sont souvent originaires. C'est cette même route que Mozart avait empruntée, sept ans auparavant.

A Prague, Ludwig s'installe à l'auberge de la Licorne, et donne un concert qui remporte un véritable triomphe, malgré l'irritation de certains éditeurs, affolés par l'indépendance fougueuse de ses créations. A son frère Johann il écrit, le 19 février 1796 : « Mon art me vaut des amis et de la considération. Que désirerais-je de plus ? et cette fois, je recevrai aussi pas mal d'argent. »

C'est qu'à Berlin, Frédéric Guillaume II, neveu du grand Frédéric, lui-même violoncelliste, grand admirateur de Gluck, de Haendel et de Mozart ne lésine pas sur les moyens mis au service de la musique. La Chapelle de la Cour possède une chorale, ainsi que de remarquables musiciens, dont Beethoven suit avec intérêt les concerts, n'hésitant pas à payer de sa personne. C'est ainsi qu'un jour il va improviser de façon si magistrale sur l'un des thèmes de la chorale qu'à la fin de sa prestation, à défaut d'applaudissements, le public sanglote dans ses mouchoirs : « J'avais là un auditoire romantique ; mais nullement amateur d'art ! » note-t-il plus lucide que jamais.

Il dédie au roi de Prusse Frederic-Guillaume II. *Deux sonates en fa majeur et ut mineur pour piano et violoncelle op. 5 :* « En prenant congé, j'ai reçu une boîte d'or remplie de louis d'or. Ce n'était pas une boîte ordinaire, mais une de celles qu'on peut bien donner aux ambassadeurs. »

En fait, il est amer, fatigué et désolé. Ni le triomphe, ni les flatteries, ni les cadeaux ne peuvent remplacer l'amour ou l'amitié. Par ailleurs, sa tristesse l'assagit. Il a renoncé à Lorchen et la réconciliation avec les Breuning a calmé son avidité à s'imposer. D'ailleurs, n'y est-il pas parvenu ? Tout le monde, à Vienne, le reconnaît comme un grand musicien, et s'il heurte et choque parfois, nul ne reste indifférent à son style, et à ses œuvres. Désormais il ne cherche plus à provoquer le monde par ses excès. « Son voyage l'a rendu plus constant, ou plutôt plus connaisseur en hommes ; cela lui a fait connaître la valeur et rareté de bons amis. »

De retour à Vienne, Ludwig a renoué avec sa solitude. Ni Wegeler, ni Amenda ne sont là. Quant à Christophe von Breuning, qu'il avait eu la joie de revoir et d'embrasser avant son départ, il est reparti pour Bonn. Bonn, « la belle contrée où il a connu la lumière du monde » et où il aimerait tant revenir. Mais même si le temps de la misère est passé, ses ressources sont encore trop précaires pour l'accueil triomphal dont il rêve.

« Vous ne me reverrez que très grand ; ce n'est pas

l'artiste que vous trouverez plus grand, mais l'homme que vous trouverez meilleur, plus parfait, et si notre patrie est alors plus prospère, mon art se consacrera au bien des pauvres. »

De beaux rêves que minent bien des cauchemars. Depuis son retour de Berlin, il est malade, et il aggrave ses malaises par de folles imprudences. Un jour d'été, se sentant fiévreux et oppressé par la chaleur : « Il ouvrit portes et fenêtres, se déshabilla complètement jusqu'à la ceinture, et se mit à la fenêtre, dans le courant d'air, pour se rafraîchir. La suite en fut une maladie grave, qui se porta pendant la convalescence sur les organes de l'ouïe. »

L'hiver, il sort tête nue, les cheveux mouillés, exalté par la musique qu'il est en train de composer. Et excédé par le très léger bourdonnement qui ne cesse de lui agacer l'oreille. Mais il fait front. L'hiver 1797 est rude et froid, et la guerre se rapproche de Vienne. Autour de lui, la frivolité a cédé le pas à l'inquiétude, et cette morosité ambiante accentue la mélancolie du musicien, à laquelle il ne veut pas céder.

« Courage ! écrit-il sur son carnet. Malgré toutes les défaillances du corps, mon génie doit triompher. – Voilà mes vingt-cinq ans, il faut que cette année révèle l'homme achevé. – Il ne doit plus rien rester à faire. » Hormis composer ! Cette année-là paraît *La Sonate op. 7*, suivie des trois *op. 10* dont celle en ut mineur où éclate la véritable nature de Beethoven.

C'est l'époque où Bernadotte l'ayant convaincu des idées généreuses et des bienfaits apportés par Napoléon, Ludwig s'inspire de l'épopée du Premier Consul pour jeter sur le papier les esquisses de l'*Héroïque*. Au même moment, pour apaiser son sentiment de solitude, il compose *La Sonate op. 13 en ut mineur* qu'il baptise lui-même du nom de *Pathétique* parce que, dit-il « chacun sentira bien ici l'état d'une âme en proie à la mélancolie, avec les différentes nuances de lumière et d'ombre ».

Son oreille qui « mugit » de plus en plus aggrave sa morosité. Il cherche une raison à cette infirmité. Seraient-ce ses problèmes intestinaux ? Son ascendance médicalement désastreuse – un père et une grand-mère alcooliques, une mère tuberculeuse ? – Ou plutôt ce crétin sans talent qui lui a fait commettre une imprudence irréparable :

« J'étais occupé à écrire un opéra. J'avais affaire à un premier ténor très capricieux et excédant. J'avais déjà fait deux airs sur les mêmes paroles, et il n'en était pas content, puis un troisième, qui parut, au premier essai, lui convenir, et qu'il emporta. Je remerciai le ciel d'être enfin débarrassé de lui, et me remis immédiatement à un ouvrage que j'avais à cœur de terminer. Je n'étais pas au travail depuis une demi-heure, que j'entendis frapper à ma porte et de telle sorte que je reconnus tout de suite que c'était mon premier ténor. Je bondis de ma table avec une telle violence et une telle rage, qu'au moment où l'homme entra dans ma chambre, je me jetai sur le plancher comme ils font au théâtre et je tombai sur mes mains. Lorsque je me relevai, je me trouvai sourd, et je le suis resté depuis. »

Le bourdonnement, s'il l'inquiète, ne le distrait ni de son intérêt pour les femmes ni des amourettes qui s'ensuivent. La première s'appelle Anna-Luisa-Barbara von Keglevics, dite Babette. Elle n'est pas très jolie, mais vive comme le vent, rieuse, et enthousiasmée par les grandes idées humanistes. Elle veut le bien des pauvres, la survie des démunis, la justice et le respect. Ludwig fait sa connaissance le plus simplement du monde, parce qu'il loue une chambre dans une maison voisine de la sienne. Elle veut prendre des leçons de musique ; il a besoin d'argent et consent à lui en donner. A vrai dire, dès le premier regard, Babette lui a plu. Son petit air farouche l'amuse. Très vite, ses conversations le conquièrent, d'autant qu'elle ne cache pas l'inclination qu'elle éprouve pour lui. Ils deviennent amis, à tel point que Beethoven n'hésite pas à la recevoir en robe de chambre, avant de lui dédier *La sonate pour piano op. 7 en mi bémol majeur* que les Viennois appellent *L'Amoureuse...*

Mais Ludwig n'est pas vraiment épris, ou du moins, pas pour longtemps. Encore une fois, et sans doute parce qu'il est en présence d'une aristocrate, le flirt lui suffit. D'ailleurs, il s'en lasse vite, d'autant qu'une jeune cantatrice vient de faire son apparition sur scène et dans son cœur. Christine Gerardi tient le rôle d'Ève dans une représentation de *La Création* de Haydn. Comme autrefois à Bonn, Ludwig est ému par la beauté de la voix, et court dans la loge de la jeune fille lui présenter ses hommages.

Cet enthousiasme plaît à Christine, qui, le lendemain, s'amuse à lui envoyer un petit poème.

« Chère Mademoiselle G., répond Ludwig,

« Je mentirai si je vous disais que les vers que vous m'avez envoyés ne m'ont pas mis dans l'embarras ; c'est un sentiment singulier de se voir et entendre louer, et avec cela de sentir sa propre faiblesse comme moi ; je considère toujours de telles conjonctures comme des exhortations à s'approcher plus du but inaccessible que nous proposent l'art et la nature, si difficile que ce soit. – Ces vers sont vraiment beaux, jusqu'à l'unique défaut qu'on est du reste habitué à trouver chez les poètes, lorsqu'ils sont guidés par le secours de leur fantaisie, ce qu'il désirent voir et entendre, vraiment entendre et voir, même si c'était très au-dessus de leur idéal. Que je souhaite connaître le poète ou la poétesse, vous pouvez bien le penser. Et maintenant, à vous aussi, mes meilleurs remerciements pour la bonté que vous avez envers Votre respectueux L.V. Beethoven. »

Christine lui répond... A son tour il lui réécrit, sur un ton de plus en plus intime, allusif, et de toute évidence, le Dr Bertolini en témoignera, leurs relations dépassent un simple marivaudage littéraire. Que cherchait-elle dans cette aventure amoureuse ? Une partition écrite à sa seule intention ? Un simple divertissement ? L'éclat du génie de Beethoven, familier des arcanes mondains, qui rejaillirait sur elle ? Beethoven, d'après son médecin, éprouve là une véritable passion, et sans doute est-ce à son propos qu'il avouera, quelques mois plus tard, à Ries son élève, le fils du premier violon de l'orchestre de Bonn, qu'« elle l'avait enchaîné le plus fortement et le plus longtemps, à savoir pendant sept mois pleins ».

Des chaînes qu'elle brise, en épousant le Dr Joseph Frank, chez qui Beethoven se rend fréquemment pour y faire de la musique. La rupture ne l'affecte pourtant que très peu. Christine mariée, Ludwig ne rompt pas ses liens d'amitié avec le couple, et c'est désormais dans un cadre respectablement conjugal et sage qu'il rencontrera son ancienne passion.

A-t-il déjà l'esprit conquis par Maria-Magdalena Willmann, sa compatriote qui vient de s'installer à Vienne et désire, très studieusement, prendre des cours de musique. Ludwig y consent d'autant plus spontanément qu'avec Maria-Magdalena il peut longuement évoquer les souvenirs de sa chère Bonn, les promenades sur les bords du Rhin, ses amis Breuning, les rires et les soirées d'antan.

Les anecdotes de ce si précieux passé fleurissent leurs propos : elles sont comme autant de soupirs sur la partition effrénée de la vie viennoise, elles tissent leurs heures de musique de liens ténus mais profonds. Car la jolie Maria-Magdalena est dotée d'une magnifique voix de contralto qui lui a permis de brillants débuts au théâtre de Bonn. C'est elle qu'il choisit pour la première audition de sa cantate, *Adélaïde,* un lied composé sur un texte de Matthison. Chose curieuse, cette œuvre, qui n'exprime en rien la force et l'originalité de Beethoven, connaît un succès retentissant. Maria-Magdalena la chante, et dès le lendemain, elle est sur toutes les lèvres; elle devient l'air des amoureux blessés, transis, le chant d'amour par excellence. La vogue de la romance est telle que les éditeurs vont devoir la publier sous cinquante-deux formes différentes : pour piano, pour guitare, pour violon...

Insensiblement, Ludwig s'attache à Maria-Magdalena, mais dans un premier temps, plutôt à la manière d'une amitié amoureuse, rien de très important, puisque la tendresse qu'il éprouve pour elle ne l'empêche pas de rester très sensible aux charmes de presque toutes ses autres élèves. Il leur envoie volontiers des billets flatteurs, des compliments bien tournés qu'il accompagne de quelque composition : telle Mme von Bernhard qui en reçut beaucoup, mais n'en garda aucun. « Il y avait alors de si jolis officiers russes que le laid Beethoven n'avait fait aucune impression sur elle », ou bien encore la jeune sœur du ténor Rœckel qu'il va voir tous les jours, assidu à lui donner des leçons de musique, comme à traduire les états d'âme qu'elle lui inspire sur le clavier de son piano. Et peut-être même que cette jeune et ravissante personne serait peut-être parvenue à lui faire oublier Maria-Magdalena, moins coquette, moins flattée par la cour du grand musicien, si la première n'avait préféré Johann Hummel à Ludwig, tous deux amis et rivaux en virtuosité. La blessure – sans doute plus une blessure d'amour-propre que d'amour véritable – est cuisante. Fou de rage, Ludwig envoie au fiancé un billet dans lequel la spontanéité l'emporte nettement sur les usages :

« Ne viens plus chez moi ! Tu es un foutu chien ! Que l'écorcheur emporte les foutus chiens ! »

Cuisante, mais fugace. « Beethoven aimait beaucoup la compagnie des femmes, surtout les jeunes et jolis visages. Habituellement, quand nous passions près d'une jeune fille un peu plaisante, il se retournait, la fixait de nouveau en mettant son lorgnon et riait ou ricanait quand il s'apercevait que je l'avais remarqué », commente encore son élève, Ries. Donc, pour Mlle Rœckel la déception est de courte durée. Presque aussitôt et comme toujours, il regrette vite son caprice, sa saute d'humeur, sa grossièreté vis-à-vis d'Hummel et fait état de son repentir non sans humour :

« Mon petit cœur de beurre ! Tu es un garçon loyal et tu avais raison, je le vois maintenant ; alors viens cet après-midi chez moi. [...] Ton Beethoven, dit tas-de-farine. »

Hummel qui connaît son homme ne tient aucun compte de cet éclat, pas plus qu'il n'oubliera leur amitié : quand il apprendra l'agonie de Ludwig, il quittera Weimar pour aller, avec sa femme, lui dire adieu à Vienne et l'assister dans ses derniers instants.

Pour l'heure, les visites à Maria-Magdalena continuent. Aveuglé par les projets qu'il échafaude dans sa tête, il n'ose pas un geste, pas un mot, mais chacun des battements de cil dela jeune fille est interprété comme un assentiment, chacun de ses soupirs comme un encouragement à briser ses silences, chacun de ses rires comme un masque à son trouble. Maria-Magdalena a très vite compris la nature du sentiment qu'elle inspire au musicien, qu'elle connaît trop bien par ailleurs pour y attacher beaucoup d'importance. Son caractère volage et son extrême sensibilité à l'éternel féminin sont notoires. « Il était fréquemment amoureux, mais le plus souvent pour peu de temps », nous dit encore Ries. Et puis, comment prendre au sérieux un tel ours ? Pour l'aimer, il faut au-delà du musicien regarder l'homme, or « Beethoven est, dans tout son extérieur, très gauche et très maladroit. Ses mouvements manquent tous de dextérité et de grâce. Il prend rarement un objet en main sans le laisser tomber ou le briser. Souvent, il renverse son encrier sur le piano proche de son pupitre. Aucun meuble, du moins aucun meuble précieux, n'est en sûreté près de lui. Tout est renversé, sali, abîmé. On aurait eu peine à comprendre comment il était arrivé à se raser lui-même, si on n'avait pas fait attention aux balafres qui, d'ordinaire, sillonnent ses joues. Jamais il ne put apprendre à danser en mesure. »

Comment Maria-Magdalena pourrait-elle songer à faire sa vie avec un tel homme ? Beethoven, emporté par le tumulte de ses sentiments, imagine que son émoi est partagé. Ce qu'il ne sait pas, c'est que de son côté, la nouvelle élue de son cœur voit beaucoup un jeune homme « bien fait de sa personne », le chanteur Galvani. Comme avec Beethoven, ils ont la musique en commun, mais de surcroît, Galvani est « normal » en tous points : dans son physique et dans son éducation.

Aussi, quand un jour, décidé à jouer le tout pour le tout, Beethoven lui prend la main, non pour la baiser, mais pour lui faire la plus officielle des demandes en mariage, Maria-Magdalena le repousse, abasourdie. « Elle le trouvait trop laid et trop fou », racontera sa sœur.

Éconduit, Beethoven est profondément blessé. Il n'aime pas la solitude, et caresse, depuis longtemps, l'idée de l'hymen. Dans cette affaire, ce qui le heurte, ce n'est pas tant que Maria-Magdalena l'ait abusé sur ce qu'elle ressentait à son égard mais le fait qu'une épouse possible vient encore de lui échapper. Plus que d'une passion, il a envie d'une compagne. Autour de lui, ses meilleurs amis jouissent tous de l'amour et des soins d'une moitié. Alors, pourquoi pas lui qui n'a jamais eu de maison, de foyer véritable, et n'a jamais été qu'invité à en goûter les charmes chez les autres ? Jusque sur son lit de mort, Beethoven regrettera cette présence féminine, qu'il imaginait à ses côtés douce, attentive et attentionnée.

Pour l'instant, il est triste, fatigué, seul, si seul, et pour se distraire de sa peine, il a consenti à un petit séjour hors de Vienne.

« J'ai reçu une invitation pour Mödling, à la campagne, écrit-il à Amenda, je l'ai acceptée et je vais là-bas pour quelques jours. Elle m'a été d'autant plus agréable que mon cœur déchiré aurait encore plus souffert sans cela. »

Il envisage même un voyage en Pologne. Mais lorsque le moment de partir arrive, il y renonce. Ludwig a oublié Maria-Magdalena même si, pourtant, il continue de la fréquenter, en présence de son mari. Elle n'est plus, à ses yeux, qu'une bonne relation à défaut d'être une grande amie.

C'est Wegeler l'ami bien sûr qui lui manque, mais aussi le médecin. Le bourdonnement dont il souffre à l'oreille ne cesse plus et s'assortit de douleurs. Pire, il commence à atteindre l'autre oreille. Malgré tout, après le succès de son concert, où il a présenté sa première symphonie, *L'opus 21 en ut majeur* il pose la dernière touche à six quatuors. De ses insupportables problèmes intestinaux qui l'épuisent et le clouent au lit, il ne dit mot à personne, seul Franz auquel il demande des conseils et des remèdes est tenu au courant. Mais même à lui, Ludwig cache encore ses problèmes auditifs. Espère-t-il cette nouvelle maladie passagère ? Ou craint-il de voir se confirmer ses pires craintes, à savoir qu'elle n'affecte dramatiquement son art ?

L'installation à Vienne de Stephan von Breuning, qui y restera définitivement, lui apporte un réconfort sans pour autant le décider à avouer son mal naissant. Et s'il prenait un peu de repos ? La perspective d'un été à la campagne pour s'y refaire une santé, et achever dans le calme sa nouvelle œuvre, *Le Christ au mont des Oliviers*, apaise ses pires angoisses, mais avant de partir, il consulte, dans le plus grand secret, médecin après médecin. « Frank voulait me tonifier avec des reconstituants et rendre les tonalités à mes oreilles par de l'huile d'amandes, mais prosit ! rien du tout. Un âne de médecin me conseilla des bains froids ; l'autre, plus avisé, les bains tièdes ordinaires du Danube. »

Son choix s'arrête enfin sur celui qui lui paraît le plus apte à mériter sa confiance, le Dr Vering, chez qui il se rend souvent pour donner des leçons à Julie, sa jeune fille. « Il réussit à couper presque complètement cette violente diarrhée. Il n'y a que mes oreilles qui continuent à bourdonner et à mugir nuit et jour. » Le médecin est pessimiste : les yeux dans les yeux de Ludwig, il décide de lui dire la vérité. Selon les symptômes présentés, Beethoven est en train de devenir sourd.

Sourd ! Lui, un musicien. Lui qui ne vit que pour et par ce sens si précieux, va-t-il donc le perdre ? Assommé par l'horreur du pronostic, il se précipite sur sa plume et décide, enfin, de confier ses maux à Amenda :

« Ton Beethoven vit très malheureux, en lutte avec la nature et le Créateur ; j'ai déjà souvent maudit ce dernier, de livrer ses créatures au moindre hasard, de telle sorte que la plus belle floraison en est exterminée et broyée. Sache que la plus noble partie de moi-même, mon ouïe, s'est beaucoup affaiblie. Déjà, à l'époque où tu étais près de moi, j'en sentais les symptômes et je les cachais. Depuis, cela a toujours été pire. Si cela pourra jamais être guéri ? – Il faut attendre ; cela doit tenir à l'état de mon intestin. Pour celui-ci, je suis presque tout à fait rétabli. Mais les oreilles se guériront-elles ? Je l'espère, bien sûr, mais timidement, car de telles affections sont les plus incurables. Quelle triste vie est maintenant la mienne ! Éviter tout ce qui m'est aimé, et à quoi je tiens, et cela en étant entouré d'individus misérables et égoïstes. [...] Oh comme je serais heureux si mes oreilles étaient en état ! Alors je courrais vers toi, – mais je dois rester à l'écart partout ; mes plus belles années s'écouleront sans que je puisse réaliser les exigences de ma force et de mon talent. – Triste résignation où il faut que je trouve mon refuge ! Bien sûr, j'ai pris la résolution de me dépasser en surmontant tout cela, mais comment sera-ce possible ? »

S'il se voit seul, coupé du monde, exclu de toute vie sociale et mondaine, pas un instant il n'envisage que cette surdité puisse l'empêcher de créer et de composer. C'est, en cet instant de souffrance, le manque d'une présence affectueuse qui l'angoisse le plus. A défaut de cette tendre compagne qu'il a tant espérée à ses côtés, il a des amis, et Ludwig ne peut vivre seul. Cette idée l'horrifie tout autant que celle de sa surdité.

« Oui, Amenda, reprend-il dans sa lettre, si dans six mois mon mal s'avère incurable, je t'adresserai un appel ; il faudra que tu abandonnes tout et que tu viennes auprès de moi ; je voyagerai alors (mon jeu et ma composition souffrent encore très peu de mon infirmité ; c'est à la vie sociale qu'elle nuit le plus), et tu dois être mon compagnon, je suis persuadé que le bonheur ne manquera pas, – avec quoi maintenant est-ce que je ne pourrais pas me mesurer ! [...] Non, tu ne me refuseras pas, tu aideras ton ami à supporter ses angoisses et son mal.... Tu resteras éternellement auprès de moi. »

Quelle folle exigence vis-à-vis de ce pauvre Amenda, déjà chargé de la famille de son frère, sans ressources !

Ludwig s'en rend-il compte ? Parfois, mais les prises de conscience de son égoïsme sont épisodiques et fugaces.

Bien régulièrement, lorsque le remord l'assaille, quand il craint de perdre ses amis les plus chers, il retrouve le ton enflammé, passionné de ses lettres d'excuses dans lesquelles il se flagelle, supplie qu'on lui pardonne. Mais aussitôt après, il retombe dans les mêmes excès, légitimés à ses yeux par son indéniable génie.

Ries, quand il s'installera à Vienne, deviendra son factotum, son compagnon, son ami taillable et corvéable à merci. Celui que l'on appelle à tout moment du jour et de la nuit. Et jamais ni lui, ni Wegeler, ni Amenda ne rechignent ni ne rechigneront. Ludwig a du talent, certes, mais il possède surtout une réelle générosité, une tendresse inaltérable et une soif d'amour et de dépendance qui balaient tous ses excès, ses caprices, son monstrueux égotisme.

Dans l'un des pires moments de sa vie – celui de la découverte de sa surdité –, il agit à la fois comme un homme en lutte avec son Destin, un héros romantique, et comme l'enfant qui n'a jamais pu appeler ses parents, mais crie au secours pour que ses amis l'entendent. Malgré cet orgueil, malgré ses éclats publics, malgré son insolence dans le monde, Ludwig est, au fond de son cœur, un jeune homme fragile et vulnérable. A la moindre réaction, à la moindre révolte, il se blesse, souffre, se morfond. Il veut qu'on l'aime, qu'on le reconnaisse, qu'on l'admire, mais les railleries l'atteignent au plus vif de son âme.

Sans doute est-ce à cause de ces éventuelles railleries, qu'il anticipe et imagine si sa surdité naissante venait à être de notoriété publique, qu'il ajoute, dans un sursaut de fierté avant de conclure sa lettre d'aveu, de fièvre et de peur, « Ce que je t'ai dit de mon ouïe, je te prie de le garder tout à fait secret, et de ne le confier à qui que ce soit. »

La même recommandation est faite à Franz, à qui il demande d'entrer en correspondance avec le Dr Vering afin de l'aider au mieux dans ses soins : « Je te prie de ne rien dire de mon état à personne, pas même à Lorchen C'est un secret que je te confie. »

Avec Franz Wegeler, comme avec Amenda, il est hanté par la question de sa solitude. L'encre de la supplique à ce dernier n'est pas encore sèche, que déjà, il songe à partager sa vie avec un autre de ses amis. « Stephan Breuning est maintenant ici, et nous nous voyons presque tous les jours. Cela me fait tant de bien d'évoquer à nouveau les vieux sentiments ! Il est vraiment devenu un bon et excellent garçon, qui sait quelque chose et qui a – plus ou moins comme nous tous – le cœur à la bonne place. J'ai maintenant un très bel appartement, qui donne sur le bastion et qui, pour ma santé, a un double avantage. Je crois que j'arriverai à ce que Breuning vienne chez moi. »

Il y arrivera, en effet. Mais des querelles éclateront quand Stephan protestera trop violemment contre le désordre – voire la crasse – dans laquelle Ludwig se complaît.

Comme toujours, et sans en prendre réellement conscience, sans la moindre méchanceté, Ludwig traite son hôte comme un domestique, l'écrase sous des demandes de service, d'écoute, de conseils, de courses en ville. N'est-il pas le génie à qui les pauvres humains dépourvus de talent, qui ne respirent pas le même air pur, celui de l'art, doivent tout ? Stephan sert de femme de ménage et de secrétaire, d'auditeur et de confident. Au bout d'un an, il n'y tiendra plus. Il préférera le quitter et garder son amitié plutôt que de risquer une brouille alors qu'il éprouve une sincère admiration et une loyale affection pour le musicien.

Pour l'heure, Ludwig sous le choc du diagnostic de

Vering, veut malgré sa tristesse, malgré son désarroi, « s'il est possible, braver son destin ». Pour se défendre contre l'assaut perfide et injuste – tellement injuste ! – de la maladie, il se jette à corps perdu et de toutes ses forces dans son travail d'écriture.

Il crée des pages vibrantes de joie et de gaieté ; il écrit six sonates, six quatuors, un quintette, un septuor, un concerto pour piano, trois variations... Et pas un passage qui ne laisse percevoir sa tristesse, son malheur, son désespoir ! Toute la vie intérieure du musicien explose dans ces œuvres plus riches en sentiments et en informations sur son âme que ne le peuvent toutes ses confidences. C'est que l'œuvre de Beethoven est à son image : toute de contrastes et d'oppositions ; la joie succède à la peine, le découragement à la lutte. Beethoven passe de la mélancolie à l'allégresse avec la plus grande aisance, comme si l'une générait l'autre ; et c'est ainsi qu'il peut, un certain temps, taire son drame.

Pour mieux le cacher, il restreint ses sorties. « Dans la conversation, il est surprenant qu'il y ait des gens qui ne l'aient pas remarqué ; comme j'ai des distractions, on met tout sur leur compte. »

Au théâtre, il se serre contre l'orchestre « pour comprendre les acteurs », parce qu'il n'entend pas « les sons élevés des instruments et des voix ».

Heureusement, une maison va de nouveau illuminer sa vie, une demeure dont il peut pousser la porte avec bonheur, une famille chaleureuse qui lui fait fête quand il apparaît, et qui lui rappelle celle des Breuning, à Bonn. Et c'est désormais, le temps de la plus belle des accalmies à ses souffrances, à ses angoisses, une éclaircie lumineuse pleine de cette joie dont il baigne ses compositions : Ludwig a fait connaissance des Brunsvik.

Une rencontre qui va bouleverser le cours de sa vie, et de son cœur.

Anna von Brunsvik est veuve. De son mariage avec Antoine II, comte de Brunsvik, elle a eu quatre enfants. Les Brunsvik sont d'origine hongroise, et dans leurs veines coule le sang le plus bleu. Antoine aime rappeler à ses enfants leurs illustres ancêtres, les Braunschweig, piliers de la dynastie impériale du Haut-Moyen Age allemand, quartiers de noblesse qu'adoube d'ailleurs l'impératrice Marie-Thérèse en 1775, en faisant comte de Korompa Antoine Ier de Brunsvik.

Jusqu'à cette année 1799, la famille a coulé des jours heureux dans ses immenses propriétés hongroises ; les enfants sont élevés par des précepteurs et nourris par leur père, d'histoire et de philosophie. Comme chez les Breuning, on professe, dans leurs salons, une admiration effrénée pour Franklin et Washington, les héros de l'indépendance américaine. Suivant des préceptes chers à Rousseau, et parce que le comte et la comtesse tiennent à ouvrir l'esprit de leurs enfants aux arts et aux idées modernes, ceux-ci grandissent en totale liberté.

Hélas, le comte meurt en 1793, et madame von Brunsvick se retrouve seule à la tête d'une famille composée majoritairement de filles. Pendant cinq ans, Anna ne va rien changer aux habitudes familiales. Selon les saisons, la famille se transporte d'un château à l'autre, continuant, dans la joie et la bonne entente, à parfaire sa bonne éducation. Et puis, en 1799, la comtesse prend conscience qu'ils n'ont plus l'âge de vivre comme des enfants, même s'ils sont heureux d'être ensemble, partageant leurs jeux et leurs études, et s'entendant à merveille. Elle décide donc de s'installer à Vienne, pour se rapprocher de la Cour.

Thérèse a vingt-quatre ans, Franz vingt-deux, Joséphine vingt et la petite Charlotte dix-sept. Le temps est venu de trouver un mari à ces demoiselles, de les établir, et si possible, quelle que soit la passion familiale pour les révolutionnaires du nouveau monde, dans la meilleure société.

Et puisque l'on est à Vienne, autant leur faire profiter des avantages de la capitale pour approfondir leurs dons et leurs connaissances.

« Mère nous conduisait aux fabriques et aux ateliers; tout ce qu'on pouvait voir nous fut montré. Tante Finta arrangea des promenades : Prater, Augarten, Lusgarten, Dornbach; et partout on goûtait! Théâtre. Le soir, on dansait. Et au retour, à l'hôtel, entre dix et onze heures, on prenait des glaces au Graben, on riait, on plaisantait. A quatre heures du matin, on se retrouvait déjà debout et habillées pour courir dans les champs dès cinq heures. »

Les trois aînés adorant la musique – les deux jeunes filles excellent au piano et Franz au violoncelle –, la comtesse douairière décide de demander à Ludwig van Beethoven, dont elle connaît la renommée, de donner des leçons à ses enfants.

Avec sa fierté et sa répugnance habituelle pour ce genre d'occupation, Ludwig, prudent, répond qu'il auditionnera d'abord, chez lui, la première de ses futures élèves. La réponse ne rebute pas la comtesse, qui entraîne sa fille, Thérèse, dans l'appartement du musicien :

« Ayant sous le bras, comme une fillette qui va à l'école, ma sonate de Beethoven avec un accompagnement de violon et violoncelle, j'entrai. L'immortel, le cher Ludwig van Beethoven fut très aimable et aussi courtois qu'il le pouvait. Après quelques phrases, il m'installa à son piano désaccordé, et je commençai aussitôt; je jouais bravement, et je chantais l'accompagnement de violoncelle et de violon. Il en fut si transporté qu'il promit de venir chaque jour dans notre hôtel du Griffon d'Or. Il tint parole. »

Qui d'ailleurs n'aurait pas été séduit par l'hôtel du Griffon d'Or, où la comtesse avait élu résidence. Dès qu'il en pousse la lourde grille de fer forgé, Ludwig est conquis par l'allée de tilleul dont le parfum flotte sur de somptueux jardins en terrasse, par les nobles dimensions des salons ensoleillés, où toute la famille l'attend. Mais ce n'est pas un domestique, un factotum que l'on salue, c'est le génie dont ils connaissent déjà les partitions et dont ils honorent l'immense talent novateur. Franz, fanatique mélomane, se lève et vient l'accueillir, les yeux brillants, l'air sérieux, intimidé à la seule idée de toucher la main du grand homme, dont le négligé de la tenue lui passe totalement inaperçu.

D'emblée, il lui parle d'égal à égal : occultant ces origines sociales qui blessent tant Beethoven et qui pour Franz n'ont plus de raison d'être devant un compositeur aussi éblouissant. A ses côtés, Thérèse l'observe d'un air grave, heureuse de n'avoir pas failli à sa mission, et d'avoir, par son jeu, lors de cette première rencontre, décidé le grand homme à s'occuper d'eux. Elle est l'aînée et la moins jolie, mais sa démarche claudiquante et le petit air penché qu'elle ne peut contrarier malgré le corset orthopédique qui maintient sa colonne vertébrale handicapée, confèrent à sa personne un charme curieux presque animal.

D'emblée, Ludwig est séduit par sa voix grave et posée; par sa conversation qui trahit le raffinement de ses connaissances. En fait, Thérèse est passionnée de littérature, elle dévore livre sur livre, cite Goethe et Schiller, ses auteurs préférés, parsème ses réflexions de citations et de références sans la moindre pédanterie. Elle est rieuse aussi : n'est-ce pas elle qui a fondé la petite république des enfants Brunsvik?

Et Joséphine... Oh! Comment Ludwig pourrait-il décrire Joséphine? Le son de son rire cristallin comme un chant d'oiseau, sa grâce, sa fraîcheur, et sa perpétuelle bonne humeur. Tout le monde adore Joséphine, si jolie, la plus jolie, celle que son frère et ses sœurs ont affectueusement surnommée Pépi, ou encore Pips ou Pipschen. Dans les salons, elle montre la même grâce à danser qu'à dévaler les meules de foin aux petits matins de printemps. La même joie à chanter qu'à apprendre.

« ... Il tint parole; mais au lieu de rester une heure, depuis midi, il en restait souvent quatre et cinq; il n'était jamais las de relever et de courber mes doigts que j'étais habituée à tenir à plat et tendus en les levant... Pendant seize jours, il ne manqua pas une seule fois. Nous ne nous apercevions pas de la faim avant cinq heures de l'après-midi. La bonne mère jeûnait avec nous... Mais les gens de l'hôtel étaient indignés. C'est alors que fut conclue avec Beethoven l'amitié intime, l'amitié de cœur qui dura jusqu'à la fin de sa vie. »

Désormais, Beethoven est de toutes les sorties. Il fait partie de la famille. Il accompagne Franz, Thérèse et Pépi dans les soirées, les regarde danser, parle des heures entières avec eux mais, lorsqu'il les raccompagne tard jusqu'aux grilles de leur hôtel, ce que les promenades, les discussions, les visites, ont volé au temps d'étude, il le rattrape à la nuit tombée.

« C'était une passion! Donc, la nuit, il fallait faire des exercices. Désespérés, les voisins décampaient. Nous étions jeunes, fraîches, enfantines, naïves. Qui nous voyait nous aimait. »

Il les aime tous, c'est vrai. Au point que le 23 mai, il écrit : « pour l'album des comtesses Thérèse et Joséphine von Brunsvik » *six variations pour piano à quatre mains* composées sur un poème de Goethe, le préféré de Thérèse, *Je pense à toi*... traduit par Brigitte et Jean Massin.

« Je pense à toi – lorsqu'à mes yeux la clarté du soleil rayonne sur la mer. Je suis avec toi – si loin que tu puisses être – tu es près de moi. Le soleil décline – bientôt luiront à mes yeux les étoiles – Oh si tu étais là ! »

Et il ajoute, en guise de signature :

« Je ne souhaite rien tant que ceci : en jouant et en chantant cette petite offrande musicale, souvenez-vous de temps à autre de votre très dévoué : Ludwig van Beethoven. »

Mais déjà elles ne sont plus là, ses chères Thérèse et Joséphine, ni Franz, le gentil fou de musique. De bal en bal, de salons en sorties, la comtesse douairière a fini par trouver ce qu'elle était venue chercher à Vienne. Un mari. Thérèse, la plus âgée, n'est pas celle qui a eu l'heur de plaire. C'est Joséphine qui a attaché le cœur et les regards de celui qui sera son futur mari et maintenant, il faut repartir pour la Hongrie, célébrer les épousailles.

Les adieux sont déchirants pour tout le monde. Pour la petite république des Brunsvik et pour Beethoven. Ils viennent de passer des jours tellement heureux ! Autour d'eux, les malles s'amoncellent. On drape les meubles des salons de linges blancs comme des linceuls qui rendent fantomatique l'écho de leurs rires passés. Les bibelots et les vases ont été emballés, dépouillés de ces bouquets cueillis à l'aube, que les mains de Thérèse, ou celles de Joséphine disposaient en gerbes éclatantes.

L'hôtel particulier du Griffon d'Or ressemble, en ce matin du 23 mai 1799, à un palais vide et triste dont on a éteint l'esprit. Ils sont debout, les uns en face des autres, émus et désemparés. Joséphine va les quitter à jamais. Quelque chose de leur enfance, de leurs derniers jours de cette enfance dont Ludwig a été le témoin et le compagnon fidèle, est en train de se briser. Ni les uns ni les autres ne désirent ce mariage : mais il le faut, quelles qu'aient été la modernité de leur éducation, la liberté qui leur a été accordée, les jeunes filles de ce monde et de cette époque doivent s'établir, en fonction de leur rang, et de leur fortune. Et Joséphine a envie de pleurer. De toutes ses forces, elle serre les mains de son ami, de celui qui emplissait la maison d'une musique si joyeuse, avec qui elle riait, et parlait, et riait encore. Elle connaît l'homme qu'elle va épouser, le mari que lui a choisi sa mère. Il s'agit du comte Joseph Deym qui est extrêmement riche, mais qui a cinquante ans ! Oh bien sûr, il est raffiné, cultivé. Il exploite avec succès une galerie d'art à Vienne, sous le pseudonyme de Müller. Mais est-ce suffisant aux yeux de Joséphine pour l'épouser. A l'annonce de cette nouvelle, elle a pleuré, supplié, puis lorsque sa mère s'est montrée d'une fermeté sans faille, elle a fini par capituler donnant raison à Thérèse qui sait que Pépi, douce et naïve, ne résiste pas à l'autorité.

Qui mieux que Ludwig peut comprendre sa peine ? Lui qui a vécu la même mésaventure avec Lorchen, qu'il n'a pu épouser parce qu'elle n'était pas de sa condition. Des histoires de caste qui lui soulèvent le cœur... Alors, dans un élan passionné, il étreint les paumes diaphanes de sa jeune amie et lui dit adieu, à elle plus qu'aux autres, les larmes aux yeux.

Et le voilà, une fois encore, tout seul à Vienne. Sans eux, la ville lui semble affreusement vide. Il en est réduit à errer dans les salons, dans les rues, hanté par leurs fantômes. Alors parce qu'il s'ennuie en société, il s'enferme chez lui. Tout lui rappelle ses amis disparus de son univers. Leur départ le ramène à ses angoisses, à la peur de la maladie, ce mal d'oreille qui ne s'améliore pas. Il faudra donc, toujours, que le destin le sépare de ceux qu'il aime ? A peine trouvée l'attache amicale ou amoureuse à laquelle il aspire, que déjà la fatalité la brise ? Par quelle malédiction faut-il qu'il soit condamné à cette solitude épouvantable qui le paralyse et l'emprisonne.

Dans sa chambre, il improvise des heures entières, rejoue les motifs donnés à ses élèves, éveille dans sa mémoire les souvenirs et dans son cœur la mélancolie. Reclus, il soupire et se représente leur voyage, ces journées qui les séparent davantage. Il les imagine sur leurs terres de Hongrie. Il vit en pensée le mariage de Pépi.

Ce mariage tant redouté qui a lieu bien sûr ! Toute l'aristocratie hongroise y assiste, et les plus nobles familles viennoises se sont déplacées pour la circonstance. Quel contraste, entre la jeune mariée, ravissante malgré son air triste, et le comte Deym, dégarni, ridé, sec dans sa redingote, étranglé par sa cravate de soie.

L'orgue joue, mais comme on est loin de la musique de Beethoven. Puis, c'est le moment crucial de l'échange des vœux et des alliances. Oui, dit le comte.

« Oui », dit Joséphine, dans un murmure à peine perceptible. Et brusquement, devant le parterre rutilant des invités, dans un « oh » de stupéfaction à peine étouffé par la bonne éducation des témoins, Joséphine se jette au cou de Thérèse.

Une Joséphine en larmes, hoquetant de désespoir. Une petite fille qui mendie, auprès de sa grande sœur, une ultime et utopique lueur d'espoir :

– N'est-ce pas ? Tu me délies de ma parole, tu l'épouses, tu nous rends heureux, – moi, je ne peux pas !

Elle se trompe, Joséphine. Elle a pu ce qu'elle ne voulait pas. Elle a dit oui.

Un oui qui la lie désormais, jusqu'à la mort, à cet homme. Joseph Deym. Son mari. Un oui qui la cloue en Hongrie. Loin de Ludwig et de sa divine musique...

5

« Elle m'aime et je l'aime... »

Heureusement, un rayon de soleil éclaire la solitude de son appartement du Tefen Graben, au troisième étage où, depuis que Stephan von Breuning est parti, le désordre règne en maître.

Octobre 1800 : voilà de nouveau Bonn qui vient à lui : Ries, qui l'avait aidé à régler les affaires matérielles au moment de la mort de sa mère et l'avait soulagé du lourd fardeau de sa famille, lui envoie son jeune fils. Ferdinand a seize ans, il tremble de timidité. Beethoven est la seule personne qu'il connaisse à Vienne où il veut faire des études musicales. Son père l'a muni d'une lettre de recommandation pour le grand homme, mais le grand homme le recevra-t-il ?

Ludwig fait mieux : il lui ouvre les bras. Ferdinand arrive à point dans sa vie. Il pressent en cet élève l'ami, le compagnon qui lui manque tant. Le tout jeune homme, sans le savoir, éveille dans le cœur du compositeur une myriade de souvenirs d'enfance. Beethoven l'adopte aussitôt, sans hésitation, en souvenir du passé, sans même lire le mot de Ries : « Je n'ai pas le temps maintenant de répondre à votre père. Mais écrivez-lui que je n'ai pas oublié comment ma mère est morte. »

En effet, Beethoven n'a rien oublié et il le prouve immédiatement :

« Quand Beethoven savait que je n'étais pas fort à l'aise, il m'envoyait de l'argent sans que je le lui aie demandé et sans jamais vouloir le reprendre. Il m'aimait réellement et, dans sa distraction, il m'en a donné une fois une marque très comique. Quand je revins de Silésie, où j'avais été retenu pendant longtemps dans les domaines du prince Lichnowsky en qualité de pianiste, et que je rentrai dans la chambre de mon maître, il était prêt à se raser, et savonné jusqu'aux yeux, car il avait une barbe horriblement dure qui montait jusque-là. Il accourut à moi, m'embrassa cordialement et mit si complètement la mousse de son savon de sa joue gauche sur ma joue droite qu'il n'en garda rien. Nous avons ri de bon cœur ! Quand il me donnait des leçons, il était, contrairement à sa nature, je puis le dire, remarquablement patient. C'est à son attachement, à son affection pour mon père, que je dois en grande partie attribuer cette patience, ainsi qu'une conduite amicale qui n'a été que bien rarement interrompue. »

La présence du disciple, leur amitié réciproque, ravivent son appétit de vivre : Ludwig sort de sa léthargie et reprend son rythme effréné habituel. A l'aube, il appelle Ferdinand pour le charger de menus services. Puis, du lever du soleil jusqu'à l'heure du déjeuner, il s'enferme pour travailler à ses partitions. Pendant ce temps, Ries met de l'ordre dans les esquisses qui traînent un peu partout, fait les copies, range la chambre, que Beethoven, qui avoue : « Je suis un homme désordonné, et, avec la meilleure volonté, j'oublie tout », transforme aussitôt en capharnaüm. Ensuite, vers trois heures, il sort, pour sa traditionnelle grande promenade récréative. Il est alors « comme piqué par un aiguillon, il faisait à pas redoublés deux fois le tour de la ville », en entraînant le jeune homme à sa suite.

Très vite, Ries devient l'ami indispensable, précieux. S'il remarque la gêne auditive de son maître, il n'en laisse rien paraître. Pour ne pas éveiller ses soupçons, il ne lui répète jamais une phrase que Beethoven a mal entendue. Il évite de parler fort : il a remarqué que les sons violents le heurtent. Il le rassure dans leurs sorties en public, le déride quand, en proie à sa mélancolie chronique, Beethoven est d'humeur sombre ou taciturne. Et il l'écoute pendant des heures quand le musicien improvise, ou se livre à ses excès de joie débridée.

Et puis, Beethoven est heureux : Pépi est revenue de Hongrie. Son premier soin a été d'inviter le cher ami pour reprendre, avec les leçons de musique, leurs conversations, et leur ancienne intimité. Deux fois par semaine, il se rend dans l'hôtel particulier des Deym où le comte Joseph, l'époux de Pépi, l'accueille cordialement. C'est lui qui va offrir à Ludwig, pour son anniversaire, une paire de candélabres et une écritoire ; un geste qui l'émeut profondément.

Ensemble, avec Joséphine, ils évoquent Franz et Thérèse, qui sont restés en Hongrie ; les derniers travaux de Ludwig, la vie à Vienne et l'amitié – à défaut d'amour en ce qui concerne Pépi – qu'ils portent tous les deux au comte. Ludwig vient de composer une *Sonate pour piano et cor (Op. 17 en Fa)* dont il donne la primeur à Joséphine. Il sait que la jeune femme, mélomane avertie, musicienne dans l'âme, sera touchée par cette œuvre qui à Vienne, auprès du grand public, va connaître un succès immédiat et foudroyant, obligeant, malgré une ordonnance interdisant dans les théâtres les reprises et les applaudissements, Ludwig et le célèbre corniste Punto « de la rejouer depuis le début ».

Plus que jamais, Pépi trouve le grand homme « charmant » et son attachement pour lui, leur affection réciproque, ne cessent de grandir.

« Beethoven a joué la sonate avec le violoncello ; moi, j'ai joué la première de trois sonates de Beethoven avec la violine, accompagner par Suppanzi, qui a joué côme tous divinement ; puis il y avait un quartett et Beethoven, qui était un ange, a dôné ses nouvelles quartett, qu'ils ne sont point encore gravés et qui sont composer *non plus ultra.* Joséphine Deym. »

Effectivement, Beethoven vient de donner sa première symphonie et de porter la dernière touche à ses *Six premiers quatuors (opus 18).* Son style, son originalité s'affermissent. Il s'est résolument affranchi de l'empreinte des maîtres, Mozart et Haydn. Quand Ries, son disciple, lui fait remarquer qu'il écorne souvent les règles érigées par les théoriciens dans ses compositions, il rétorque sans sourciller : « Eh bien moi, je me le permets ! »

Sa méthode d'enseignement, elle aussi, est novatrice. Son jeune élève, Czerny, dont il fait la connaissance cette même année en souligne l'originalité : « Pendant les premières leçons, Beethoven m'occupa exclusivement à faire des gammes dans tous les tons, me montra la seule bonne position des mains et des doigts, alors encore inconnue de la plupart des exécutants, et particulièrement l'usage du pouce – règle dont je n'ai appris que plus tard à comprendre l'utilité. Après quoi, il parcourut avec moi les exercices, attirant surtout mon attention sur le legato que lui-même possédait d'une façon unique au monde, et que tous les pianistes de cette époque considéraient comme inexécutable sur le forte-piano. »

Czerny remarque, avec ses yeux d'enfant, le coton dans les oreilles « qui semblait humide d'un liquide jaunâtre », et les mains « très fortes, couvertes de poils, et les doigts extrêmement épatés, surtout du bout ».

Avec ce jeune enfant, le courant passe à merveille. Les prodigieux talents pianistiques de Czerny éblouissent le maître, qui oublie son âge et se confie souvent à lui, sans crainte et sans réserve. « La conversation tomba sur la gloire qu'il avait acquise dans le monde. Ah ! bêtise, dit-il, je n'ai jamais pensé à écrire pour la gloire et les honneurs ! Ce que j'ai dans le cœur, il faut que ça sorte, voilà pourquoi j'écris ! »

Si en privé, avec ses amis, il est le plus souvent détendu, d'humeur joyeuse et débordant d'humour, en public, il se montre toujours cassant, hautain. Et particulièrement avec les éditeurs qu'il met en concurrence. Il leur promet à tous un grand nombre d'œuvres qu'il négocie au sou près, sans concession mais avec condescendance. Les copistes sont ses bêtes noires, qui parsèment ses partitions de fautes « qui grouillent comme des poissons dans l'eau. En vérité, j'ai la peau pleine de coups et de balafres à cause de ces magnifiques tirages de mes quatuors ! » Un tel manque de soins, d'attentions, de rigueur, le plonge dans des rages folles qu'il exprime soit dans les marges de ses manuscrits soit de vive voix. Si par malheur l'éditeur ou le copiste croise son chemin, il les agonit tous d'insultes. « Vauriens de copistes », « bougre de sot, fat et bête comme un âne » ; « Avec une telle fripouille qui vous extorque l'argent on fait encore des compliments, au lieu de tout cela, qu'on le tire par ses oreilles d'âne ! »

Parfois au comble de l'exaspération, il peut remplir des pages de diatribes au vitriol :

« Bousilleur de scribe ! Imbécile, corrigez vos fautes, produit de votre ignorance, de votre orgueil, de votre fatuité et de votre bêtise, cela conviendra mieux que de vouloir me donner des leçons car c'est exactement comme si la truie voulait en remontrer à Minerve ! »

Jamais il n'oublie qu'il doit à tout prix acheter sa liberté, s'imposer, car il sait, intuitivement, qu'on ne lui accordera de valeur que celle qu'il décidera lui-même d'imposer : l'exacte mesure du génie. Quand il met ses œuvres en vente, il le fait avec un sens du commerce qu'il tient de son grand-père, sans la moindre concession aux acheteurs. Les symphonies et les septuors sont moins à la mode que les sonates ? Qu'importe, rétorque-t-il à l'éditeur, les premières seront cédées au même prix que les secondes : ne sont-elles pas toutes signées Ludwig van Beethoven ? Dans la négociation des pourcentages, il se taille la part du lion : pour chaque exemplaire vendu, Beethoven se réserve les quatre cinquièmes du prix, et l'exclusivité des droits sur ses compositions. En aucun cas elles ne doivent appartenir ad vitam aeternam à l'acheteur. La cession vaut pour deux, trois ou quatre années, selon le contrat préalablement établi. Après quoi Ludwig en recouvre la possession.

Mais ce n'est pas l'appât du gain qui le pousse à agir ainsi. C'est la volonté de ne dépendre de personne, l'obsession d'établir, par le seul fruit de son travail et de son talent, une fortune personnelle et donc, une totale indépendance. Son argent, il le distribue à ses amis dès qu'ils sont dans le besoin, comme il tente, par pur esprit de famille, d'associer ses frères qu'il a fait venir de Vienne après la mort de leur père à ses affaires, même s'il n'a pas d'affinité avec eux.

C'est à Karl qu'il est le plus lié, probablement parce qu'il est musicien comme lui ; « petit, cheveux rouges, laid » il semble qu'enfant il ait été vaniteux et quelque peu présomptueux, un peu bête, tandis que Johann jeune, « grand, avec des boucles brunes, bel homme et parfait dandy » ressemble à son père.

Quoi qu'il en soit, au lieu d'aider celui qui a toujours pris soin de leur éducation et subvenu à tous leurs besoins, ses deux frères ne cessent de le décevoir, de peser sur lui, de profiter de sa gloire et de ses entrées dans le monde. A Johann, il offre des études de pharmacien et intervient auprès de la cour pour lui obtenir une place dans le meilleur hôpital de Vienne ; au lieu de s'en réjouir, Johann, fainéant et pervers, utilise à des fins douteuses le crédit de son frère, répand des ragots, sème la zizanie entre Ludwig et ses amis. Qu'importe, Ludwig nourrit, loge, blanchit et place Johann. Il lui alloue même une rente, mais c'est peine perdue : lorsque Johann achètera sa propre pharmacie à Linz, il réclamera à Ludwig, en pleine difficultés financières, les sommes que celui-ci lui a alors empruntées avec une dureté, et une mesquinerie, qui blesseront profondément le musicien :

« Puisse Dieu donner enfin à mon frère, au lieu d'une âme insensible, du cœur. Je souffre terriblement à cause de lui. » Pour Karl dont il se sent plus proche – malgré sa dramatique absence de talent – il se démène, le pousse à étudier, lui offre un professeur, des cours au collège musical et lui cède un grand nombre de ses élèves qui petit à petit l'abandonneront tant il est décevant. Alors, Ludwig le charge des arrangements sur certaines de ses compositions et l'emploie bien imprudemment dans ses relations avec ses éditeurs. Karl en profite aussitôt pour le voler, extorquant des sommes rondelettes, modifiant des contrats en y apposant son nom, il va même jusqu'à piller les esquisses abandonnées dans la chambre de son frère pour les faire publier à son insu : Ludwig vaut de l'or, et Karl en veut sa part.

Ludwig est-il dupe de tout cela ? Bien sûr que non ! L'attitude de ses frères le blesse, le mortifie mais lorsque ses amis le mettent en garde contre leurs malversations, son amour-propre, son respect sacré pour sa famille, ancrés en lui depuis son enfance, le forcent à les faire taire. Il n'admet pas la moindre réflexion sur eux et ne faillira jamais à ses devoirs mais, de toute évidence, il limite ses rapports avec ses frères et à leur compagnie, préfère celle de Ries sur qui il reporte toute son affection. C'est Ries qui devient son fils spirituel, son ombre, son ami.

C'est avec lui qu'il effectue ces longues promenades à grands pas dans la campagne, s'arrêtant au bord d'un ruisseau, discourant sur tout, la musique, la flûte d'un berger, le bruit du galop d'un cheval...

Pendant ces villégiatures recommandées par les médecins, Beethoven aime partir tôt le matin, après le petit déjeuner, pour marcher plusieurs heures ; en forêt. « Ce n'est que dans la nature que mon être trouve une harmonie », puis il invite son disciple à déjeuner dans une auberge paysanne où celui-ci, la plupart du temps, arrange les maladresses ou les distractions du musicien, règle les dettes oubliées, offre un pourboire pour excuser l'emportement auprès d'un serveur de son maître tandis que celui-ci, distrait comme toujours, est déjà reparti sur les routes sans se soucier de la disparition de son élève. C'est ainsi, qu'un jour de promenade à Döbling, Beethoven qui n'avait cessé de fredonner en chemin, de plus en plus fort au fur et à mesure qu'ils s'approchaient de l'appartement, au point de chanter à tue-tête dans la rue, en y arrivant exténués après une journée de marche, va, sans même enlever son chapeau, poursuivre son air au piano, oubliant complètement le pauvre Ries qui attendra patiemment pendant de longues heures sa leçon quotidienne...

Ensemble, ils ont d'interminables discussions techniques, imaginent un voyage de rêve : « J'aurais organisé tous les concerts, et joué ses concertos de piano, ainsi que les autres compositions. Il voulait n'avoir qu'à diriger l'orchestre et qu'à improviser. Ce dernier exercice était le plus extraordinaire qu'on puisse entendre, surtout quand il était en bonnes dispositions, on se sentait excité. »

Les deux hommes partagent tout. Un jour, à Baden, Ferdinand qui revient d'une promenade solitaire, surprend son maître en pleins ébats amoureux. Gêné, tout rougissant, il s'apprête à rebrousser chemin, lorsqu'il entend, médusé, Beethoven lui crier :

– Jouez toujours en attendant.

Ries, interloqué, le dos pudiquement tourné au sofa où Ludwig tient galante compagnie, s'installe au piano, où, mal à l'aise, il se contente d'en effleurer les touches.

– Ries, jouez quelque chose de tendre ! insiste Ludwig, puis :

– Quelque chose de mélancolique !

Et quelques minutes plus tard :

– Quelque chose de passionné !

Pour conclure, enfin revenu à lui et parfaitement étonné :

– Mais, tout cela est de moi !

On imagine la perplexité de Ries lorqu'une fois la dame partie, Beethoven lui avoue qu'il ne la connaît pas avant de l'entraîner dans une course poursuite rocambolesque afin de découvrir l'identité de la belle. Les voilà donc partis en pleine nuit, pistant laborieusement la jeune femme dont ils perdent, hélas, rapidement la trace. Pendant des jours, ils riront de l'aventure.

Cette légèreté, Ludwig la réserve à ses conquêtes de passage que son génie attire comme la flamme les papillons. Gerhard von Breuning, le fils de Stephan et le rayon de soleil des derniers jours de Beethoven, se souviendra d'une conversation entre ses parents où sa mère se demandait comment, ni beau, ni élégant et aussi mal soigné que farouche, il pouvait plaire à ce point, tandis que son père constatait : « Et pourtant, il a toujours eu du succès avec les femmes. »

Avec ses amies de cœur, il ne se comporte jamais en hussard. Au contraire, il est toutes prévenances, soins, sourires. Il est heureux de l'amitié de Joséphine, et se flatte maintenant de l'affection que lui porte une autre femme qui vient d'entrer dans sa vie. Marie d'Erdödy, une jeune comtesse hongroise de vingt-cinq ans est très jolie. Petite, fine, généreuse et d'une gaieté à toute épreuve malgré un mariage trop précoce, elle a convolé à l'âge de quinze ans, et une paralysie partielle qui a suivi la naissance de son premier enfant. Depuis que Beethoven l'a rencontrée lors d'une réunion musicale décidée par le baron van Zwieten, il ne cesse de lui rendre visite. Marie, le plus souvent recluse à cause de son infirmité, se console de sa triste vie en s'adonnant à la musique, et plus particulièrement à celle de Beethoven à qui elle voue un culte absolu. Lorsqu'il vient la voir, tout s'éclaire, les lustres, son sourire et son cœur. Autour d'elle, Marie réunit ses enfants pour qu'ils jouissent de l'immense privilège que leur accorde Ludwig en improvisant. Certains jours, elle parvient même à se traîner jusqu'au piano pour déchiffrer, sous la direction du musicien, les esquisses qu'il lui offre. Sa douceur agit comme un baume sur l'âme de Ludwig. Quand il est mélancolique, taciturne, angoissé par son état de santé qui empire lentement mais irrémédiablement, c'est elle qu'il vient voir, pour repaître son âme de sa gaieté, des rires de ses trois enfants, de l'atmosphère chaleureuse et légère de sa maison. Elle est, à ses yeux, un exemple ; la certitude qu'avec une grande force de caractère, une belle âme peut braver le destin et les pires infirmités.

« Vienne, le 16 novembre (1801).

« Mon bon Wegeler,

« ... Je vis de nouveau d'une façon un peu plus douce, je me mêle davantage aux hommes. Tu peux à peine croire quelle vie esseulée, lamentable, j'ai menée depuis deux ans. Mon infirmité se dressait partout devant moi comme un spectre, et je fuyais les hommes ; il fallait qu'on me croie misanthrope, alors que je le suis si peu. – Ce changement, une fée, une jeune fille bien-aimée l'a accompli ; elle m'aime et je l'aime ; de nouveau voici, depuis deux ans, quelques instants de bonheur, et c'est pour la première fois que je sens que le mariage peut rendre heureux ; malheureusement, elle n'est pas de ma classe sociale – et maintenant – à dire vrai je ne pourrais pas me marier maintenant – je dois encore abattre une rude besogne. »

Qui Beethoven aime-t-il, et de qui est-il aimé ?

Quelle est cette fée ? Marie d'Erdödy ? Joséphine Deym ? Non : un nouvel amour vient d'entrer dans sa vie. Il a pour nom Giulietta Guicciardi.

Cet été 1801, Franz von Brunsvik, qui se languit de l'absence de son ami, désespère d'entendre sa musique et rêve de retrouver leurs belles heures viennoises, a invité Beethoven à passer quelques jours dans le château que sa famille possède à Martonvásár, en Hongrie.

Le village est niché dans la vaste plaine que traverse le Danube. Au centre du hameau, « entourée d'arbres vigoureux, oasis imprévue et soudain découverte, la demeure de Martonvásár aligne sa longue façade flanquée d'une chapelle et festonnée de créneaux, avec un parc savamment naturel, des hêtres de hautes futaies, des cygnes en robe grise, bouleaux à l'écorce nacrée... ».

Toute la famille Brunsvik est là quand Ludwig, enchanté à l'idée de les retrouver tous, et tous ensemble, s'installe au château. Fidèles à leur tradition, les Brunsvik ont édifié à Martonvásár une « république de personnages d'élite », parmi lesquels Ludwig trouve immédiatement sa place.

« Il y avait, dans le parc, un rond-point planté de superbes tilleuls ; chaque arbre avait reçu le nom d'un des membres de cette république ; et en même temps de l'absence douloureuse de ceux-ci, nous nous entretenions avec leurs représentants, et ils nous informaient. Très souvent, le matin, le bonjour échangé, je demandais à l'arbre ceci et cela que je voulais éclaircir ; et jamais il ne me laissait sans réponse », écrit Thérèse. Les jeux, les rires, les leçons de musique reprennent comme autrefois. Pépi redevient la jeune fille de Vienne. Thérèse imagine des petites saynettes sur lesquelles Ludwig, le soir, improvise à loisir, pendant des heures. Les hautes portes-fenêtres du salon sont grandes ouvertes sur les nuits d'été. L'air embaume les fleurs et le foin coupé. Les grillons participent aux concerts dans la vibration intense de leur chant.

Pour Ludwig, le bonheur est total, lorsque, quelques jours après son installation, une jeune fille, une cousine, venant de Trieste, arrive à son tour au château. Brunsvik par sa mère, Guicciardi par son père italien et conseiller à la Cour, Giulietta, malgré son jeune âge, possède déjà toute la grâce, toute la féminité d'une femme accomplie. Écoutons Beethoven : « Elle m'aime et je l'aime... En 1801, elle avait à peine dix-sept ans... Elle était d'une beauté rare ; elle avait une démarche royale, les traits du visage admirables de pureté, des yeux grands et profonds d'un bleu sombre, les cheveux noirs et bouclés... » et une coquetterie innée, aurait-il pu ajouter ! Giulietta, dans l'été de ses seize ans, a déjà découvert les ravages que son sourire éclatant, ses battements de cils, opèrent sur les hommes. Et les hommes sont pour elle un terrain de jeu tout neuf sur lequel elle brûle de se faire les griffes.

Dès qu'il l'aperçoit, Ludwig est subjugué par ce beau et tendre fruit, juste mûri au soleil de l'Italie. De son côté, Giulietta est intriguée par cet homme de vingt-huit ans, à la mise si pauvre, mais que ses trois grands cousins considèrent comme un génie, sans parler de la comtesse douairière elle-même qui semble avoir toutes les indulgences pour cet hôte à l'accent rocailleux et aux allures brusques. Ne va-t-elle pas, lorsqu'il joue, jusqu'à faire attendre de longues minutes ses invités ? Ne dîne-t-on pas à n'importe quelle heure sous le prétexte que la leçon qu'il donne à Thérèse n'est pas terminée ?

Quand elle comprend son importance, et surtout, quand elle prend conscience de l'effet qu'elle produit sur lui, quand elle s'aperçoit des rougeurs qui colorent son teint bistre dès qu'elle lui parle, Giulietta s'épanouit, et se pique au jeu qu'elle croit innocent, de la séduction. A son tour, elle exige des leçons de musique. Il est, d'abord, trop heureux de les lui donner : comment refuser quelques heures d'intimité avec cette fraîche adolescente ? Et pourquoi résisterait-elle au plaisir de voler à ses cousins quelques moments précieux de leur grand et cher ami ? Celle qu'ils considèrent comme une enfant est enfin, grâce à Ludwig, admise. Enfin, elle jouit de leur considération.

Hélas, Giulietta n'a pas l'oreille de ses cousines, ni même la moindre aptitude à la musique. Incapable de reconnaître le talent du compositeur, elle subit ses cours plus qu'elle n'y prend plaisir :

« Beethoven, raconte Otto Jahn confident de Giulietta, fut son professeur. Il lui faisait jouer des choses où il se montrait infiniment sévère, jusqu'à ce que l'expression exacte fût trouvée. Il se mettait facilement en colère, jetait la musique par terre, la déchirait. »

Mais il ne résiste ni à ses sourires, ni à son air malheureux lorsque ses fautes agressent son oreille. Et quand Giulietta propose, pour rétribuer le mal qu'il se donne, de payer ses leçons, Ludwig commence par se fâcher, avant que de suggérer une compensation : au lieu d'argent, ne voudrait-elle pas lui coudre une chemise, une cravate, un mouchoir? La seule pensée de porter contre sa peau du linge tenu par les mains de sa jeune élève le plonge dans des émois indescriptibles.

C'est qu'il est amoureux. Follement. Giulietta n'est pas farouche, trop avide d'essayer ses nouveaux pouvoirs trop heureuse de faire une entrée fracassante dans le monde. Pourrait-elle faire chanceler le grand Beethoven sur le piédestal érigé pour lui par toute l'aristocratie viennoise? Réduirait-elle au grade d'aspirant timide et rougissant cet homme de vingt-huit ans, mûr et célèbre? Quelle ivresse! Alors, elle répond à ses regards. Sourit à ses sourires. Et le piège se referme sur Ludwig mendiant sa compagnie comme un pauvre quelques piécettes. Le soir, sur les terrasses, il vient abreuver sa soif d'elle à ses mots, aux poèmes qu'elle murmure savamment, apprenant l'art du sous-entendu, de l'allusion. Elle teste l'emprise de ses yeux; plonge son regard dans le sien, frémissante et joyeuse. Elle rit quand il se livre à ses facéties, le poursuit dans ses jeux avec ses cousins. Comment le cœur de Beethoven ne battrait-il pas la chamade? Le jardin et le secret de ses charmilles, le château somptueux, ces vacances, la douceur des journées et la tiédeur des nuits, tout invite à l'amour. Il l'aime, et il adore sa famille. Un jour, il ose lui demander son portrait: elle s'exécute avec grâce et le lui offre le lendemain, entouré d'une petite faveur rose. Toute sa vie, Ludwig le gardera dans ses trésors. C'est qu'à défaut d'être douée pour la musique, Giulietta se pique de dessiner. A son tour, elle veut une image du cher homme, et Ludwig l'impatient, Ludwig le maladroit, le bourru, prend la pose.

Futée, au lieu de le dessiner fagoté de sa vieille redingote, les cheveux ébouriffés, balafrés par ses rasages malheureux, elle le transfigure. Sous son trait, Ludwig devient selon Romain Rolland un « Beethoven jeune, mondain, avec des favoris, dans une élégante redingote serrée à la taille qui, le poing sous le menton et le coude appuyé à la balustrade du jardin, dévore les yeux la fenêtre de Giulietta, au rez-de-chaussée ».

Et les jours passent à Martonvásár, nimbés de la lumière dorée, mais en trompe-l'œil, d'un bonheur bien fragile qui s'avoue dans une sonate langoureuse, triste et envoûtante où se lisent tout le désir et l'abandon d'une âme qui se livre. Cette sonate, *L'opus 27 numéro 2 en ut dièse mineur*, confidence musicale de sa passion, il la dédit à sa « damigella contessa » Giulietta et la baptise « Au clair de lune ». Une mélodie qui ne peut taire la nostalgie du départ qui se précise. Dans quelques jours, ils devront se dire adieu, se séparer, chacun reprenant sa voie ou son chemin. Et cette heure sonne comme un glas lorsque Ludwig l'évoque. Il souffre à l'idée qu'il ne reverra plus sa petite comtesse et sa petite comtesse semble en souffrir aussi.

Ne plus la contempler, ne plus l'entendre, ne plus en rêver ? Impossible. Inhumain. Sous les tilleuls de la promenade, il l'entraîne et lui avoue son amour.

Qu'éprouve alors Giulietta à cet instant ? Est-ce aussi de l'amour, ou la simple joie d'une conquête absolue, totale ? Sait-elle même différencier les deux ? La satisfaction de sa coquetterie la pousse, pour une fois, à éviter toute fausse note à cette heure magique. Oui, elle l'aime aussi. Oui, elle donnerait sa vie pour lui. Une pulsion irraisonnée que sanctionne la conclusion immédiate et fiévreuse de Ludwig. Puisqu'elle l'aime et qu'il l'aime aussi, elle doit devenir sa femme. Pendant quelques secondes, Giulietta a le vertige. Le mariage ? Alors que s'ouvre devant elle ce monde nouveau et mystérieux des amours ? Être la compagne de Beethoven ? L'épouse d'un roturier, si célèbre soit-il ? Elle chancelle. Dans sa ravissante petite tête, les images défilent à une vitesse folle. Que dire, que répondre ? Dieu merci, elle a un argument irréfutable : leur différence de naissance.

« Elle m'aime et je l'aime ; malheureusement, elle n'est pas de ma classe sociale. »

Par ailleurs, dire non, brutalement, c'est se refuser la gloire d'être l'aimée de Beethoven ! Mais pourquoi dire non ? Il suffit de dire demain, bientôt, si... Et Giulietta accepte, avec des conditions : que Beethoven s'impose magistralement dans le monde, et elle sera à lui.

« ... à vrai dire, je ne pourrais pas me marier maintenant, je dois encore abattre une rude besogne. » Qu'importe puisqu'il est heureux ! L'habile promesse de Giulietta a suffi à lui redonner toute la vigueur dont il manquait encore, à balayer ses craintes les plus folles quant à sa surdité. Lorsqu'il rentre à Vienne, des ailes lui ont poussé. Il se sent prêt à saisir son destin à la gueule, à travailler. Comment avait-il pu songer à se retirer à Bonn pour cacher son infirmité ? Quelle folie !

« S'il n'y avait pas mes oreilles », répond-il à Wegeler que le cri de désespoir de Ludwig a déchiré et qui, sans doute, l'a invité à se réfugier chez lui, avec sa douce Lorchen, « il y a longtemps que j'aurais parcouru la moitié du monde, et cela je le dois. – Ne crois pas que je serais plus heureux parmi vous. [...] O, le monde, je voudrais l'étreindre, si j'étais délivré ! Ma jeunesse, je le sens bien, elle prend son essor juste maintenant ; est-ce que je n'ai pas toujours été un homme en mauvaise santé ? Ma vigueur corporelle augmente plus que jamais depuis quelque temps, et avec elle, la vigueur de mon esprit. Chaque jour j'approche davantage du but que je sens mais que je ne peux décrire. C'est seulement en l'atteignant que ton Beethoven peut vivre ».

Il est envoûté. Fou d'amour. Ce but qu'il ne peut décrire, c'est la gloire, bien sûr, mais par-dessus tout, son mariage avec Giulietta. Quelques mois auparavant il était malade, dépressif, mélancolique... Maintenant il veut vivre. L'amour le galvanise, le perfuse d'une force, d'un enthousiasme ravageur : « O c'est si beau la vie, de la vivre mille fois ! » Si beau, qu'il doit pouvoir guérir. Il y a certainement de nouveaux traitements ? Un médecin plus efficace que ce Vering dont il se lasse :

« Vering me pose toujours depuis deux mois sur les deux bras des vésicatoires où il entre, comme tu dois le savoir une certaine écorce. Ce traitement m'est extrêmement désagréable ; sans parler des douleurs, je suis constamment privé, pour un ou deux jours, de l'usage de mes bras. [...] De loin en loin, je prends quelque chose de fortifiant pour l'estomac ; je commence aussi, d'après ton conseil, des applications d'herbes sur le ventre... Que penses-tu de Schmidt ?... On dit des merveilles du galvanisme ; qu'en penses-tu ? Un médecin m'a dit qu'il avait vu à Berlin un enfant sourd-muet recouvrer l'ouïe par là, et un homme sourd depuis sept ans, également guéri. »

D'ailleurs, il n'attend même pas la réponse de Franz. Il quitte Vering et demande au Dr Schmidt de le soigner. Puis il se jette sur le travail. Il esquisse les deux premières *Sonates de l'Opus 31,* celle en sol majeur dite *La Boiteuse* et celle en ré mineur dite *La Tempête* ; donne des leçons, reprend sa vie mondaine, et de temps en temps retrouve Giulietta.

Giulietta, qui n'est pas retournée à Trieste est aussi à Vienne où elle découvre avec ivresse les bals, les concerts, le monde. Elle entretient la cour que lui font plusieurs prétendants, mais surtout, elle fait la connaissance d'un jeune homme de vingt ans, beau, et beau parleur, mondain et futile, qui se pique d'être ni plus ni moins l'héritier de Mozart !

Giulietta se pâme. On parle de fiançailles. Lorsque Ludwig perçoit la rumeur, il est atterré, il exige des explications. Giulietta avoue-t-elle son penchant pour le beau jeune homme ? Non. elle réitère ses promesses, évoque encore une fois leur futur mariage et les difficultés que ce projet connaît. Le comte Von Gallenberg ? Un leurre, de la poudre aux yeux de ses parents qui ont eu vent de leur intimité et qui s'opposent, pour l'instant, de toutes leurs forces à cet amour.

Ludwig est rassuré. Comment lui, si simple, si franc, pourrait-il concevoir les roueries de ce cœur d'adolescente ? La querelle apaisée, il tourne les talons pour reprendre, plus énergiquement encore, son labeur, pendant que la perfide Giulietta se précipite à son écritoire pour donner quelques nouvelles de son nouveau prétendant à sa cousine Thérèse, qui est restée en Hongrie :

« Le comte Robert se met à tes pieds ; cela lui est un plaisir de t'envoyer ses compositions, ce sont les fruits de ses heures solitaires ; à présent, elles sont bien fréquentes. Vienne est toute vide, et bien dans un état fait pour se jeter dans les bras des Muses. Il est chaque jour sur le point d'abandonner sa patrie sans retour ; son sort le conduit bien loin, jusqu'à Naples, pour chercher plus loin le bonheur qui ne fleurit pas ici. Il est triste que le zèle, consacré dans sa jeunesse à sa patrie, doive verdir sur un sol étranger. »

Et bien sûr, pas un mot sur Ludwig dans ce qui apparaît comme une lettre de présentation du futur fiancé d'une jeune fille amoureuse qui veut faire apparaître son prétendant sous son meilleur jour. Là où le comte Robert a une fâcheuse réputation de mondain, Giulietta le présente comme un artiste en plein travail, en pleine inspiration. Et faut-il qu'elle ait l'oreille peu musicale pour oser envoyer les compositions de ce jeune homme à sa cousine, mélomane avertie et inconditionnelle de Beethoven ! D'ailleurs, de lui, dont elle tait les sentiments, elle ne souligne que la querelle qu'il lui a faite sur une question sans importance. Faut-il en imputer la faute à son jeune âge ? Hélas Giulietta fait pire. Comme le comte von Gallenberg furieusement dépensier a besoin d'argent, elle ne s'encombre pas de scrupules et court chez Ludwig lui en emprunter. Pour le comte Robert ? s'alarme-t-il. Que non ! lui répond-elle, comme le racontera Ludwig à son ami Schindler, « c'est lui qu'elle aime, et il est plus que jamais son époux ».

A la longue ces coquetteries, ces promesses jamais tenues exaspèrent Ludwig. Au début de l'été, peut-être parce qu'elle projette de partir pour la Hongrie, ou de retourner en Italie, peut-être aussi parce qu'il est trop amoureux pour se résoudre à ne pas la voir pendant ces longs mois, il lui offre à nouveau de l'épouser et propose d'en faire la demande officielle à ses parents.

Giulietta refuse. La querelle éclate, terrible cette fois-ci : Ludwig questionne, rage, jette tout ce qui l'entoure à terre où il le piétine. Est-ce à cause du comte ? Elle tente d'atermoyer mais Ludwig insiste : Est-ce à cause du comte ? Oui, souffle Giulietta. Elle doit l'épouser pour obéir à ses parents. Son père n'a-t-il pas dit « qu'il ne confiera pas le sort de sa fille à un homme sans rang, sans fortune, sans position fixe » ?

Mais Ludwig ne veut plus rien savoir.

Le monde vient de s'écrouler sous ses pieds.

6

> « C'est l'art, l'art seul qui m'a retenu. »

Un choc ? Non, un cataclysme. Une horrible sensation d'étouffement et les vieux démons qui resurgissent. La mélancolie, la neurasthénie, le désespoir. Le rêve, le beau rêve qui l'a porté pendant presque un an est donc définitivement mort ? Jamais il ne pourra renaître ? Jamais il n'aura cette épouse qu'il désire si fortement ? Sa douleur est vive, bien plus vive et bien plus profonde que lorsqu'il s'était vu éconduit par Maria-Magdalena. Elle au moins ne lui avait jamais rien promis alors qu'avec Giulietta, il a perdu deux trésors : la compagne qu'il voyait déjà à ses côtés, prenant soin de lui, peuplant pour toujours sa solitude de ses sourires et l'amour qu'elle disait lui porter.

A qui avouer sa peine et son malheur ? A Franz ? Un sursaut d'orgueil le retient. Franz a épousé Lorchen qui avait déjà repoussé Beethoven. Et comment lui dire maintenant qu'une autre qui prétendait l'aimer et qu'il aimait, lui a dit non à son tour ?

Son amour-propre, son orgueil le lui interdisent. Comme il tait son infirmité, il cache son désespoir au monde. Et c'est chez sa chère amie, Marie d'Erdödy qui l'a invité pour quelques jours à Jedlersee, dans la Marchfelde qu'il veut panser ses blessures. La comtesse y possède un domaine ; Brauchle y est aussi, qui s'occupe de l'éducation musicale des enfants. Là, Beethoven espère de toutes ses forces trouver le calme grâce à la chaleureuse présence, si attentive de la jeune femme. Il croit fermement aux vertus de la nature pour l'aider à rassembler les morceaux épars de tout son être.

Dans les bois, dans les champs, sur les routes, il n'y a que la vérité dans toute sa rigueur et son dénuement. Là pas de faux sourires ni de faux-semblants, pas de roueries ni de mensonges.

Mais pourquoi les soirées d'avril n'opèrent-elles plus sur son âme leur pouvoir habituel ? Pourquoi ne sent-il plus monter en lui, avec le printemps dans la pleine force de son épanouissement, cette pulsion de vie qui lui fait si cruellement défaut ? Pourquoi Marie et ses enfants ne parviennent-ils pas à remplir ses pensées ? Pourquoi l'absente ne cesse de le hanter, plus évidente en lui que si elle était là, toute proche, à portée de regards, de voix pour lui dire quoi ? Oh ! comment maîtriser cette peine atroce que rien ne peut épancher, ce désir que personne ne peut assouvir ! Dès l'aube, comme à son habitude, il part marcher à s'en couper le souffle, pour briser sa force et assurer son sommeil. Il rentre le soir, taciturne, angoissé et pour une fois la musique elle-même ne parvient pas à le distraire ni la douce Marie, qui ne peut rien pour lui, sauf comprendre et compatir. Même lorsqu'elle se met au piano, il paraît absent, ailleurs ; ses yeux de myope accentuant encore cette allure distraite qu'il montre si fréquemment, il ne semble plus entendre ni écouter ce qu'on lui dit. Pourtant son comportement est d'ordinaire si étrange déjà, que la comtesse ne s'étonne pas de ne plus le voir venir déjeuner, ou se promener dans le parc où il passe d'habitude des heures entières à prendre la chaleur, allongé de tout son long à même le sol.

Ce n'est qu'au bout de trois jours, que Brauchle, inquiet et enfin pressé par la comtesse, incapable de se déplacer elle-même, part à sa recherche. Il interroge les aubergistes où Ludwig a coutume de s'arrêter, arpente le parc de long en large et enfin, le découvre au fond de la propriété, dans l'un de ces recoins où personne ne s'aventure jamais. Ludwig gît sur le sol, prostré, immobile, la barbe drue, les vêtements maculés de terre, hirsute comme un vagabond.

Brauchle va le reconduire doucement jusqu'au château où Marie le soigne, le nourrit, le console. Marie qui ordonne à ses gens de taire l'événement.

« On garda longtemps le secret sur cet incident, écrira plus tard Schindler, et ce n'est que quelques années après que les deux personnes intéressées le confièrent aux amis de Beethoven, lorsque les circonstances de cet amour furent oubliées. On supposait que le malheureux avait voulu se laisser mourir de faim. Les amis de Beethoven remarquèrent que le compositeur témoigna, depuis, beaucoup d'attentions à Brauchle, le professeur de musique. »

Ludwig de retour à Vienne, dans sa chambre de Jedlersee, réalise qu'il n'existe qu'une seule personne sur terre qui peut le comprendre et partager son chagrin ; qu'il n'y a qu'une femme qui, par sa nature, par son rayonnement, son amour de la musique et par l'intimité qu'elle a su établir entre eux deux, saura calmer sa douleur : c'est Pépi. Et puis bien sûr, son travail, tout ce qu'il a à nous dire...

Chez lui, il se plonge passionnément dans ses nouvelles partitions bénéficiant de la présence de Ries, qui écarte de son esprit les tracas quotidiens, sans toutefois parvenir à estomper cette douleur insistante qui le précipite chez Joséphine Deym, dans son hôtel particulier des Arts. C'est à elle qu'il réserve la primeur de ses œuvres. A elle, et à elle seule qu'il peut dire la vérité sur ses problèmes de santé, sur les progrès de la maladie. Seule Pépi parvient à distraire cette peine, qu'hélas, il retrouve intacte lorsqu'il revient chez lui.

Schmidt, son nouveau médecin traitant, est inquiet. L'état de nervosité aiguë de Ludwig, l'aggravation de sa surdité l'alarment. Il lui conseille d'aller se reposer à la campagne : une cure de solitude et de silence ne peut que lui être bénéfique. Pour une fois, Ludwig accepte le conseil sans rechigner, conscient que sa mélancolie et son irritabilité pèsent sur ses amis. Et puis le grand air lui manque, et son malencontreux séjour chez Marie ne lui a pas apporté le réconfort habituel qu'il en attendait. C'est sans doute aussi pour rompre avec Vienne qu'il part au début de la belle saison, fin avril ou début mai, pour Heiligenstadt, dans ce petit village au nord de la capitale. Perchée au-dessus des toits, l'abbaye augustine de Klosterneuburg, la plus riche et la plus ancienne d'Autriche, surplombe la forêt d'où l'on distingue à peine le château de Kreusenstein. Beethoven adore parcourir les collines où s'étagent les vignes, dans la lumière et la chaleur naissante; comme il aime l'ambiance des ruelles aux maisons basses et trapues, et celle des guinguettes qui appellent le soir musiciens et danseurs. La maison qu'il loue est un véritable refuge, modeste, avec son escalier de bois qui mène aux deux seules chambres par une galerie donnant sur la cour.

Là Beethoven, pour lutter contre sa neurasthénie, se plonge dans son travail. Il aime écrire la nuit quand tout est calme, qu'aucun bruit ne vient parasiter son ouïe. Quatre ou cinq heures de sommeil lui suffisent. Il compose jusqu'à deux, trois heures du matin après avoir fait, dans l'après-midi, une très longue promenade dans la campagne. Emportant toujours avec lui des carnets de papier à musique, sur lesquels il jette ses notes dans une hâte fiévreuse. Dans l'intimité de sa chambre, il utilise un gros cahier, abandonnant aux pages blanches l'inspiration d'un autre jour. Certaines esquisses peuvent ainsi réapparaître sous des formes variées dans des œuvres tout à fait différentes. Pour l'heure, il veut profiter de sa villégiature pour terminer sa *Deuxième Symphonie* et, sans aucun doute, construire celle qui va suivre : la troisième, la fameuse *Eroïca*, sa préférée, écrite en s'inspirant des moments heureux passés à l'ambassade de France à Vienne quelques années plus tôt. Avec ses amis, passionnés d'histoire, enfiévrés par les promesses de la Révolution française, ils pouvaient discuter des heures durant sur les valeurs défendues par ces hommes qui remettaient tout en question. Les propos du général Bernadotte, arrivé à Vienne le 8 février 1798 mais reparti en catastrophe deux mois plus tard après que des Viennois révoltés eurent fait le siège de sa résidence, l'avaient particulièrement ému. L'égalité, la liberté, la fraternité ? Que pouvait rêver de mieux pour l'humanité tout entière un Ludwig van Beethoven, lui dont les rêves amoureux avaient tous échoué à cause de sa naissance ? N'était-ce pas le moment de créer cet hymne à la liberté dont le général avait eu l'idée, un hymne pour célébrer le libérateur de toutes les oppressions, de toutes les inégalités : une symphonie à la gloire du héros du siècle – Bonaparte ?

Dans les salons de Bernadotte, Beethoven avait eu le grand plaisir de rencontrer son secrétaire, le violoniste français, Rodolphe Kreutzer.

« Ce Kreutzer est un bon cher homme, qui m'a causé beaucoup de plaisir pendant son séjour ici ; sa simplicité et son naturel me sont plus chers que tout l'extérieur sans intérêt de la plupart des virtuoses. »

Kreutzer, Bernadotte, Vienne... Ce sont ces souvenirs qui maintenant le soutiennent dans ces heures difficiles et chassent ceux, torturants de Giulietta.

Seul Ries est autorisé à lui rendre visite dans sa retraite. Vienne est toute proche et, durant l'été, il va venir prendre ses leçons, partager les promenades du maître, ses agapes bucoliques dans les bois et les champs, ou au bord des ruisseaux. Au retour, ils s'arrêtent dans les auberges, prennent le temps de bavarder avec les paysans et, petit à petit, Beethoven retrouve un peu de sérénité auprès de son ami qui l'écoute en souriant lui répéter :

« J'aime un arbre plus qu'un homme, les bois, les arbres, les rochers donnent la réponse que l'homme attend. »

Beethoven aime ces moments de retraite partagés avec son élève, dans le monde secret de sa musique, où comme un flot, par la magie des notes, son cœur et son âme s'épanchent en toute liberté. Mais avec l'automne tout semble s'assombrir à nouveau « Le commencement de sa surdité était pour lui une peine si terrible qu'il fallait avoir bien soin de ne pas lui laisser sentir son infirmité en parlant trop haut », nous dit Ries qui lors d'une excursion dans la campagne, fait étourdiment remarquer à Beethoven qu'à quelques pas de là, à l'orée d'une petite forêt, un berger joue très joliment d'une flûte en bois de sureau. « Beethoven resta pendant une demi-heure sans pouvoir rien entendre et bien que je l'assure à plusieurs reprises que moi non plus je n'entendais rien, ce qui n'était pas vrai du tout, il devint extraordinairement taciturne et sombre. »

Et puis un jour, son frère Karl fait son apparition. Il est venu de Vienne pour dénouer une affaire d'éditeurs et ses explications terriblement confuses agacent Beethoven qui condamne ses façons, mais n'est toujours pas résolu à lui retirer la gestion de ses affaires.

Karl, qui veut vendre les *Trois sonates opus 31* déjà promises par Beethoven à l'éditeur Naegeli de Zurich, insiste lourdement en pensant au joli bénéfice qu'il va faire et qu'il a déjà négocié discrètement. Beethoven se fâche, répète en martelant la table qu'il n'a qu'une parole. Karl au courant de la précarité physique et morale de son frère élève le ton, sûr d'obtenir gain de cause et Ries s'inquiète de la tournure des événements. L'affrontement, à coup sûr, va virer au pugilat. Et c'est ce qui ne manque pas d'arriver : en deux minutes, la pièce est sens dessus dessous. Tout est renversé. Beethoven hurle, traite son frère de voleur, le jette dehors. Karl, le visage déformé par la rage, injurie le musicien qui n'entend que des hurlements, puis, hors de lui, file comme un voleur. La porte est à peine refermée que Beethoven s'effondre, terrassé par tant d'agressivité.

Pourquoi, pourquoi ne peut-il s'entendre avec ses frères de chair et de sang, trouver auprès d'eux l'affection dont il a tant besoin, et plus particulièrement en ces temps d'orage et de dépression ? Pourquoi Karl cherche-t-il ainsi, à abuser de sa confiance ? Ries n'ose rien dire. La pâleur de Beethoven, le frisson intense qui le secoue le touchent au plus profond du cœur. Sans un mot, il feint de s'occuper en rangeant la chambre, ramasse un chandelier, les ébauches musicales sur lesquelles ils travaillaient dans le calme délicieux de cet après-midi ensoleillé. Mais, lorsque le lendemain Ferdinand doit repartir, son inquiétude n'a cessé de l'habiter. Beethoven est prostré, sans ressort. La dispute avec Karl a brisé le fragile équilibre de ces journées d'été et d'étude. A l'aube, Ries au moment de monter dans l'omnibus ne quitte pas des yeux le musicien dont il devine l'immense désarroi. Il pressent un drame. Il a raison.

La voiture disparue sur le chemin de la capitale, Beethoven se retrouve seul, en proie à tous ses tourments, ressassant ses échecs, amoureux et physiques. Comment ce séjour estival qui devait, selon son médecin, lui ramener un peu de santé et lui permettre de recouvrer l'ouïe, a-t-il pu ainsi dégénérer?

Assis devant sa table de travail, rien, pas même son amour de la musique, ne parvient à l'arracher à la morosité. Le jour décline; il fait un peu froid. Ah comme il se sent seul! Heiligenstadt est envahie par l'automne, alentour les feuilles jaunissent et tombent sur le sol où elles se décomposent lentement. Puisque tout doit mourir pourquoi ne pas en finir avec cette détresse qui le paralyse, cette horrible impression de sentir la vie s'échapper de ses veines, de tout son corps... Sa maladie surtout le terrorise. Seule la musique pouvait encore lui apporter une raison de vivre puisque les femmes, toutes les femmes et surtout celle qu'il a aimée si passionnément l'ont abandonné, l'ont repoussé. Or cette musique, il ne l'entend plus qu'en lui! Désormais, qui voudra d'un musicien sourd? D'un infirme? Ne vaut-il pas mieux disparaître? D'une main tremblante, Beethoven saisit une plume et rédige le 6 octobre 1802 ce « testament » que l'on retrouvera vingt-sept ans plus tard dans son portefeuille; une lettre fiévreuse et pathétique qu'il n'avait jamais montrée à qui que ce soit mais qu'il avait durant toutes ces années gardée contre son cœur, telle l'ultime solution à ses angoisses.

Dans ce testament c'est à ses frères qu'il s'adresse. A Karl le plus proche, et à Johann avec lequel il est toujours en froid mais qu'il n'oublie pas, quitte à laisser son nom en blanc. Mais à travers eux, c'est au monde entier qu'il envoie ce message.

« Pour mes frères Karl et *** Beethoven.

O vous qui pensez que je suis un être haineux, obstiné,

misanthrope, ou qui me faites passer pour tel, combien vous êtes injustes! Vous ignorez la raison secrète de ce qui vous paraît ainsi. Dès l'enfance, mon cœur et mon esprit inclinaient à ce sentiment délicat qu'est la bienveillance. Même j'ai toujours été disposé à accomplir de grandes actions; mais pensez seulement que depuis bientôt six ans je suis frappé d'un mal pernicieux, que des médecins incapables ont aggravé. Déçu d'année en année dans l'espoir d'une amélioration, contraint pour finir d'envisager l'éventualité d'une infirmité durable, dont la guérison, si même elle était possible, exigerait des années, né avec un caractère ardent et actif, porté aux distractions de la vie en société, j'ai dû, de bonne heure, m'isoler, vivre loin du monde en solitaire. Parfois je voulais bien arriver à surmonter tout cela, oh! comme alors j'ai été durement ramené à renouveler la triste expérience de ne plus entendre. Et pourtant, il ne m'était pas encore possible de dire aux hommes : Parlez plus fort, criez, car je suis sourd. Ah! comment pouvoir alors avouer la faiblesse d'un sens qui chez moi devrait être dans un état de plus grande perfection que chez les autres, d'un sens que j'ai possédé autrefois dans sa plus grande perfection, dans une perfection telle que bien peu de musiciens l'ont jamais connue?

Oh! je ne le peux pas, aussi pardonnez-moi si vous me voyez me tenir à l'écart, alors que je me mêlerais volontiers à vous. Mon malheur m'est doublement pénible, car par lui je dois devenir méconnu; pour moi, plus de stimulant dans la société des hommes, plus de conversations intelligentes ni d'épanchements mutuels. Absolument seul, ou presque, c'est juste dans la mesure où l'exige la plus absolue nécessité que je peux me laisser reprendre par la société; je dois vivre en banni. Si je m'approche d'une société je suis aussitôt tenaillé d'une angoisse terrible, celle d'être exposé à laisser remarquer mon état.

Il en fut ainsi pendant ces six mois que j'ai passés à la campagne, poussé par mon intelligent médecin à ménager mes oreilles le plus possible. Il prévint presque mes dispositions actuelles, bien que quelquefois entraîné par l'instinct de la société, je m'y sois laissé égarer. Mais quelle humiliation quand quelqu'un à côté de moi entendait le son d'une flûte au loin et que je n'entendais rien, ou quand quelqu'un entendait chanter un berger, et que je n'entendais rien non plus. De tels événements me poussaient au seuil du désespoir, et il s'en fallait de peu que je ne mette fin moi-même à ma vie.

C'est l'art, et lui seul, qui m'a retenu. Ah! il me paraissait impossible de quitter le monde avant d'avoir donné tout ce que je sentais germer en moi, et ainsi, j'ai prolongé cette vie misérable – vraiment misérable, un corps si sensible que tout changement un peu brusque peut me faire passer du meilleur état de santé au pire. – Patience – c'est bien cela, il faut que je la prenne maintenant pour guide, je l'ai fait. – J'espère tenir dans ma résolution d'attendre jusqu'à ce qu'il plaise aux Parques impitoyables de rompre le fil. Peut-être irai-je mieux, peut-être non, je suis courageux. – A vingt-huit ans, être déjà obligé de devenir philosophe, ce n'est pas commode; pour un artiste, c'est encore plus dur que pour un autre homme – Divinité, tu vois d'en haut au fond de moi, tu le peux, tu sais que l'amour de l'Humanité et le désir de faire du bien m'habitent. O hommes, si jamais vous lisez ceci un jour, alors pensez que vous n'avez pas été justes avec moi, et que le malheureux se console en trouvant quelqu'un qui lui ressemble et qui, malgré tous les obstacles de la Nature, a tout fait cependant pour être admis au rang des artistes et des hommes de valeur. – Vous mes frères, Karl et ***, dès que je serai mort, et si le professeur Schmidt vit encore, priez-le en mon nom de décrire ma maladie, et joignez-y ces pages, afin qu'au moins après ma mort le monde se réconcilie avec moi. – En même temps, je vous déclare ici tous deux héritiers de ma petite fortune (si on peut la nommer ainsi). Partagez-la honnêtement, entendez-vous et aidez-vous mutuellement. Ce que vous avez fait contre moi, je vous l'ai pardonné depuis longtemps, vous le savez bien. Toi, frère Karl, je te remercie encore spécialement pour l'attachement dont tu m'as donné la preuve ces temps derniers. Mon vœu est que votre vie soit meilleure et moins soucieuse que la mienne; recommandez à vos enfants la vertu, elle seule peut nous rendre heureux, et pas l'argent, je parle par expérience. C'est elle qui m'a relevé dans ma détresse; je lui dois, comme à mon art, de n'avoir pas fini ma vie par le suicide. Adieu et aimez-vous! – Je remercie tous mes amis, en particulier le prince Lichnowsky et le professeur Schmidt. – Les instruments donnés par le prince L., je souhaite qu'ils puissent être conservés chez l'un de vous; mais qu'il ne s'élève pour cela aucun conflit entre vous; dès qu'ils pourront vous servir plus utilement à quelque chose, vendez-les. Comme je suis joyeux, si je peux, sous ma pierre tombale, vous être encore utile.

Ainsi c'est fait: – avec joie je vais au-devant de la mort. Si elle vient avant que j'aie eu l'occasion de déployer encore toutes mes possibilités pour l'art, alors elle vient encore trop tôt pour moi, malgré mon dur Destin, et je voudrais qu'elle soit plus tardive. – Pourtant, même alors je serai heureux, ne me délivrera-t-elle pas d'un état de souffrance sans fin? – Viens quand tu voudras, je vais courageusement au-devant de toi. – Adieu, et ne m'oubliez pas tout à fait dans la mort, j'ai droit à cela de votre part, car dans ma vie souvent j'ai pensé à vous rendre heureux, soyez-le. –

Ludwig van Beethoven. »

Ludwig veut mourir, mais il ne s'y résout pas. Vingt fois par jour il pense au suicide, en caresse l'idée, puis la repousse en songeant à tout ce qu'il porte encore en lui et qui n'a pas vu le jour. Mais comment apprivoiser ce monde si solitaire dans lequel sa surdité l'immerge petit à petit. La sensibilité écorchée, l'orgueil à vif, il n'entrevoit pas comment il pourrait à la fois se passer de la brillante société dans laquelle il s'épanouit, et trouver le courage de supporter les sarcasmes de ceux qu'il désire séduire par son talent, ces princes et ces aristocrates dont « Beethoven » se veut l'égal.

La perspective de leurs rires, de leurs railleries le bouleverse, l'affole. Passant, sans transition, de l'espoir au désespoir, de l'euphorie – si seulement il pouvait prouver son génie au monde tout entier – à l'abattement le plus total dans lequel il va finir par sombrer, Beethoven va lutter contre l'idée lancinante de la mort sans manger, sans sortir, presque sans dormir pendant quatre jours terribles. Puis, sans relire sa première lettre, il y ajoute un paragraphe, un codicille, dans lequel, une fois encore, il répugne à tracer les lettres du prénom de Johann.

« Pour mes frères Karl et ***, à lire et à exécuter après ma mort.

« Heiligenstadt, le 10 octobre 1802 – ainsi je prends congé de toi – et bien tristement – oui, l'espérance que j'ai emportée ici, d'être guéri au moins à un certain point, il faut que je l'abandonne complètement. Comme les feuilles d'automne tombent et se fanent, ainsi – elle aussi est desséchée pour moi ; presque comme je vins ici, je m'en vais. – Même ce courage altier qui m'animait souvent dans les beaux jours d'été – il a disparu. – O providence – laisse une fois m'apparaître un jour de joie pure – depuis si longtemps déjà l'écho intime de la vraie joie m'est étranger ! – O quand, ô quand, ô Divinité – pourrai-je l'éprouver de nouveau dans le temple de la nature et de l'humanité ? – Jamais ? – non – ce serait trop dur ! »

Oh oui ! trop dur de mourir. Trop dur de renoncer à la vie. A l'amour, car c'est bien à l'amour qu'il songe quand il évoque ce courage des beaux jours d'été : la force que lui donnait sa passion pour Giulietta.

Il va, il veut mourir. Mais cette Divinité qu'il évoque, sans oser l'appeler Dieu, lui tend alors la main. Au moment ultime où Beethoven va attenter à ses jours, retentit dans sa tête, resplendissante, la formidable musique de sa *Troisième Symphonie*. Pour Ludwig, c'est le signe, le sursaut, la preuve. Il est un artiste, et il ne peut priver le monde d'un message aussi nouveau, aussi triomphant. L'heure du *Requiem*, de son propre Requiem, n'a pas encore sonné.

Il redresse la tête, bombe le torse. Quel que soit son destin, quelle que soit l'évolution de sa maladie, il bravera les épreuves. Il écrira. Il composera.

A l'aube du onzième jour de ce mois d'octobre, sa résolution est prise. La crise est passée. Il est sourd ? Peut-être pour toujours ? Qu'importe. Il ne cachera plus son infirmité. A personne. Il faudra qu'on l'aime tel qu'il est. Et pour ce qu'il est : un génie ! La musique, il vient de s'en rendre compte, naît dans son cerveau et il l'entend, sans autre recours que son intelligence.

L'idée de la mort s'éloigne maintenant à grands pas. Ludwig fait ses bagages dans lesquels il glisse la partition du 1er mouvement de *L'Eroïca*. Finie l'atmosphère délétère de la campagne à l'automne. Il va retrouver Vienne. Courir les salons. Composer, composer, composer, et prouver à tous sa puissance et la fertilité de son esprit.

Beethoven est transformé. S'il s'exhibe maintenant, un cornet acoustique appliqué à l'oreille, il se refuse à exposer tout état d'âme. La frivolité des salons l'entraîne dans un tourbillon d'invitations, de soirées. A Vienne, on ne l'a pas oublié et tous se réjouissent de son retour, incapables, tant il se montre résolu et sûr de son talent, de deviner la crise exceptionnelle qu'il vient de traverser. Et puis, tout lui sourit. Schikaneder, le librettiste de *La Flûte enchantée*, le directeur du théâtre an der Wien, lui demande de composer un opéra, et un opéra allemand, afin de faire face à la concurrence incarnée par les Cherubini, et autres Paisiello. Ludwig accepte. Il se sent débordant d'inspiration. Quand il ne travaille pas à sa *Troisième Symphonie* dont les premières mesures l'ont arraché au désespoir, il ébauche le début de *L'Appasionnata* ainsi que la trame d'une symphonie qu'il n'achèvera pas, mais qu'il baptise *Symphonie farceuse*. Si sa façon de travailler est inchangée, ses techniques de composition sont différentes ; il avance sur plusieurs partitions en même temps, laissant des pages blanches entières à remplir lorsque l'inspiration viendra ; ses esquisses sont parfois squelettiques, à peine lisibles : « la vie est trop courte pour dessiner les lettres ou les notes, et de plus belles me tireraient difficilement d'embarras ».

Mais son écriture plongera dans l'expectative plus d'un disciple ou ami : ainsi Ignaz von Seyfried, le chef d'orchestre qui était aussi compositeur, l'élève de Mozart et voisin entre 1802 et 1808 de Beethoven auquel il consacrera un livre et qui nous dit :

« Pendant qu'il jouait ses concertos, il m'invitait à lui tourner les pages, mais, ô ciel ! c'était plus facile à dire qu'à faire : je ne voyais guère que des pages blanches, tout au plus, par-ci par-là, quelques hiéroglyphes égyptiens absolument incompréhensibles, pour aider sa mémoire comme un fil conducteur ; il jouait à peu près de mémoire, en effet, toute la partie principale, le temps lui ayant manqué, comme presque toujours, pour la mettre en entier sur le papier. Aussi me lançait-il chaque fois un coup d'œil désolé, quand il arrivait à la fin d'un de ces passages invisibles pour moi, et ma crainte à peine dissimulée de ne pas manquer ce moment décisif l'amusait délicieusement ; il ne finissait pas d'en rire pendant le souper jovial que nous prenions ensuite en commun. »

Sa bonne humeur retrouvée, Beethoven se rend volontiers chez ses mécènes, les Lichnowsky, qui ne cessent d'organiser des concerts en son honneur. Le prince fait apporter de délicieux buffets froids que l'on déguste entre deux répétitions et Beethoven va même jusqu'à consentir à s'asseoir au piano, ainsi que le raconte Ries, qu'il a, bien entendu, retrouvé dans la capitale et qui se réjouit de sa résurrection.

« Je devais un soir jouer chez le comte de Browne une sonate qu'on n'entend pas souvent. Comme Beethoven était présent, et que je n'avais jamais étudié cette sonate avec lui, je me déclarai prêt à jouer toute autre qu'on me demanderait, mais pas celle-là. On se tourna vers Beethoven qui dit enfin : " Allons, vous ne la jouerez pas si mal que je ne puisse l'écouter. " Je dus donc la jouer. Beethoven, comme d'habitude, se tourna vers moi. Dans un saut de la main gauche, on doit faire ressortir précisément une note ; je frappai complètement à côté, et Beethoven me donna, d'un doigt, un coup sur la tête, ce que la princesse Lichnowsky, qui était assise en face de moi et appuyée au piano, remarqua en souriant. Quand j'eus fini de jouer, Beethoven dit : " Très bien ! Vous n'avez pas besoin d'apprendre cette sonate avec moi. Mon doigt ne devait que vous donner une preuve de mon attention. " Plus tard, Beethoven dut jouer et choisir la sonate en ré mineur qui venait de paraître. La princesse, qui s'attendait bien à ce que Beethoven fasse quelque faute, se mit derrière sa chaise ; pour moi, je tournais les pages. Aux mesures 53 et 54, Beethoven manqua son début et, au lieu de descendre en prenant les notes deux par deux, il frappa toutes les quatre avec la main entière et prit trois ou quatre notes à la fois en descendant. Cela faisait le même effet que quand on essuie un clavier. La princesse lui donna sur la tête quelques coups assez bien appliqués en lui disant : “ Quand un élève est châtié du doigt pour avoir manqué une seule note, le maître doit être châtié de la main entière pour des fautes plus graves. ” Tout le monde rit, et Beethoven tout le premier. Il recommença alors et joua admirablement. »

Ancré dans sa volonté d’avancer, de réussir, Beethoven impose maintenant sa surdité, obligeant ceux qui l’entourent à respecter sa faiblesse auditive, à faire silence quand il joue : ne sont-ils pas de simples mortels quand il s’affirme comme le nouveau génie musical ? Qu’on ne l’écoute pas, et il se lève, tempête et rage, sans aucune considération pour la naissance ou le rang de ses interlocuteurs. « Je ne joue pas pour les cochons ! » hurle-t-il un jour en claquant dans un bruit de tonnerre le couvercle du piano, au nez d’un jeune comte qui n’avait pas jugé utile d’interrompre son bavardage pendant que Ludwig improvisait.

En fait, il nourrit de moins en moins d’illusions sur les qualités musicales de l’aristocratie viennoise. Et c’est encore chez Joséphine Deym qu’il se réfugie le plus souvent. Il sait combien elle aime sa musique. Avec elle, il peut abandonner ses défenses, parler, jouer. Elle sait l’écouter, l’encourager :

« Beethoven est si ardent à la tâche, et il exige que je le sois aussi ; vous pouvez vous figurer ce que cela veut dire », écrit Pépi à ses sœurs.

C’est encore auprès d’elle qu’il cachera les derniers échos de sa peine quand il apprendra que Giulietta Guicciardi a enfin épousé, le 3 novembre 1803, le comte Robert von Gallenberg.

Même s’il se croit guéri, la nouvelle va sans doute,

remuer en lui le souvenir de bien des moments qu'il avait crus heureux :

« [...] Dans une vie d'un homme, il y a des périodes qui exigent qu'on tienne bon et que souvent on considère du mauvais côté ; il me semble que vous-même, comme grand artiste, ne les ignorez pas tout à fait », écrit-il alors au peintre Alexandre Macco, ajoutant, désabusé : « Peignez et, moi je ferai de la musique et ainsi nous vivrons – éternellement ? – oui, peut-être éternellement. »

Sa peine resserre encore ses liens avec Joséphine. Maintenant, il ne se passe plus un jour sans que Ludwig se rende chez les Deym, et s'ils restent encore tous les deux inconscients de la secrète complicité qui les unit, de l'essence exacte de leurs liens, les sœurs de Pépi pressentent la véritable nature de cette intimité.

Charlotte s'en inquiète la première, et écrit à Thérèse que « c'est un peu dangereux et que Pépi devrait faire attention ». Attention à qui ? A son époux bien sûr.

Le comte qui supporte mal les succès mondains de sa femme et ses triomphes au Prater ne peut cependant l'empêcher de continuer à retrouver ses amis musiciens : l'énorme Schuppanzigh, Zmeskall et François von Brunswick, son frère, tous deux excellents violoncellistes. Autant d'invitations supplémentaires pour Ludwig, l'ami si réticent d'ordinaire à jouer à la demande, qui cède à tous les caprices de Pépi. Pour elle, il crée de petites œuvres à chanter : pour elle, il n'hésite pas à rédiger rapidement quelques lignes qu'elle garde, jalousement, confidentielles... De son côté, Pépi ne cesse d'encourager Beethoven. Elle le presse d'écrire encore et toujours, s'enthousiasme pour cette *Troisième Symphonie* qu'il a dédiée à Bonaparte jusqu'au jour funeste où Ries lui apprend la nouvelle du sacre de son héros : « Là-dessus, il entra en fureur et s'écria : " Ce n'est donc plus rien qu'un homme ordinaire ! Maintenant il va fouler aux pieds tous les droits humains, il n'obéira plus qu'à son ambition, il voudra s'élever au-dessus de tous les autres, il deviendra un tyran ! " Il alla vers sa table, saisit la feuille de titre, la déchira de bout en bout et la jeta par terre. La première page fut réécrite à nouveau, et alors la symphonie reçut pour la première fois son titre : *Sinfonia eroïca.* »

C'est alors qu'un autre choc, aussi violent, va le bouleverser même s'il ne prend pas tout à fait conscience de l'importance de cette nouvelle : Joséphine Deym est veuve.

Lors d'un court voyage à Prague, son mari, Joseph Deym, a été emporté par une pneumonie, laissant derrière lui trois enfants, une jeune femme ravissante, enceinte de son quatrième bébé et des affaires dans un état d'extrême précarité.

7

« Mais dis-moi, de Pépi et Beethoven, que va-t-il en advenir? »

Donc, Joséphine est libre, ou plus exactement dégagée de tous liens conjugaux, mais sa santé est fragile, aussi fragile que ses finances : la gestion des biens de son défunt époux, et surtout celle de la galerie d'art qui alimentait principalement le train de vie du ménage, nécessitent des notions économiques et marchandes que son éducation ne lui a pas inculquées. De plus, à peine sortie des funérailles du comte, elle a mis au monde son quatrième enfant, et cette nouvelle grossesse a épuisé un organisme sans grande résistance. Privée du soutien naturel de son époux, à la tête d'une famille nombreuse, elle ressent avec acuité tout ce qui l'enchaîne aux obligations matérielles. Souvent sujette à des accès de fièvre, Pépi est à court de ressources, financières et physiques. Aussi, tout naturellement, de même que Ludwig a su frapper à sa porte quand sa terrible dépression lui coupait tout élan, Pépi cherche-t-elle à se rapprocher de cet ami intime, qu'elle connaît maintenant depuis cinq ans, qui lui rappelle les jours heureux et insouciants de sa jeunesse, et qui sait si bien la distraire avec sa sublime musique.

Or justement, Beethoven s'est installé, en ce mois de juin 1804 à Herzendorf où il s'attache tous les jours à l'écriture de l'opéra commandé : *Fidelio, ou le triomphe de l'amour conjugal.* Les médecins ayant prescrit à Joséphine du bon air et le repos d'une villégiature campagnarde, elle a loué à la bordure du petit village de Heitzing, une charmante demeure à quelques kilomètres de la résidence du musicien et de Vienne où elle a installé ses enfants, et où Thérèse, toujours prompte à soulager sa sœur des pesanteurs domestiques, l'a suivie. Là, quelles que soient la fatigue de Pépi et les désillusions que lui inflige la vie, sa beauté de vingt-quatre printemps s'épanouit dans la douceur des journées de juin. Elle a dans le regard quelque chose d'éthéré, d'inaltérable, un reflet de la pureté de son âme et d'une délicieuse naïveté, qui empreint chacun de ses gestes, allège sa démarche et éclaire son sourire. Pépi appartient à ces êtres touchés par la grâce et par une sorte d'innocence qui l'élève vers les arts et la musique, mais la laisse démunie quand elle doit affronter, le plus pragmatiquement possible, les contraintes du quotidien. Le raffinement de son éducation, le cocon doré où elle a laissé fleurir ses rêves et sa séduction, ont aggravé sa tendance naturelle à la douceur et à la nonchalance, qu'accentue sa faculté à transfigurer tout ce qui l'entoure, cette extrême sensibilité à toutes formes d'expressions artistiques. Il émane d'elle, confie l'un de ses soupirants, « une force enchanteresse et un charme d'autant plus grand qu'elle en est inconsciente ». En est-elle réellement aussi inconsciente qu'elle veut le laisser croire ? A en juger par le nombre de ses admirateurs rien n'est moins sûr !

Mais à Heitzing, cet été-là, la vie s'organise paisiblement. Dès les premiers jours de leur arrivée, les deux sœurs ont décidé d'aller voir leur grand ami, à une heure de voiture de leur propre résidence.

« Nous avons fait visite à Beethoven qui a très bonne mine et qui nous a promis de venir », note Thérèse, dans son journal.

Thérèse,de son côté, ne reste pas insensible à la sève qui gorge le paysage, à la floraison luxuriante de la campagne alentour, à la tiédeur des matins sur sa peau. A vingt-huit ans, elle ne connaît de l'amour que ce qu'elle peut en lire. Jamais encore elle n'a goûté l'abandon dans les bras d'un homme ni le plaisir des sens, ni le trouble du sentiment qui naît puis se partage; et ce que son corps ne peut exalter, enfièvre son esprit. Elle a toujours partagé avec Ludwig une affinité intellectuelle rare. La présence épisodique du musicien, ses visites, leurs apartés ont fait naître chez elle, sans qu'il en prenne vraiment conscience, une passion étrange, brûlante et... frustrante ! Elle souffre et se consume : beaucoup moins jolie que sa sœur, disgraciée par son incurable claudication, elle se sait dotée d'un esprit vif, d'une immense culture et d'aptitudes musicales infiniment supérieures à celles de son entourage, et plus particulièrement à celles de Pépi. Pourquoi les hommes qui l'approchent ne le remarquent-ils pas ? Pourquoi, dans les cercles mondains, l'éclat de sa conversation n'attire-t-il pas cette cour assidue qui se forme dès que Joséphine apparaît, surtout depuis qu'elle est devenue une jeune veuve ?

Et puis, pourquoi ces marques de tendresse que Ludwig prodigue si généreusement à Pépi quand, avec elle, il se contente de relations nettement plus cérébrales ? C'est à Thérèse qu'il explique sa musique, probablement parce qu'en remarquable théoricienne, elle décèle ce que son écriture a de radicalement révolutionnaire. Il apprécie aussi ses dons d'interprète, l'expression qu'elle parvient à donner à tout ce qu'elle joue. Mais Thérèse est déjà une « vieille fille », et pendant les longues heures de solitude qu'elle affectionne, elle refuse de regarder la vérité en face : ce penchant que Beethoven, malgré sa laideur, malgré le négligé de sa mise, malgré sa surdité, a pour les fraîches et ravissantes jeunes filles. La passion malheureuse du musicien pour Giulietta, passion dont elle a été le témoin, aurait dû lui ouvrir les yeux, pourtant, elle semble bien s'accrocher à ses illusions, et inventer une romance à laquelle, involontairement, Ludwig se prête pendant ses visites et ses apartés. Un Ludwig qui vient de se brûler trop sérieusement les ailes aux feux de la passion pour rechercher, cet été-là, une relation durable. En fait, il ne rêve que distractions et frivolités. Et l'on peut mesurer toute la force de l'attente, toute la frustration du désir de Thérèse en lisant les quelques confidences totalement inventées qu'elle aurait laissées à une parente en quittant ce monde :

« Un soir de dimanche, après dîner, au clair de lune, Beethoven s'assit au piano. D'abord il promena sa main à plat sur le clavier. Franz et moi connaissions cela. C'était ainsi qu'il préludait toujours. Puis il frappa quelques accords sur les notes basses ; et lentement, avec une solennité mystérieuse, il joua un chant de Sébastien Bach : " Si tu veux me donner ton cœur, que ce soit d'abord en secret ; et notre pensée commune, que nul ne puisse la deviner. " Ma mère et le curé s'étaient endormis ; mon frère regardait devant lui, gravement ; et moi, que son chant et son regard pénétraient, je sentis la vie en sa plénitude. Le lendemain matin, nous nous rencontrâmes dans le parc. Il me dit : " J'écris à présent un opéra. La principale figure est en moi, devant moi, partout où je vais, partout où je reste. Jamais je n'ai été à une telle hauteur. Tout est lumière, pureté, clarté. Jusqu'à présent, je ressemblais à cet enfant des contes de fées qui ramasse les cailloux, et ne voit pas la fleur splendide, fleurie sur son chemin. " C'est au mois de mai 1806 que je devins sa fiancée, avec le seul consentement de mon bien-aimé frère Franz. »

Plus tard, au moment de sa mort, elle aurait murmuré toujours à l'attention de Marian Tenger, sa confidente, ces quelques mots :

« Chère enfant, il est une chose qu'il faut que tu saches bien : le mot de la séparation, ce n'est pas moi qui le prononçais mais lui... Saisie d'horreur, je devins pâle comme la mort et tout mon corps trembla. »

Pauvre Thérèse, qui dès cet été-là quête un regard, un geste, et s'en repaît inlassablement quand Ludwig est reparti insouciant et tout heureux dans la maison de Heitzing, uniquement occupé à son opéra, totalement inconscient du poison qu'il instille entre les deux sœurs. Thérèse est trop fine pour n'avoir pas très vite compris la nature du sentiment qu'éprouvent, à leur insu, Pépi et Ludwig. Elle sait que ce qu'ils tiennent tous les deux pour une ancienne et délicieuse complicité amicale joue, en fait, sur le registre de l'attraction amoureuse. Elle a parfaitement analysé leur comportement, et elle en souffre. Aussi, dès qu'il arrive, Thérèse reprend en main la vie de sa sœur comme pour la rappeler à ses devoirs maternels pendant qu'elle accapare l'attention de Ludwig en s'installant au piano, ou en l'entraînant dans ces longues promenades dont il est friand. Quand il n'est pas là, c'est lui qu'on attend. C'est autour de lui que convergent toutes les conversations, pour lui que l'on impose ces rigoureux emplois du temps dont Pépi, bohème dans l'âme, s'accommode mal. Pourquoi, toujours, ces éternels conseils, ces remises en question que ressasse Thérèse? Pourquoi veut-elle tout régenter, pourquoi pousse-t-elle l'obsession de l'organisation jusqu'à ne jamais cesser de la surveiller, et particulièrement quand Beethoven est là?

Ludwig qui ressent cette tension espace de plus en plus souvent ses visites. Quelque chose qui tient à l'été, à la vie qu'il sent naître en lui, au désir d'écrire, à la fièvre créatrice endiguée par son projet d'opéra, l'éloigne de la maison. Il veut retrouver une certaine légèreté, rencontrer de nouvelles relations... Et, malgré ses projets de ne pas quitter Hetzendorf de tout l'été, un beau matin, accompagné de son inséparable Ries, il file vers Baden.

Pour Pépi, c'est le point de non-retour. Ce départ, la fin de ces visites auxquelles elle aspirait, les seules qui lui procuraient du bonheur, et qu'elle était venue rechercher à Heitzing, elle l'impute à Thérèse que malgré toute son affection, elle ne peut plus supporter et qui ne semble pas encore avoir compris que Pépi, bien que plus jeune et plus fragile, est désormais une femme – et une femme que son veuvage a totalement émancipée. Alors, un jour, triste et excédée, Pépi se fait violence pour exprimer sans nuance l'exaspération qui l'assaille depuis ce début de vacances et qu'elle a plusieurs fois, en vain, tenté d'expliquer à Thérèse :

« Je sens encore toute l'amertume, la douleur et le désespoir qui me prirent, relate Thérèse dans son journal, lorsque après plusieurs tentatives, elle me dit, pour la dernière fois, qu'elle ne pouvait me garder chez elle, que je l'abaissais elle-même, que je l'empêchais d'avancer. Je partis, et je me crus détachée d'elle pour toujours. » En fait, les deux sœurs se réconcilieront en 1808. Mais de toute évidence, Thérèse a le sens du sacrifice et comme les événements à venir vont le démontrer, elle aime se sacrifier. Toute la fin de sa vie sera consacrée aux milliers d'orphelins qu'elle prendra en charge, dans les institutions qu'elle créera.

Pendant ce temps, bien loin de tous ces drames, Ludwig prend possession de ses nouveaux quartiers d'été, à Baden, ville d'eaux à la mode, où il jette l'ancre en juillet, et où Ries le rejoint pour partager ses promenades. Ries est enchanté de retrouver son maître débordant de joie de vivre, en harmonie avec l'été, avec la vie, et bien décidé à profiter de sa résurrection sentimentale, en butinant toutes les inconnues qui se présentent à lui. Est-ce pour faire écho à son humeur primesautière, que Ludwig change aussi souvent de domicile que d'objets de séduction ? Sans cesse il emménage et déménage dans plusieurs logements qu'il loue en même temps, en ville, ou à la campagne. Une instabilité qui met son ami,– et colocataire – Stephan von Breuning, aux cent coups. Mais les brouilles, si elles sont vives et fréquentes, ne sont jamais définitives entre ces deux amis de longue date.

Cet été-là encore, Ludwig renoue avec l'aristocratie, et l'on sait, par ses lettres à ses amis, combien la fréquentation du monde titré et bruissant des cours européennes le ravit et lui tient à cœur. S'il cultive des idées de fraternité et d'égalité, il les pratique exclusivement avec les grands de ce siècle, à la condition qu'ils lui reconnaissent la supériorité de son génie.

Or justement, Beethoven se rend en ce mois d'août chez le prince Lobkowitz, à Raudnitz en Bohême. Ries est du voyage. *La Troisième Symphonie, l'Héroïque,* doit y être exécutée pour la première fois, lorsque le prince Louis-Ferdinand de Prusse, sur le chemin qui le conduit à Vienne, s'arrête chez Lobkowitz. Il assiste au concert et, enthousiaste, se fait redonner trois fois de suite la symphonie. L'humeur fantasque et joyeuse de Beethoven se révèle avec toute sa force dans le tour qu'il a joué quelques jours auparavant à ses musiciens, au moment d'interpréter son *Quintette en mi bémol majeur* pour piano et instruments à vent. Lors d'un silence, avant que le thème ne reprenne, il s'était lancé brusquement dans une improvisation dont le brio avait coupé le souffle aux instrumentistes avant que de les précipiter dans la plus grande confusion. A chaque instant, alors que le corniste s'apprêtait à reprendre la partition, préparait son instrument, ébauchait un geste, il devait y renoncer coupé tout net dans son élan par un Beethoven diabolique qui continuait son jeu de cache-cache musical. Le mouvement des instruments qui se levaient, s'immobilisaient un instant en l'air, puis s'abaissaient dans le geste d'impuissance de leurs propriétaires amusait Beethoven qui faisait mine de s'arrêter pour reprendre de plus belle. Il avait fallu que Ramm, le hautboïste, laisse éclater sa fureur pour que, enfin, Beethoven reprenne le quintette à la note exacte où il l'avait abandonné, avec une souplesse qui avait ravi l'assistance tout entière.

Oui, il est heureux, insouciant et disponible cet été-là. Heureux d'être débarrassé des affres de sa passion. Fébrile et frivole comme un homme longtemps malade que sa complète guérison ouvre aux plaisirs de la vie. L'été s'écoule ainsi, qui voit aboutir *L'Héroïque*, passer les promeneurs du siècle, s'alanguir les femmes et roussir les feuilles des grandes forêts des environs de Vienne.

De son côté, aux premiers frimas, Pépi a quitté la maison d'Heitzing pour regagner son hôtel particulier de Vienne et Ludwig, sans l'avoir revue depuis sa dernière visite, abandonne, lui aussi, ses nombreuses villégiatures estivales.

A Vienne, Charlotte, la plus jeune des sœurs von Brunsvik, est venue auprès de Joséphine, remplacer Thérèse qui, bien loin d'avoir pardonné la rebuffade de Pépi, a rejoint sa mère, en Hongrie, où elle se consume de passion pour un jeune officier. Et tout naturellement, Ludwig reprend le chemin de l'hôtel des Arts et le fil de son amitié pour Joséphine. Quelques heures par mois dans un premier temps. Puis chaque semaine jusqu'au moment où, enfin, rien ne semble plus les séparer.

« Beethoven est extraordinairement aimable ; il vient tous les deux jours, il reste avec Pépi durant des heures... », écrit Charlotte à la fin de ce mois de novembre 1804.

En fait, très vite, Ludwig prend des habitudes presque casanières chez ces dames avec lesquelles il déjeune, avant de s'installer au piano. Lui, si orgueilleux d'habitude, et si avare de prestations publiques, se réjouit de leur donner ses propres œuvres à entendre, d'ébaucher de nouveaux thèmes sur lesquels il brode à l'infini ou d'improviser sur des phrases que Joséphine s'amuse à lui proposer. Comme il est heureux dans ces instants ! Très vite, il ne se contente pas de répondre aux demandes de Pépi : il les devance. Deux mois plus tard, il lui écrit un lied « An die Hoffnung » (à l'Espérance) sur un poème de Tiedge, que Joséphine refuse de faire entendre, ni même de donner à lire, sous le prétexte que la dédicace en est trop intime et personnelle... Une dédicace qui ne semble pas avoir été retrouvée après que Beethoven l'eut supprimée lors de la parution du lied en septembre 1805.

Comme on peut s'en douter, ces visites quotidiennes chez une jeune veuve ravissante ne passent pas inaperçues dans le petit monde clos de la haute aristocratie viennoise. Le musicien a la réputation bien établie d'apprécier les jolies femmes et en est-il une plus jolie que Pépi ? Dans les salons, les rumeurs s'amplifient, jusqu'à sous-entendre une union prochaine. Le prince Lichnowsky, qui projette un voyage à Paris avec Beethoven (voyage qui ne se fera pas de telle sorte que Beethoven mourra sans avoir quitté l'Allemagne), a aperçu dans la chambre du musicien un exemplaire du fameux lied « An die Hoffnung » dédicacé à Joséphine. Son statut de mentor, son amitié pour Ludwig le poussent à aborder le sujet qui alimente conversations et médisances ! Il n'est pas question d'une mise en garde ; le prince sait le talent du musicien et son bonheur lui tient à cœur, aussi, en quelques sous-entendus, informe-t-il Ludwig de tout l'intérêt qu'il lui porte, et du plaisir qu'il éprouverait à le voir contracter une union aussi bénéfique qu'intelligente.

La perspective de ce mariage galvanise Ludwig, dont les forces et l'enthousiasme décuplent. S'il veut Pépi, il doit la mériter. Il doit triompher aux yeux du monde et produire, plus encore qu'il ne l'a jamais fait jusqu'à présent, tant il est vrai que le volume de ses œuvres, comparé au divin Mozart – ce modèle qu'on ne cesse de lui imposer – n'est pas d'une prolixité folle. La commande de *Leonore ou l'amour conjugal* vient très opportunément lui donner l'occasion d'affirmer son talent – mieux, son génie. De plus, l'œuvre que lui a proposée le directeur du théâtre est tirée d'une pièce française de Jean-Nicolas Bouilly qui relate une histoire vécue dont les thèmes : fidélité, amour conjugal généreux, audacieux, d'une jeune femme qui se déguise en homme pour aller sauver son mari emprisonné dans une geôle inaccessible ont immédiatement subjugué Beethoven. S'il estime les paroles du livret ridicules, s'il se sent entravé par le texte, il ne songe pas un instant à réclamer une autre trame. *Fidélio*, véritable hymne à la gloire du couple, lui paraît trop en harmonie avec l'aventure amoureuse qu'il vit, pour négliger une occasion qui lui ouvre enfin un nouvel horizon et écartera à jamais le spectre de cette solitude abhorrée, et toujours plus insupportable après chaque naufrage amoureux.

Bien sûr, Joséphine est la confidente privilégiée de cette nouvelle création. Joséphine, qu'il tient à rassurer sur son avenir, à qui il explique, avec une chaleur et une sensualité qu'il n'avait jamais démontrées jusque-là, pourquoi ses compositions s'étaient raréfiées :

Sans la tutoyer encore, il ouvre son cœur à celle qu'il baptise « Bien-aimée J »-« *Geliebte* J ».

« ... Il n'est que trop vrai que je ne produis pas autant que j'aurais dû, mais un chagrin intime m'avait privé de ma force habituelle, pendant quelque temps, lorsque le sentiment de l'amour pour vous, J. bien-aimée, commença à germer et à grandir encore, quand nous nous sommes retrouvés seuls et vous deviez être instruite de mes souffrances réelles et de ma lutte avec moi-même entre la mort et la vie, que je mène depuis quelques temps. Un événement m'a fait depuis longtemps douter de toutes les bénédictions de la vie, mais à présent ce n'est plus qu'à moitié aussi dur, j'ai gagné votre cœur, je le sais avec certitude, je dois y attacher de l'importance, mon activité en sera accrue et, ici je vous le promets solennellement, bientôt je serai digne de moi et de vous – ô puissiez-vous comprendre l'importance de ce que je dis, créer mon bonheur par votre amour – l'augmenter – ô J. bien-aimée, ce n'est pas le penchant pour un autre sexe qui m'attire à vous, non, mais vous seule avec tout ce qui vous est propre avez capté mon attention, tous mes sentiments – surtout ma sensibilité – lorsque je vins vers vous, j'avais pris la ferme résolution de ne plus laisser se produire en moi la moindre étincelle d'amour, mais vous m'avez complètement retourné – le vouliez-vous ? Ne le vouliez-vous pas ? – J. pourrait répondre à cette question. Ah ! ciel, que pourrais-je encore exprimer – comme je pense à vous – ce que je veux pour vous – mais que cette langue est faible, impuissante –, du moins la mienne. Puisse notre amour durer longtemps – longtemps – car il est si noble – si fermement fondé sur l'estime réciproque et l'amitié – même la grande similitude entre nous à tous égards, dans nos pensées et nos sentiments – oh ! vous, laissez-moi espérer que votre cœur battra longtemps pour moi. Le mien ne peut – cesser – de battre pour vous – que – lorsqu'il ne battra plus du tout – bien-aimée J. – portez-vous bien. Mais j'espère aussi que par moi vous serez un peu heureuse – autrement je serais par trop égoïste. »

Quelle confiance, quel amour, quelle passion ! Beethoven se livre totalement à Joséphine ; certain de son attention, de sa complicité, résolu à ne rien lui cacher, pas même le sentiment violent qu'il a éprouvé pour Giulietta. Il n'ose encore tout lui dire, ni l'émoi qu'elle lui inspire, inquiet de la rassurer sur la noblesse de son affection, ni l'envie qu'il a de la prendre dans ses bras, effrayé sans doute par le souvenir de la douleur qui l'a accablé, lorsque Giulietta l'a repoussé.

Se cachent-ils, l'un comme l'autre, ce que leurs cœurs désirent réellement ? Tout en voulant la préparer, la rassurer, cherche-t-il à se persuader que ce qui l'enfièvre n'est que platonique, purement intellectuel ? Mais le fait est là, malgré sa résolution de ne plus jamais se brûler aux feux de la passion, Joséphine a su le troubler de nouveau, par sa sensibilité, sa fragilité, et le raffinement de son éducation musicale. De nouveau, Ludwig est prisonnier. Mais quelle importance si son art s'en trouve grandi, épanoui ! Non il ne regrettera pas d'être victime, une fois encore, d'émois aussi dangereux mais si délicieux. Et peut-il craindre, de Pépi, les roueries et les faux-semblants d'une coquette comme Giulietta ? Il sait que non, Joséphine est une femme qui connaît la vie, qui a souffert, une amie surtout, incapable de faire ses griffes sur un cœur qu'elle admire et qu'elle respecte. D'ailleurs, elle a pris le soin de recopier dans son journal secret cette nouvelle lettre que lui envoie Ludwig dans laquelle il pleure la faiblesse de ses mots, lui qui sait le souffle de la musique pour exprimer ses sentiments. Une lettre qui exalte la force de cet amour qui le submerge, l'anéantit, le tourmente. Ah ! Comment traduire à celle qu'il aime tout ce qu'il ressent, tout ce qu'il éprouve pour elle !

« D'elle – la seule aimée – pourquoi n'y a-t-il pas de mots qui puissent exprimer ce qui est tellement au-dessus de toute considération – tellement au-dessus de tout ce que nous pouvons nommer. Oh ! qui peut vous nommer – et ne pas sentir que tout ce qu'il peut dire sur vous – ne vous atteindra jamais – hors la musique. Ah ! je ne suis pas trop fier quand je crois que je dispose plus de la musique que des mots – vous, vous, mon tout, mon bonheur. Ah ! non – même dans ma musique je ne puis le faire, bien que dans ce domaine, Nature, tu ne m'aies pas mesuré tes dons, cependant, c'est encore trop peu pour vous. Bats, bien qu'en silence, pauvre cœur – tu ne peux rien de plus – pour vous – toujours pour vous – seulement vous – éternellement vous – seulement vous jusqu'à la tombe – mon réconfort, mon Tout, ô Créateur veille sur elle – bénis ses jours – sur moi plutôt toutes les calamités. Seulement vous. Puissiez-vous être fortifiée, bénie et réconfortée – dans la misérable et pourtant souvent heureuse existence de l'humanité mortelle. »

Ainsi, Pépi bien loin de ces audaces épistolaires ne repousse pas Ludwig maintenant qu'il s'est déclaré et que ses visites quotidiennes se font de plus en plus longues, et de plus en plus intimes. Il n'attend plus le prétexte de petits concerts pour se présenter à l'hôtel des Arts. Il y entre en maître de maison, accueilli comme un indispensable familier, entouré des enfants de Pépi qui se réjouissent tous de sa présence. Pendant des heures, la comtesse et le compositeur restent en tête à tête. A travers la porte du salon de musique, on entend leurs rires, des passages de l'opéra en pleine gestation que Ludwig offre à la réflexion de son hôtesse. On surprend leurs soupirs et leurs regards trahissent leur complicité, l'harmonie de leur entente. Comme Ludwig est heureux en ces journées d'hiver ! Pour la première fois, il goûte la joie d'un sentiment partagé, compris, rendu au centuple sans doute, si l'on en croit l'affolement de Charlotte. En effet, Charlotte Brunsvik, envoyée à Vienne comme chaperon de sa grande sœur, sans doute mise en garde par Thérèse ulcérée des rapports dont elle avait su deviner la nature entre Ludwig et Pépi, s'inquiète maintenant du tour que prennent les événements. Que doit-elle faire ? Comment doit-elle réagir ? Son jeune âge ne l'a préparée ni à un rôle de gouvernante, ni à une trop grande diplomatie. Mais l'entente est trop criante pour qu'elle ne la perçoive pas. Elle prend conscience des émois de Pépi, de la fièvre dans laquelle la plongent les visites du musicien, de sa fébrilité pendant ses temps d'absence. Et les rumeurs qui rebondissent d'un salon à l'autre ne lui échappent pas davantage.

Dépassée par les événements, elle se décide à informer sa sœur aînée de l'évolution des relations entre Ludwig et Joséphine, dans des lettres qui disent tout son désarroi. Pressent-elle l'imminence d'une demande en mariage ?

« Le 20 novembre 1804 : Beethoven est extraordinairement aimable, il vient tous les deux jours, il reste avec Pépi durant des heures. »

« Le 19 décembre, Beethoven vient très souvent – il donne des leçons à Pépi – c'est un peu dangereux, je te l'avoue. »

Quelques jours plus tard, peut-être parce qu'elle a été le témoin d'une scène plus intime, d'une conversation plus pressante, ce n'est plus à Thérèse qu'elle s'adresse, mais à son frère Franz :

« Le 21 décembre, Beethoven est presque chaque jour chez nous, il donne des leçons à Pipschen (Joséphine) – vous m'entendez mon cœur – Beethoven veut t'écrire. »

Et pour quelle autre raison Ludwig écrirait-il à Franz, dont il connaît la largesse d'esprit et l'amour infini pour la musique, sinon pour le préparer à une alliance ? Mais il préfère encore prendre son temps, affirmer des liens qui pourtant, lui paraissent maintenant inaltérables et dont il a dû s'ouvrir à Joséphine qui selon Charlotte « se trouve dans une terrible dépression nerveuse, tantôt elle rit, tantôt elle pleure ».

S'il repart en fin d'après-midi, c'est pour revenir le soir, et dîner avec elle. « Après, relate Charlotte, on a fait musique, des quatuors, et lui était si aimable qu'il a tout de suite joué comme on l'a prié, une sonate des variations, les mêmes que je t'envoie, divinement. Il te dit mille belles choses. »

Mille choses à... Thérèse qu'il croit, en raison de leur vieille amitié, de leurs nombreuses promenades, son alliée dans ses projets de mariage. Quelle erreur ! Thérèse, dont la passion malheureuse pour son jeune officier n'a pas abouti, ne peut se résoudre à l'idée que Ludwig en aime une autre, fût-elle sa sœur. Ce sont justement ces conversations, ces longues promenades, leurs souvenirs communs qui la hantent, et la heurtent dès qu'elle envisage le mariage du musicien, « son » musicien, avec Pépi. Si elle se délecte des compositions que lui envoie Charlotte, elle s'oppose avec véhémence à l'idée même d'une idylle.

Le 20 janvier, Thérèse répond à Charlotte qui lui a envoyé une partition, en ces termes :

« Ton air a fait mes délices depuis que je l'ai. Le second jour, je le savais par cœur, je l'ai chanté et il fit fureur, mais personne ne verra les notes. Mais, dites donc, Pépi et Beethoven, c'est quelque chose ! Qu'elle soit sur ses gardes ! Je crois que c'est pour elle que tu as souligné certains mots dans ton extrait : son cœur doit avoir la force de rester chaste – triste nécessité et la plus dure. »

Autour de Joséphine, doucement mais inexorablement, l'opposition à une éventuelle union avec Beethoven se fait de plus en plus pressante, pour de bonnes et de mauvaises raisons, que personne ne cherche à analyser. Thérèse s'avoue-t-elle sa jalousie, ou cherche-t-elle à se donner bonne conscience en invoquant l'ordre social ? Ludwig est un roturier. La porte des Brunsvick lui a été ouverte au titre d'ami, il est hors de question d'aller au-delà de ce que sa naissance lui permet. Si les mises en garde, au début, sont ébauchées, – lorsque Thérèse conseille à Joséphine de porter plus de soin à sa santé qu'à la musique – puis un peu plus tard déléguées à la jeune Charlotte, elles finissent par devenir nettement plus pressantes et plus explicites. Joséphine les comprend à demi-mot. Même si elle se révolte, dans le secret de son cœur, elle ne trouve pas la force de faire face. D'ailleurs l'a-t-elle jamais eue, cette force ? De même qu'elle a accepté contre son gré d'épouser Joseph Deym, elle accepte, sous le prétexte de suivre Charlotte en Hongrie pour son mariage avec le comte Telechi, de s'éloigner de Ludwig. C'est Charlotte, encore la seule de la famille à ne pas se passionner pour la musique, qui recommande à Thérèse : « votre cœur doit avoir la force de dire non ». Mais si Joséphine, avec toute sa subtilité, a saisi l'aspect social de l'impossibilité de cette union, Ludwig, lui, ne le comprend pas. Et, si l'on en croit les termes de la lettre de rupture qu'écrit, la veille de son départ pour la Hongrie, Joséphine, Beethoven ne se résout pas à ce nouvel échec. Emporté par son rêve et son amour, par sa sensualité et le désir fougueux qui souvent le trahit, il prend Pépi dans ses bras et lui demande d'être sa femme.

Sa réponse nous est parvenue par un brouillon de lettre qu'elle lui adressa probablement début 1805 et qui fut retrouvé : « Nos relations plus étroites ces mois d'hiver, cher Beethoven, ont laissé dans mon cœur des impressions que ni le temps ni les circonstances n'effaceront. Êtes-vous heureux ou malheureux ? pouvez-vous le dire vous-même ? Ainsi, – en ce qui concerne vos sentiments – ce que vous – pourriez atténuer ou modifier par la contrainte ou la libre expression.

Mon âme, déjà enthousiaste à votre sujet avant que je vous connaisse personnellement – a été nourrie par votre affection. Un sentiment qui habite au fond de mon âme et qui est inexprimable m'a fait vous aimer ; même avant de vous connaître, votre musique me rendait enthousiaste pour vous – la bonté de votre caractère, votre affection ont fortifié ce sentiment. Cette faveur que vous m'avez accordée, le plaisir de votre compagnie auraient été le plus bel ornement de ma vie si vous aviez pu m'aimer moins sensuellement – puisque je ne puis satisfaire cet amour sensuel – que vous vous irritez contre moi. Je devrais briser des liens sacrés si je cédais à votre désir. Croyez qu'en accomplissant mon devoir c'est moi qui souffre le plus – et que certainement de nobles motifs inspirent mon comportement. »

Un an à peine après leurs délicieuses retrouvailles dans la campagne viennoise, les voilà de nouveau séparés, et malheureux. Joséphine, parce qu'elle est réellement amoureuse de Ludwig. Elle le lui a clairement écrit dans sa lettre de rupture, arguant qu'elle ne le quitte que « pour accomplir son devoir », soulignant combien elle souffre de cette séparation. Ludwig, parce qu'à la douleur de la rupture s'ajoute la blessure narcissique du refus de Joséphine. Encore une fois, il n'est pas dupe, sa naissance seule lui a fermé les portes de l'hyménée.

L'hiver 1805 ne verra pas Joséphine à Vienne. Les troupes françaises sont aux portes de la ville et Pépi est partie pour Martonvásár mettre ses enfants à l'abri.

Beethoven, de nouveau seul, se réfugie dans le travail.

Il lui faut apporter les dernières touches à son opéra, dont on annonce déjà la première et sans quitter son appartement, frileusement emmitouflé dans sa vieille robe de chambre, il travaille sans relâche. Hélas, la première représentation de *Léonore*, qui deviendra neuf ans plus tard *Fidelio*, le 20 novembre 1805, huit jours après l'entrée des troupes françaises de Murat dans Vienne et douze jours seulement avant Austerlitz est un échec total !

Tous les grands mélomanes viennois s'étant retirés sur leurs terres pour fuir l'armée française, le public se montre totalement hermétique à l'œuvre, désertant pratiquement la salle lors de la troisième et dernière représentation. Rien n'atténue l'impact de l'échec, pas même les poèmes lancés au public par Stephan von Breuning, moins encore la réaction de la critique viennoise :

« La mélodie est tourmentée et n'a pas cette expression passionnée, ce charme frappant et irrésistible qui nous saisit dans les ouvrages de Mozart et de Cherubini. » On reproche au compositeur son « manque d'originalité, la banalité de l'ouverture, la longueur et les répétitions dans les morceaux de chant. »

Le choc est rude. Sous la sécheresse du verdict, deux années de travail, et une passion toute personnelle pour le thème de cette œuvre s'écroulent brusquement. Une fois de plus Ludwig ne peut pas manquer d'établir un lien secret entre le naufrage de son opéra, et celui de son projet matrimonial avec Joséphine. Un projet dont il voulait justement chanter toute la beauté.

Il est triste, seul, abattu.

Dans sa tête, les deux échecs se confondent. Est-ce à Joséphine qu'il pense, en baptisant son *Léonore* « L'enfant chéri de sa douleur » ?

Loin de lui, sous l'influence de sa famille, Pépi est en train de signer un pacte tragique qui va l'écarter définitivement de l'homme qu'elle aime et qui l'aime : Ludwig van Beethoven.

8

> « Un sentiment qui habite au fond de mon âme et qui est inexprimable m'a fait vous aimer... »

Au bord de l'échec, Ludwig vacille, d'autant que l'amour, l'idée de l'amour même, a toujours nourri ses inspirations, alimenté son génie. Pour la première fois, comme si l'œuvre avait été prémonitoire de l'aventure, Ludwig connaît simultanément un cuisant dépit amoureux et un revers musical. Jamais encore il n'a senti la moindre réticence de la part de son public. Toujours applaudi, toujours attendu, il a franchi les portes des salons comme le génie de son siècle. Or, aujourd'hui son œuvre est boudée, et celle qu'il aime s'en est allée. Ludwig, parce que cet échec touche à la musique – l'essence même de sa nature – est en proie au désarroi.

Autour de lui, ceux qui l'avaient vu ressusciter avec bonheur sont préoccupés. Ludwig a jeté sa partition au fond d'un tiroir. Il refuse de la revoir, et même de la retoucher. Comment le pourrait-il ? Changer une note serait vouloir changer un trait, une mèche de cheveux au portrait de Joséphine qu'il garde dans son cœur... Cela, personne ne le comprend, et ses amis l'exhortent à ne pas rester sur cette défaite.

Ils font mieux, ils décident de secouer la torpeur du musicien, son scepticisme. Le mois suivant, en décembre, le prince Lichnowsky réunit chez lui tous les musiciens, amis de Beethoven, avec l'intention encore inavouée de l'amener à remanier son opéra. On se presse autour de lui, on lui expose l'objet de l'amical complot. On supplie le compositeur de raccourcir les deux premiers actes d'en couper des passages ; il boude, hésite, se hérisse et puis consent. Mais lorsque les musiciens, encouragés par cette compréhension inespérée, suggèrent que peut-être les deux actes incriminés pourraient n'en faire qu'un, c'en est trop pour le compositeur. Beethoven bondit hors de sa chaise, ivre de rage, la main sur la porte pour prendre un congé fracassant que seuls le calme et la douceur de la princesse Lichnowsky diffèrent.

Et l'on reprend la discussion, le temps passe, la nuit est déjà très avancée, lorsque la princesse murmure :

« Et l'arrangement, la coupure ?

– Ne me demandez pas cela, répond-il d'un air farouche ; il ne peut pas manquer une seule note !

– Beethoven ! s'écrie-t-elle en poussant un profond soupir, votre chef-d'œuvre devra donc rester méconnu et insulté ?

– Il est assez payé par votre suffrage, madame la princesse », dit Beethoven.

C'est alors que la princesse, cette femme si délicate brusquement animée d'une volonté que rien ne semblait pouvoir brider, entoura Ludwig de ses bras, et presque à genoux devant lui, s'écria avec exaltation :

« Non, Beethoven, votre chef-d'œuvre ne peut pas disparaître ; vous-même, vous ne l'oserez pas ! Dieu ne le veut pas, lui qui a mis dans votre âme les chants de la beauté la plus pure ! L'esprit de votre mère ne le veut pas, lui qui en ce moment vous supplie par ma bouche ! Beethoven, il le faut ! Cédez ! Faites-le en mémoire de votre mère ! Faites-le pour moi, pour votre unique et votre plus chère amie ! »

Alors, comme en atteste un témoin de la scène, Joseph Roekel que Beethoven avait pressenti pour remplacer le ténor de la première représentation de *Fidelio*, « le grand homme, dont la tête avait une majesté olympienne, resta longtemps debout devant l'angélique admiratrice de sa muse ; puis, relevant d'une main les longues mèches de cheveux qui retombaient sur son front, comme si un beau rêve avait pénétré son âme, il s'écria en sanglotant, ses yeux levés au ciel avec émotion :

– Je le veux... Je veux tout... tout faire... pour vous... pour ma mère ! »

La paix revenue, *Léonore*, légèrement remanié, est présenté à son vrai public, mais là encore l'accueil, loin d'être triomphal, rapporte peu au compositeur, qui pour le coup se méfie du baron von Braun, le directeur du théâtre. Et lorsque celui-ci lui fait remarquer que, contrairement aux opéras de Mozart, qui attiraient les foules, le public populaire n'a pas été nombreux, Beethoven hurle :

« Je n'écris pas pour la foule, j'écris pour les gens cultivés ! »

Le baron souligne alors que d'une part il est plutôt bien payé, que d'autre part c'est la première fois qu'un compositeur participe aux bénéfices et qu'enfin, si Mozart avait touché une telle somme, il aurait été très riche. Ulcéré par cette sempiternelle comparaison Beethoven exige qu'on lui rende sur-le-champ sa partition. Ce que l'on fait sans discuter renvoyant pour huit ans l'opéra dans un tiroir.

Beethoven a retrouvé son mauvais caractère, ses sautes d'humeur qui vont lui causer cette fois un tort considérable :

A la fin de l'été 1806, alors que Joséphine s'est réfugiée à Martonvásár, Beethoven, taraudé par cette solitude qu'il supporte de moins en moins et dans laquelle sa surdité l'enferme de plus en plus, part pour la Silésie chez son ami le prince Lichnowsky. C'est une vieille habitude qu'il reprend, avec le chemin du château. Ses séjours y ont toujours été aussi fréquents que plaisants. Mais cette fois, le musicien ne parvient ni à se départir de son tourment, ni de sa mauvaise humeur. Comble de malchance, des officiers français appartenant à l'armée d'occupation sont installés chez le prince, qui tout naturellement, souhaite leur faire écouter la musique du grand Beethoven. L'initiative est malheureuse, et Ludwig prend très mal l'affaire : quoi ! jouer devant l'occupant, pire, pour l'occupant ! Non seulement il se sent trahi mais avec sa susceptibilité maladive et ses sursauts incontrôlés d'orgueil, il a l'impression que le prince le traite comme un domestique, l'exhibe comme un pantin, juste bon à divertir le public, et quel public ! Il se sent « servile », et refuse net, cramoisi de rage. Le prince, qui ne mesure pas l'ampleur que peuvent revêtir les accès de colère du musicien, prend ce refus à la légère et, voulant détendre l'atmosphère, il menace Ludwig en plaisantant de le mettre aux arrêts. Mais Beethoven n'a pas envie de rire. A ses yeux, c'est un affront qui lui est fait. Il fusille son hôte du regard et, sans un mot, se retire dans ses appartements, où le prince, riant de plus belle, le poursuit, et fait enfoncer la porte de la chambre par ses valets. Là, écumant de rage, Beethoven l'accueille, une chaise à la main, prêt à la lui envoyer en pleine face. L'affaire tourne au pugilat, l'éclat alerte les invités qui cherchent à intervenir, le comte Oppersdorff en tête.

Bien entendu, cela ne fait qu'aviver la fureur de Beethoven qui décide en quelques secondes de fuir une maison où tous complotent contre lui. Tremblant de nervosité, il rassemble hâtivement ses bagages et quitte le château, à pied, dans la nuit, sous une pluie battante.

Le lendemain, loin d'être calmé, à mille lieues de réfléchir aux conséquences de son geste, il rédige à l'attention de son hôte le billet suivant :

« Prince, ce que vous êtes, vous l'êtes par le hasard de la naissance. Ce que je suis, je le suis par moi. Des princes, il y en a et il y en aura encore des milliers. Il n'y a qu'un Beethoven. »

Le mot est magnifique, mais provocant au-delà de tout dans un monde où l'aristocratie a déjà prouvé, avec l'illustre exemple de Mozart, son pouvoir de vie ou de mort sur la carrière d'un compositeur, si génial soit-il, quand ce compositeur ne possède ni titre, ni fortune. Mais comment le lui reprocher ? Ce n'est pas au prince, qu'il crache ces quelques phrases, c'est à l'aristocratie tout entière, et plus précisément à cette famille qui l'a écarté du légitime bonheur auquel il aspirait parce qu'il n'appartenait pas à son milieu. En même temps que le billet qu'il adresse rageusement au prince, Beethoven, dans un geste aussi violent que significatif, brise le buste que celui-ci lui avait offert.

Puis, pour changer autant d'humeur que de fréquentations, il se rend chez son ami Bigot, bibliothécaire du comte Razumowski dont l'épouse, une excellente interprète, feuillette la partition de *L'Appassionnata*, encore tout humide de l'orage de la veille. Émerveillée par les premières notes qu'elle fredonne, elle s'installe au piano, et se jouant des ratures et des nombreuses annotations du compositeur, interprète cette admirable sonate avec un instinct musical étonnant.

Séduit par le talent autant que par la fraîcheur de la

jeune femme, Beethoven que l'on voit de plus en plus souvent dans la maison ébauche l'un de ces marivaudages dont il a le secret, et qui l'amuse d'autant plus qu'il le distrait de sa rupture avec Joséphine. D'ailleurs, pour retomber amoureux, le choix est parfait. Marie Bigot a dix-huit ans. Jolie, frêle et sensible, musicienne talentueuse, elle est l'image même de ces jolies personnes dont Beethoven s'amourache volontiers. Depuis quelque temps déjà, le compositeur achève ses correspondances avec l'époux de Marie par des « Embrassez souvent votre femme » ou bien « Adieu, et n'embrassez pas trop votre femme ». Jusqu'au jour où exalté par une journée particulièrement radieuse, il ne résiste pas au désir de l'inviter à une promenade à la campagne afin de partager avec elle le plaisir qu'il éprouve toujours au sein de la nature. Il lui adresse donc un long billet bucolique dans lequel il s'écrie : « Marie, vous qui êtes une femme cultivée et sans préjugés, vous n'allez pas avoir des scrupules de me faire un si grand plaisir ! »

Hélas si. Justement Marie a des scrupules. Se sentant plus attirée par la musique de Ludwig que par sa personne, elle refuse tout net l'invitation. Pire, sans doute humiliée par un manque de respect aussi flagrant envers son honnêteté, sa réputation, et par l'indélicatesse commise envers son mari, elle l'informe de la proposition douteuse qui lui a été faite. Bigot est ulcéré par le comportement inqualifiable de Beethoven et, de surcroît outré que cette malhonnêteté soit l'œuvre d'un ami.

Ludwig, un peu tard, est consterné et atterré à l'idée de perdre l'affection du couple. Et bien qu'il ait eu réellement l'intention de détourner Marie du droit chemin, il ne cherche plus qu'à s'expliquer, qu'à réparer. Il se confond en excuses. Comment peut-on penser qu'il ait eu des intentions secrètes, aussi malveillantes ?

« Je constate que les sentiments les plus purs et les plus

innocents peuvent être méconnus. » Il ne peut s'agir que d'un malentendu. Voyons! Lui qui a toujours eu des pensées nobles, lui qui s'est lancé dans l'opéra *Léonore ou l'amour conjugal*, lui qui défend ces valeurs, ces idéaux.

« Dans toute ma vie, vous ne trouverez jamais un geste vulgaire, depuis ma plus tendre enfance, j'ai appris à aimer la vertu. »

Mais rien n'y fait. C'est trop tard. Passionné, Beethoven s'est laissé emporter par son attirance pour Marie, oubliant sans doute les règles élémentaires de la bienséance, comme il les avait parfois transgressées avec Joséphine, qui n'est plus là pour corriger, par sa délicate influence et son raffinement, les penchants souvent grossiers et rudes de Ludwig. Il souffre de cette rupture avec ses amis, dont la confiance ne sera, ne pourra plus être comme avant. Le départ du couple Bigot, pour Paris va conclure l'histoire mais de nouveau, Ludwig doit tenter de gérer ses éclats et ses maladresses.

Or, les conséquences de sa dispute avec Lichnowsky sont graves car le prince qui lui allouait une rente de six cents florins en interrompt immédiatement le versement. Finies la stabilité et la garantie d'un revenu qui lui assuraient la paix de l'esprit, et lui laissaient le temps nécessaire à la composition. Étranglé financièrement, Ludwig dans un premier temps crâne et se tourne vers les éditeurs étrangers. Pleyel à Paris, Clementi à Londres. Il fait une demande de deux mille quatre cents florins pour l'année auprès des théâtres impériaux, en échange « d'un grand opéra, plus une petite opérette ou un divertissement, des chœurs, des morceaux... ». Mais il ne reçoit pas plus de réponse qu'il n'a de nouvelles de Joséphine. Remâchant sa rancune à l'égard de l'aristocratie, Ludwig qui se sent abandonné se révolte. Et les brouilles se succèdent. Avec le prince Esterhazy qui lui a fait une réflexion désobligeante au sujet de l'exécution de la

Messe n° 1 en ut majeur, qu'il lui avait commandée ; avec ses frères pour une histoire d'un prêt de mille cinq cents florins dont Johann demande abruptement le remboursement ; le moment est certes mal choisi. Beethoven est aux abois et ses frères le savent. Un tel manque de tact, de reconnaissance le plongent dans une rage écumante. Oh ! comme Joséphine lui manque cruellement... Où est-elle, l'élue de son cœur, celle qui savait si bien le comprendre et l'apaiser ?

Justement au printemps 1807, elle est de retour à Vienne et nul doute que malgré l'éloignement, malgré les excès de Ludwig, elle n'est toujours pas parvenue à l'oublier, ni à lui en vouloir. Dans son cœur, dans son âme, elle n'a pas totalement rompu ses liens avec lui et comme elle n'ose pas encore le recontacter, elle demande à Charlotte de faire parvenir au musicien un portrait d'elle non encadré. Or Beethoven est encore à Baden, Charlotte doit donc attendre son retour à Vienne qui aura lieu, le hasard s'en mêlant malencontreusement, lorsque Joséphine en sera déjà repartie.

Joséphine et Ludwig ne se rencontreront pas... probablement parce que ni l'un ni l'autre ne souhaitent véritablement ces retrouvailles. Sans doute aussi parce que l'un comme l'autre s'observent afin de savoir qui fera le premier pas. La blessure est encore fraîche, le pardon n'est pas totalement acquis. Beethoven ne se rappelle que trop les termes de la lettre de Joséphine, et Joséphine les mises en garde familiales, et la fougue irrespectueuse du musicien. Ce n'est qu'une fois arrivé à Heiligenstadt, après un bref séjour à Vienne, que Ludwig conscient de ce qu'il est en train de perdre, se résout à lui écrire. Oui ! il a vainement cherché par deux fois, à la rencontrer lors de son retour : « Mais je n'ai pas été assez heureux pour vous voir. Cela m'a profondément peiné. »

Il a bien essayé de contrôler ses sentiments, mais il n'y

parvient pas. Comme tous les amants écartés, il voudrait pouvoir lui parler encore une fois, retrouver leur entente, leur communion d'esprit. Il pense qu'il a suffisamment respecté son désir de recul, qu'il a suffisamment pris de distance, mais que tout cela n'a plus lieu d'être. Que cette séparation ne peut en aucun cas leur être salutaire.

Et puis les jours passant, il se reprend; il a l'impression qu'il vaut mieux attendre un peu avant de se revoir. Pressent-il une mauvaise réaction de la part de Joséphine? Ou désire-t-il se préserver, effrayé par la force de cette passion et par la tristesse qu'elle engendre et qui risque d'entraver sa création musicale?

Puis, de nouveau, égal à lui-même, Beethoven change d'avis. Cette fois, il veut absolument une explication: elle lui a demandé de s'éloigner, de modérer sa passion, il l'a fait! maintenant c'en est assez!

Beethoven n'obtiendra pas gain de cause. Joséphine se tait. Alors, de nouveau, il cherche à l'oublier. Depuis quelque temps, il se console de toutes ses contrariétés chez Marie d'Erdödy, l'amie des moments difficiles. Il habite même chez elle, pendant l'hiver. Beethoven la surnomme « le père confesseur »; entre eux, c'est une intimité de parole, de réconfort, ni amoureuse ni passionnée. C'est davantage au mécène qu'il s'adresse qu'à la femme. Pauvre Marie! Sublime de visage mais prisonnière d'un corps qui la trahit; la poitrine enserrée dans un corset orthopédique, elle ne peut quitter son lit que trois mois par an pour « boitiller de piano en piano, ses pieds démesurément gonflés », nous dit Thayer. Celle que Romain Rolland appelle « la captivante et troublante sirène malade » a d'ailleurs un amant, le maître de musique de ses enfants, une sorte de déséquilibré mental qui, à force de traitements sadiques, sera responsable de la mort des deux fils de la comtesse et poussera sa fille Mimi au suicide.

En cet hiver 1809, elle cherche (et trouve) des mécènes pour Beethoven qui reçoit enfin une lettre de Joséphine. Une missive qui ressemble après ce très long silence à une dernière bouteille que l'on jetterait à la mer, avec plus de résignation que d'espoir.

« Il y a longtemps que je voulais avoir des nouvelles de votre santé et il y a longtemps que je m'en serais informée si la modestie ne m'avait retenue. Dites-moi à présent comment cela va et ce que vous faites. Quelle est votre santé, votre état d'esprit, votre comportement ? Le profond souci que j'ai pour tout ce qui vous touche et que je continuerai à avoir tant que je vivrai m'oblige à m'informer. Ou – mon ami Beethoven, si je puis user de ce terme, croit-il que j'ai changé ? Ce seul doute me prouverait que c'est vous qui n'êtes pas resté le même. » Cherche-t-elle à renouer avec lui ? L'aime-t-elle toujours ? S'agit-il d'estime ou d'amour ? Beethoven choisit la pire interprétation en percevant à travers ces lignes, quelque chose comme le souvenir de l'intérêt que l'on a porté à un vieil ami que l'on a bien aimé et dont on est heureux d'avoir, de temps en temps, des nouvelles. A ses yeux, tout est maintenant fini. Joséphine ne veut que s'assurer qu'il supporte bien le choc de la rupture, qu'il ne joue pas, une fois encore, avec l'idée de la mort. C'est triste, décevant, mais Beethoven est résigné. Il ne veut en aucun cas renouer avec la douleur que lui a causée la trahison de Giulietta. Il ne ressent rien de plus que de l'amertume, une déception, qu'il suggère dans ces quelques mots :

« Je vous prie de transmettre la sonate à votre frère, ma chère Joséphine. Je vous remercie de désirer encore apparaître comme si je n'étais pas complètement banni de votre mémoire, même si vous le faites peut-être à l'instigation des autres.

Vous voulez que je vous dise comment je suis. On ne

peut me poser une question plus difficile – et je préfère la laisser sans réponse, plutôt que d'y répondre trop véridiquement. Portez-vous bien, chère Joséphine... »

Beethoven ne veut pas en dire plus. Ce n'est pas à elle qu'il confiera sa peine. Il est désormais décidé à tourner la page. Sans s'en douter, il vient de signer un blanc-seing à son propre malheur, et à celui de Joséphine. Maintenant, elle est délivrée de tous liens...

D'ailleurs, après une cure à Karlsbad, les deux sœurs sont parties pour la Suisse et l'Italie à la recherche d'un précepteur pour les enfants de Pépi. Or, le grand pédagogue suisse, Pestalozzi, et l'un de ses élèves, le baron balte Christoph von Staeckelberg, visitent justement l'Italie. Thérèse, littéralement subjuguée par les méthodes du savant, décide sur-le-champ que son disciple est l'homme de la situation. Il est jeune, il est beau, et il semble avoir toute l'autorité nécessaire pour diriger l'éducation des enfants de Joséphine, que cette dernière n'est pas en mesure d'assurer. Après quelques semaines italiennes pendant lesquelles on visite les sites et les monuments, le baron accepte le poste qu'on lui propose, et suit les deux sœurs jusqu'en Suisse. L'homme est étrange, possessif, ténébreux. Il dégage une sorte de pouvoir magnétique, une autorité ombrageuse qui hypnotisent Pépi et fascinent Thérèse, toute à la nouvelle vocation que lui a suggérée sa rencontre avec Pestalozzi. Entre le baron et les enfants de Joseph Deym, les choses semblent se passer plus difficilement. Ceux-ci, peu habitués à des règles strictes d'horaire et d'éducation, élevés jusque-là dans une douce bohème, se cabrent sous les diktats de leur nouveau mentor. D'où d'interminables discussions entre Pépi et le baron, de laborieux énoncés théoriques qui l'épuisent et la culpabilisent. Très vite, les entrevues tournent aux propos comminatoires : comment pourrait-il éduquer ces enfants puisqu'à leurs yeux il n'est rien ? Si seulement il était leur beau-père, l'autorité naturelle que confère cette position compenserait leur résistance...

Les premiers temps, Joséphine résiste. Mais elle est trop douce, et trop faible et, depuis qu'elle a reçu la dernière lettre de Ludwig, elle n'attend plus personne ni plus rien dans sa vie. Lasse des injonctions et des explosions de colère du précepteur, mal conseillée et mal secondée par une sœur heureuse sans doute de la voir s'écarter définitivement d'une mésalliance avec un musicien roturier et sans ressources, Joséphine accepte d'épouser Christoph von Staeckelberg le 13 février 1810. Sans illusion. Et probablement sans pouvoir s'empêcher de songer à Ludwig, puisqu'elle confie, quelques semaines plus tard, à sa sœur :

« Il est bien rarement permis aux femmes d'une certaine classe sociale de choisir un compagnon selon leur cœur ; c'est un grand malheur. »

D'autant que le mariage consenti n'apaise en rien les exigences, ni les crises d'autorité du baron. Staeckelberg est sans ressources, mais non sans ambition. Il s'empare de l'héritage laissé par Joseph Deym et oblige Joséphine à l'investir intégralement dans une immense propriété en Moravie, où le couple et les enfants s'installent. Là, malgré la constitution fragile de Joséphine, malgré ses premières grossesses qui l'ont déjà épuisée, il lui fait deux enfants en deux ans, et se lance dans des excès de dépenses et de frivolités, assortis de scènes de colère totalement injustifiées qui épuisent les nerfs et la santé de Pépi.

Après avoir rencontré des problèmes autant agricoles que juridiques, après avoir englouti ce qui restait de la fortune de son épouse dans d'inextricables procès et conduit sa famille à la ruine, après une mémorable et épuisante scène de ménage, au cours de laquelle il accuse Joséphine de tous les maux, le baron si bien né, part en claquant la porte, abandonnant Pépi et ses six enfants !

Pendant des jours, des semaines, Joséphine sans la moindre nouvelle de son époux va attendre son retour. Puis, à bout de nerfs et en désespoir de cause, elle reprend le chemin de Vienne et part se réfugier, avec sa progéniture, chez sa sœur. Thérèse, terrifiée par la mauvaise mine des enfants, épuisés nerveusement, brisés par le long voyage qu'ils viennent d'entreprendre, décide de les emmener se reposer à Dornbach.

Pépi est seule à Vienne... Seule et presque libre.

De son côté Beethoven qui s'est remis de l'échec de *Fidelio* et de sa séparation d'avec Pépi, dont il n'a plus jamais reçu de lettres souffre à nouveau des oreilles, comme il l'écrit à son cher Wegeler :

« Je serais heureux pourtant, peut-être un des hommes les plus heureux, si le démon n'avait pas établi son séjour dans mes oreilles. Si je n'avais pas lu quelque part que l'homme ne doit pas volontairement renoncer à la vie, tant qu'il n'a pas encore accompli une bonne action, depuis longtemps je ne serais plus, et par mon fait. Oh ! la vie est si belle ! mais pour moi elle est à jamais empoisonnée ! » Il semblerait d'ailleurs que ce soit à peu près à cette époque, entre 1810 et 1812, que Beethoven pour contrôler son jeu au piano se servait d'une baguette de bois dont il posait l'une des extrémités sur l'instrument tenant l'autre entre ses dents. Mais était-ce une aide auditive ? Pour l'heure, immédiatement alerté par cette nouvelle tendance morbide du musicien, Wegeler prévient le médecin dont le verdict est formel : Beethoven doit absolument s'installer à la campagne dans une station thermale en fin de saison, pour qu'il y ait moins de monde afin de le protéger du bruit. Et la meilleure station, c'est Toeplitz, cette petite ville à la mode qui accueille toute l'aristocratie allemande et viennoise. Là, Ludwig retrouvera enfin la paix de l'âme, le plaisir des longues balades à l'aube passées à humer la nature, à l'admirer, à s'en inspirer.

Tous les matins donc Ludwig traverse le magnifique parc dessiné au XVIIIe siècle, contourne ses étangs, ses bosquets. Parcourt comme à son habitude des kilomètres de son pas décidé et rapide, les poches alourdies de cahiers et de feuilles en tout genre. Reconnaissable entre mille, les mains croisées derrière le dos, il déambule, perdu dans ses pensées ; n'entendant plus du bruit du monde qu'un bourdonnement confus autour de lui : il est seul.

D'autant plus seul que c'est ici, à Toeplitz qu'en le quittant l'an dernier, Bettina Brentano a rejoint Goethe et ses amis. Bettina, l'ouragan ! qui est entrée dans sa vie aussi vite qu'elle en est sortie. Écervelée, hystérique, mythomane pour les uns, charmante, enthousiaste, d'un goût sûr et exceptionnel, compréhensive et clairvoyante pour les autres, elle est de toute façon « différente » ! Ludwig se souvient parfaitement de ce jour... Il se voit encore surpris au milieu de sa toilette, tentant, avec son coupe-chou, de domestiquer, à défaut d'anéantir, le poil dru de sa barbe.

Le compositeur était en pleines ablutions ! Projetant de l'eau tout autour de lui comme un ours pataugeant dans une bassine. Sa peau toute vérolée n'avait jamais proposé au rasoir un terrain facile et lisse et chaque séance tournait au massacre. Beethoven se coupait, pestait contre cet instrument de torture et jurait de ne plus se raser avant longtemps. Bien évidemment, il n'avait pas entendu arriver Bettina ; le bruit qu'il parvenait à faire tout seul, et sa surdité bien installée, ayant étouffé les propos du serviteur qui tentait vainement de barrer la porte à cette ravissante effrontée. Car la jeune fille qui venait de monter l'escalier, qui osait déranger son maître peu commode en ce moment, avait l'air on ne peut plus décidé !

Pas du tout du genre à s'en laisser conter, encore moins à revenir un autre jour ; le serviteur, hésitant, tremblant même, n'en croyait pas ses yeux ; jamais il n'avait vu pareille tornade balayer l'appartement de son maître ; mais, tout était possible avec lui...

Que Beethoven fût occupé ou pas n'avait rien changé au comportement de Bettina. A quelques jours de son départ de Vienne, elle n'allait pas abandonner l'idée de le rencontrer qui lui trottait dans la tête depuis qu'elle était arrivée dans la capitale. Ce qui lui paraissait infiniment normal, étant donné l'excellence de ses fréquentations habituelles. Bettina Brentano était un personnage hors du commun. Elle vivait dans un milieu d'artistes, en partie grâce à son frère Clemens, véritable touche-à-tout de la littérature, qui, du théâtre au roman, en passant par la satire, avait publié avec son compère von Arnim, un recueil de poésie lyrique à partir de chants populaires allemands, dont le premier volume avait été dédié à Goethe en 1806.

Bettina était totalement immergée dans ce mouvement romantique qu'elle nourrissait et dont elle se nourrissait. C'est elle qui avait fait connaître le poète Friedrich Hölderlin, l'écrivain et compositeur E.T.A. Hoffmann et surtout elle était une amie très intime de Goethe, qui avait été l'amant de sa mère Maximilienne. On disait que cette aventure aurait inspiré *Werther*. Elle avait en tout cas permis à Bettina de renouer avec le poète une relation quelque peu tendancieuse.

Pour la rapprocher de Beethoven, elle avait pensé à sa belle-sœur Antonia Brentano, chez laquelle elle habitait lorsqu'elle venait à Vienne. Là, elle avait une chance de croiser le compositeur qui s'y rendait parfois le temps d'une improvisation, pour distraire la jeune femme de santé fragile lorsqu'elle souffrait trop ; et puis, Beethoven s'était pris d'affection pour sa petite-fille Maximiliana à laquelle il avait dédié l'une de ses compositions : un petit trio pour piano, violon et violoncelle.

Antonia, familièrement appelée Toni, était née von Birkenstock. Elle avait épousé Frank Brentano à dix-sept ans sur ordre de son père. « Franz m'était d'abord si étranger que de longs mois passèrent avant que j'aie pu m'habituer à le tutoyer. » Profondément neurasthénique, sujette à de fréquentes et violentes crises de larmes qu'elle essayait tant bien que mal de dissimuler à son entourage, trois ans avant sa rencontre avec Beethoven, elle intriguait déjà Bettina qui écrivait : « Toni a avec moi un comportement bizarre, elle est peinturlurée comme un décor de théâtre... où se déroulent toutes sortes de scènes romantiques qui, en général, ont trait à la solitude et à l'abstraction. »

Bettina, elle, avait alors vingt-cinq ans. Dotée d'une imagination sans borne, intrépide, pittoresque, « Quelle est cette jeune fille éparpillée au regard de feu ? », avait demandé Napoléon en l'apercevant cette même année 1804. Elle était bien la digne descendante d'une famille dont on disait : « Où la folie finit chez les autres, elle commence chez les Brentano ! »

Tout pour séduire le vieux lion qui se terrait depuis quelques jours dans son troisième étage. A ces rencontres qui avaient fait de la jeunesse de Bettina un bouillon de culture, il en manquait une, celle de Beethoven en qui se reconnaissaient tous ses amis romantiques, et qu'ils plaçaient au-dessus de tout.

Bettina qui avait déjà entendu des œuvres du compositeur ne pensait plus qu'à ce rendez-vous qui l'obsédait mais qui restait improbable. Beethoven était devenu de plus en plus farouche, imprévisible tant sa surdité le poussait à se méfier des nouvelles rencontres et à n'entretenir de rapports qu'avec ses amis de toujours. Ses quelques proches avaient aussitôt été contactés par Bettina qui les avait suppliés de l'introduire auprès du musicien.

« J'ai failli ne pas le voir du tout, car personne ne voulait m'amener à lui, même ceux qui se disaient ses meilleurs amis, par crainte à vrai dire de la mélancolie qui le gêne tellement qu'il ne s'intéresse à rien et qu'il témoigne aux étrangers plus de grossièreté que de politesse. Une *Fantaisie* de lui, que j'avais entendu exécuter de façon parfaite, m'avait ému le cœur, et j'eus de cet instant un tel désir de le voir que je mis tout en œuvre. Personne ne savait où il habitait; il se tenait souvent absolument caché. – Sa demeure est tout à fait remarquable : dans la première pièce, deux ou trois pianos, tous posés par terre sans pieds, des coffres où sont ses affaires, une chaise à trois pieds; dans la deuxième pièce, son lit, qui, hiver comme été, consiste en une paillasse et une mince couverture, une cuvette sur une table de sapin, les vêtements de nuit sur le plancher.

Nous avons attendu là une bonne demi-heure, car il était justement en train de se raser. Enfin il arriva. De sa personne, il est petit (si grands que soient son esprit et son cœur), brun, marqué de petite vérole, ce qu'on appelle : laid, mais il a un front céleste, si noblement modelé par l'harmonie que l'on pourrait le contempler comme une magnifique œuvre d'art, des cheveux noirs, très longs, qu'il rejette en arrière; il semble avoir à peine trente ans; lui-même ne sait pas son âge, mais pense avoir trente-cinq ans.

J'avais beaucoup entendu dire alors combien l'on devait être prudent avec lui, pour ne pas l'indisposer, mais j'avais jugé son caractère d'une autre façon, et je ne m'étais pas trompée. En un quart d'heure, il se trouvait si bien disposé pour moi qu'il ne pouvait pas se séparer de moi, mais il se plaçait toujours à côté de moi, alla aussi avec nous à la maison et, au grand étonnement de ses connaissances, y resta toute la journée.

Cet homme a une prétendue fierté qui fait qu'il ne joue pas par complaisance ni pour l'empereur ni pour les ducs qui lui font en vain une pension, et, dans tout Vienne, il est très rare de l'entendre. Comme je le priais de jouer, il me répondit :

– Eh bien, pourquoi donc dois-je jouer?

– Parce que j'aime remplir ma vie de choses magnifiques, et parce que votre jeu fera époque dans ma vie.

Il m'assura qu'il voulait essayer de mériter cette louange, s'assit près du piano sur le coin d'une chaise, et joua doucement d'une seule main, comme s'il cherchait à vaincre sa répugnance pour se faire entendre. Tout à coup, il oublia tout ce qui l'entourait, et mon âme s'épancha dans un océan d'harmonie.

J'ai pris pour cet homme une tendresse infinie. Pour tout ce qui regarde l'art, il est tellement un seigneur et si vrai qu'aucun artiste ne peut en approcher. Mais dans le reste de sa vie, il est si naïf qu'on peut lui faire faire ce qu'on veut. Sa distraction est un objet de risée ; on en profite tellement qu'il a rarement d'argent pour se procurer le strict nécessaire. Amis et frères l'exploitent ; ses vêtements sont déchirés, il a l'air complètement dépenaillé, et cependant son aspect est imposant et magnifique.

Il s'ajoute à cela qu'il est dur d'oreille et qu'il ne voit presque rien. Mais quand il vient de composer, il est complètement sourd et ses yeux sont complètement brouillés s'ils regardent au-dehors : cela tient à toute l'harmonie brassée sous son front qui l'empêche de se diriger vers ailleurs.

Aussi, ce qui le maintient en contact avec le monde (la vue et l'ouïe) étant totalement coupé, il vit dans la solitude la plus profonde. Quelquefois, quand on parle longtemps avec lui et qu'on attend une réponse, c'est tout à coup une explosion de sons, il sort du papier à musique et il écrit. Il ne fait pas comme le Kapellmeister Winter qui écrit ce qui lui passe d'abord par la tête ; lui, il fait d'abord un grand plan, et dirige sa musique dans une forme déterminée d'après laquelle il travaille ensuite... »

Les jours qui avaient précédé le départ de Bettina avaient été trop courts pour les longues promenades qu'ils faisaient ensemble ; Bettina délaissait tous ses projets de théâtre, de galeries, de mondanités.

« Eh ! Que voulez-vous donc aller voir là ? J'irai vous chercher et nous nous promènerons le soir dans les allées de Schoenbrunn. »

Et ces jours comptés, ils les passaient ensemble, parlant de tout, de musique, de poésie, de Goethe :

« La musique est le climat de mon âme, là elle s'épanouit et ne pousse pas seulement en herbe comme les pensées des autres qui se disent compositeurs. Mais peu de gens comprennent que chaque phrase musicale est un trône de la passion – et peu savent que la passion elle-même est le trône de la musique. »

Il lui jouait les poèmes de Goethe qu'il venait de mettre en musique tels que « Connais-tu le pays ? ».

« Sans langueur ni mollesse, sa voix était rude et dépassait, en un cri de passion, les bornes de ce qui était cultivé et plaisant.

– Eh bien ! Comment cela vous plaît-il ? »

Bettina était subjuguée.

« Il la chanta encore une fois, avec un feu attisé par la conscience de communiquer sa flamme ; puis il me regarda triomphant :

– Ha ha !

Alors, il me dit :

“ Les artistes sont de feu, ils ne pleurent pas ! ” et il chanta un poème de Goethe. Ne séchez pas, larmes de l’éternel amour. »

Ils communiquaient à l’aide de petits bouts de papier où ils jetaient des poèmes, des réflexions brèves, que Beethoven enfournait dans sa poche, en vrac. Goethe était au centre de leurs conversations, par ses œuvres, par ce que Bettina en disait à Beethoven qui ne cessait de la questionner sur lui.

Transporté, il s’écriait qu’il se « serait fait assommer pour lui... il a tué pour moi Klopstock... Aucun poète ne se laisse mettre en musique aussi bien que lui. Et, cependant, je n’écris pas volontiers de lieder ! »

Ajoutant : « Les poésies de Goethe exercent sur moi une grande influence, non seulement par leur contenu mais par leur rythme. »

En fait, il souhaitait l’entretenir de ce qui lui tenait le plus à cœur : les rapports de la musique et de la poésie. « Parlez à Goethe de moi ! Dites-lui qu’il doit entendre mes symphonies !... Écrivez à Goethe de ma part, si vous me comprenez, mais je ne peux répondre de rien et je veux aussi, de tout cœur, qu’il m’instruise. »

Cette rencontre impromptue avec Bettina avait, cet été-là, réjoui Beethoven qui en oubliait ses angoisses des semaines précédentes. Encore une fois, il faut souligner combien il passait avec aisance d’un sentiment à l’autre au gré de sa vie privée. Cette jeune fille avec laquelle il dépensait plus de temps qu’avec aucune autre femme élevait leur amitié dans les plus hautes sphères intellectuelles. Beethoven adorait ces conversations interminables qu’il menait pourtant de plus en plus difficilement ou qui prenaient souvent l’allure d’un monologue.

Au moment de se quitter, Beethoven lui avait fait promettre de lui écrire, au moins une fois par mois, car, en dehors d'elle, il n'avait point d'ami ! Amitié amoureuse, qui se doublerait dans ses lettres d'une tendresse affectueuse.

Bettina partie, il s'était délecté à relire les petits mots qu'ils s'étaient écrits ; spirituels ou poétiques, tous lui rappelaient des moments délicieux et chaleureux. Il reprenait goût à la vie et sa musique, à l'image de ses sentiments, passait d'un extrême à l'autre, de la dépression ou de la mélancolie, à la gaieté, voire à l'explosion de joie.

Il s'en inquiétait un peu, même s'il connaissait le cycle de sa vie, même s'il savait les moyens de sortir des moments difficiles, même s'il semblait jouir de cette tristesse répétitive.

A son ami Zmeskall, il confiait qu'il était « sens dessus dessous », « le bonheur me poursuit – et j'ai déjà peur pour cette raison d'un nouveau malheur ».

Donc, lorsque, Bettina s'était éloignée de Beethoven en cette fin d'été 1811, Achim von Arnim l'avait rejointe. Depuis longtemps, il lui faisait des avances qu'elle repoussait chaque fois ; et qu'elle allait de nouveau, refuser sans qu'il s'en rende bien compte faute de concevoir à quel point la rencontre éclair et intense de Bettina et de Beethoven les avait tous deux fortement troublés. Elle-même ne pouvait imaginer, avant de l'avoir connu, combien ils en seraient marqués à tout jamais.

Depuis, Bettina vivait dans un univers où seuls comptaient la musique et Beethoven, qui de son côté, errait à la recherche de son souvenir dans les jardins de Vienne. Non décidément ce n'était pas encore l'heure d'Achim von Arnim ; Bettina avait donc poursuivi son chemin jusqu'à Toeplitz où elle avait passé deux jours avec Goethe, ne cessant de lui parler du musicien.

Dès qu'elle s'était éloignée de lui, Beethoven lui avait

écrit une longue lettre, d'un seul trait, où le « tu » et le « vous » se mêlaient au gré de paroles rythmées comme une véritable mélodie, une lettre enflammée qui dissimulait peu ses sentiments, et troubla profondément la jeune fille, même si elle n'avait jamais imaginé, et n'imaginerait jamais aller plus loin dans ses relations avec lui. Beethoven parce qu'il ne croyait plus au bonheur conjugal, se contentait désormais de ces relations féminines teintées d'amitié intelligente. Parce qu'il savait combien la joie est fragile, trop vite suivie de tristesse, et de solitude, il ne s'était pas beaucoup chagriné lorsque Bettina lui avait annoncé finalement, vers la fin de l'année, son mariage avec von Arnim. Était-ce pour échapper à l'envoûtement? Était-ce par raison? Plus tard elle avouera que si elle était devenue son épouse, elle ne l'aurait jamais regretté!

Beethoven ne l'avait pas revu avant son mariage. Il lui avait écrit cependant, avec cette capacité à laisser glisser les événements, à ne pas s'y opposer, à ne pas se révolter; parce qu'il croyait au juste cours des choses, à un parcours en harmonie avec sa propre réalisation : si leur union ne s'était pas faite, c'est qu'elle aurait nui à son travail, qu'elle aurait contrarié son art.

« Que dois-je dire de moi? Je m'écrie : " Déplore mon destin " » avait été la seule plainte du compositeur. Aujourd'hui perdu dans ses souvenirs, Beethoven parcourt inlassablement ces mêmes allées, sans tenir compte des heures écoulées. Sa silhouette est familière à tous ceux qui fréquentent Toeplitz, l'été. Tous ont l'impression de bien le connaître. Aucun ne peut savoir la teneur de ces images que Beethoven aime à faire resurgir dans sa mémoire; Bettina, bien sûr, mais aussi tous ces jeunes amis poètes, écrivains, musiciens avec lesquels il avait passé de si belles heures... Il lui suffit de fermer les yeux, et il les a devant lui, telles des apparitions dont il se délecte. Quand il les avait rencontrés, l'année précédente, certains le saluaient sans attendre de réponse tant sa « démarche rapide, brusque, étourdie » inspirait le respect, l'émotion, « devenu sourd, il allait dans les rues droit devant lui, enfoncé dans le silence de son rêve ».

On savait où le trouver. A Toeplitz, il descendait toujours dans la même auberge. Il y prenait, seul, des repas qu'il oubliait de commander, avalant ce que le serveur résigné lui apportait, en général le plat du jour, avec un peu de vin.

Parfois il partait sans payer, ou réclamait l'addition alors qu'il n'avait toujours rien demandé. Plongé dans ses pensées, il dînait en souriant à des idées saugrenues ou à des souvenirs personnels.

Quand il s'adressait – trop fort – au serveur, toutes les têtes se tournaient vers lui, honteux, gêné, intimidé de l'ouragan qu'il avait provoqué.

Il se souvenait en particulier de ce soir où un jeune homme, âgé d'un peu moins de trente ans, s'était avancé vers lui, timide, hésitant, avec un petit groupe d'amis, venus passer quelques jours au calme, dans cette ville d'eau un peu raffinée où Rahel Levin prenait ses quartiers d'été.

Rahel, du même âge que Beethoven, tenait à Berlin un salon littéraire très fréquenté. Elle était alors fiancée à Varnhagen, un jeune officier de quatorze ans son cadet blessé à Wagram et écrivain. Leurs caractères très différents et très marqués, les nombreuses aventures de Varnhagen, et leur différence d'âge fragilisaient une relation plutôt orageuse : et une fois de plus, ils étaient au bord de la rupture.

Ce soir-là donc, Charles-Auguste Varnhagen von Ense avait décidé qu'il ne quitterait Toeplitz qu'après avoir parlé à Beethoven ; croiser chaque jour un tel génie sans oser l'aborder, c'était par trop stupide, même si la réputation qui précédait maintenant le musicien était celle d'un homme asocial, sauvage, inabordable.

Varnhagen s'était donc approché de Beethoven, et l'avait invité d'une voix respectueuse à se joindre à leur groupe ; prenant la précaution de parler près de son oreille, penché à son côté, pour lui éviter de se servir de l'un de ces appareils acoustiques, en papier mâché, que Beethoven hésitait à sortir de sa poche. D'ailleurs, depuis peu, il préférait tendre un bloc de papier et un crayon à un éventuel interlocuteur, lorsqu'il sentait que la conversation prenait un tour intéressant.

Contrairement à ce qu'il redoutait, Varnhagen avait été agréablement surpris par le regard plein de bonté de Beethoven. Il avait conduit le compositeur auprès de ses amis, à une table voisine, où il lui avait présenté sa fiancée Rahel Levin.

Beethoven se souvenait de cette silhouette qu'il avait croisée dans ses balades solitaires au Schlossgarten et qui lui rappelait celle d'une jeune femme qu'il avait aimée. Aussitôt émerveillé par cette rencontre imprévue, il avait décelé dans le regard de Rahel une intelligence et une sensibilité évidentes.

Lui qui communiquait de moins en moins par la voix, se sentait attiré par ce visage. Il y lisait une attente, un souhait. Et bien sûr, il allait profiter de la brouille entre Rahel et Varnhagen pour chercher à se rapprocher de la jeune femme. Pour elle, et pour elle seule, il allait improviser, l'attirant irrésistiblement au cœur de sa musique. Beethoven savait mener un flirt à sa guise, et, Rahel, fragile pendant cette période de « froid » avec Varnhagen, ne pouvait qu'être émue par les attentions du musicien à son égard. « Ce qu'il refuse aux princes qui lui donnent un ordre », il l'acceptait volontiers pour elle, mais et sans doute aussi parce que ses amis l'y invitaient, avec tact et délicatesse.

De son côté, Varnhagen par l'intermédiaire d'Oliva, qui accompagnait Beethoven cet été-là, s'était aventuré jusqu'à proposer à Ludwig de « lui donner ou lui corriger un livret d'opéra dramatique ».

A l'évocation de ces souvenirs Beethoven ne peut s'empêcher de sourire comme il sourit en se rappelant la réconciliation de Rahel et de Varnhagen à la fin du séjour sans qu'il en ait éprouvé le moindre dépit. Toute sa vie, il garderait le plaisir secret, attendri, de ces quelques improvisations dont l'essence amoureuse n'avait jamais filtré...

Dans ce groupe cultivé de Berlinois, il y avait aussi l'acteur Ludwig Löwe, le philosophe Fichte, « philosophe de la liberté et du devoir », qui apparaissait un peu comme le maître à penser de ce petit cénacle d'amis. Comme Beethoven, il avait suivi avec enthousiasme les événements révolutionnaires de France ; tous deux se plaisaient à discuter d'idées chères, rêvant « d'une fédération de l'humanité pour l'intérêt de la science pure qui impliquerait l'union de l'esprit allemand et de l'esprit français ». Tous ceux qui gravitaient autour d'eux étaient aussitôt étonnés par la convivialité du musicien, émerveillés par « son cœur d'or, son esprit sublime et son amitié généreuse ». Il y avait encore le poète Tiedge dont Beethoven avait mis en musique un lied « An die Hoffnung », sept ou huit ans auparavant. Ce fameux lied dont la dédicace avait quelque peu gêné Joséphine von Brunswik. Le poète était accompagné de deux jeunes femmes, la comtesse von der Recke et une jeune fille dénommée Amalie Sebald, musicienne et cantatrice appréciée.

A Berlin, tous vivaient dans l'entourage de Goethe, et de son ami le musicien Zelter qui ne supportait pas la musique de Beethoven ! A son tour Amalie allait entrer dans l'intimité du musicien avec d'autant plus d'aisance que sa réputation l'avait précédé. De retour de promenade, il lui dédiait souvent un billet ou deux, pour l'inviter à une promenade en tête à tête :

« Ludwig van Beethoven
que même si vous le vouliez
vous ne devriez pas oublier.
Toeplitz, le 8 août 1811. »

et il se sentait revivre au milieu de ces jeunes gens. Il retrouvait toute sa bonne humeur, ses jeux de mots, cette gaieté ressentie dans la *Septième Symphonie l'op. 92 en la majeur*, à laquelle il était en train de travailler. Celle dont André Boucourechliev dit que « son sens défie toute exégèse et ne peut apparaître que dans la fugitive rencontre d'un interprète et d'un auditeur, en consonnance ». Celle du bouleversant *Allegretto*.

Pour ses nouveaux amis, il acceptait volontiers de se mettre au piano et se métamorphosait dès que l'une de ces jeunes filles cultivées – musicienne ou femme de lettres – s'approchait de lui. Disparu le rustre que la rumeur aimait à décrire avec ses éclats inconvenants que l'on se faisait un plaisir d'ébruiter ; non, Beethoven était alors doux, attentif, raffiné même dans son langage et ses manières.

S'il ne caressait plus de projet de mariage depuis le refus de Joséphine, il ne renonçait pas pour autant aux femmes, bien au contraire, il était toujours sensible au charme féminin, prêt à manifester concrètement ses sentiments.

Lorsque ses amis avaient quitté Toeplitz avant lui, Beethoven tout étourdi, passant d'une convivialité extraordinaire à une nouvelle solitude, avait aussitôt écrit à Tiedge :

« D'Amalie, je sais au moins qu'elle vit. Chaque jour, je me reproche à moi-même de ne pas avoir appris à vous connaître plus tôt à Toeplitz. C'est abominable, de reconnaître ce qui est bon et de le perdre en si peu de temps. Rien n'est plus intolérable que de devoir soi-même se reprocher ses propres fautes... » Beethoven le priait de saluer la comtesse von der Recke « d'une bonne poignée de main bien affectueuse et tout à fait pleine de respect ».

Mais pour Amalie qu'il venait juste de découvrir pendant ces quelques jours, « un bon baiser brûlant, si personne ne nous voit... Et nous deux, embrassons-nous comme deux hommes qui peuvent s'aimer et s'estimer. »

Ah ! comme il avait rêvé de ces jours dorés lorsque, à la fin de l'été 1811, il était revenu à Vienne, pour retrouver, avec la capitale, l'acuité de ses problèmes financiers et l'absence douloureuse de Joséphine. L'hôtel des Arts lui manquait. Les soirées, les conversations, les jeux musicaux délicieusement répétés avec Pépi lui étaient devenus tellement nécessaires ! A nouveau il devait affronter les multiples difficultés du quotidien sans la consolation de ces anciens tête-à-tête. La baisse du taux de l'argent résultant de la guerre avait sérieusement réduit le traitement fixé par l'archiduc Rodolphe et les deux princes Lobkowitz et Ferdinand Kinsky, cosignataires du contrat. Face à des difficultés financières qui ne feront que s'aggraver, l'un d'entre eux, Lobkowitz, ne pouvait payer sa part.

Pendant tout l'hiver, Ludwig allait pester contre le gouvernement, contre les Viennois en général. Sans s'en cacher, n'ayant guère l'habitude de taire ce qu'il pensait :

« Son éducation a été très négligée, et, son art excepté, il est fruste, mais loyal et sans fausseté, il dit carrément ce qu'il pense. Dans sa jeunesse et plus tard encore, il a eu à vaincre bien des obstacles, ce qui l'a rendu capricieux et sombre. Il se plaint de Vienne et souhaite la quitter », rapportaient ses amis édulcorant prudemment les propos de Beethoven qui s'exclamait : « Depuis l'empereur jusqu'au décrotteur, tous les Viennois ne valent rien. »

Avec les frimas, les problèmes de santé, la solitude, Ludwig s'était raccroché à son travail. Il montait de nouveaux projets, caressait celui de voyager hors des frontières, d'aller enfin en Angleterre. Mais sa santé n'était pas brillante les mois d'hiver, et il lui avait fallu attendre le retour du printemps et l'idée d'aller bientôt à Toeplitz pour le remettre en forme.

Après avoir réglé à Prague ses problèmes financiers – le prince Kinsky avait été obligé de réévaluer la part de rente du musicien à cause de la dévaluation du florin – Beethoven, de nouveau envoyé en cure par son médecin, avait enjoint Varnhagen, rencontré à Prague, d'informer Goethe de son séjour à Toeplitz. Mais c'est en des termes beaucoup moins chaleureux que Varnhagen avait rédigé sa lettre au poète : « Mon ami Beethoven me charge de présenter ses hommages à Votre Excellence ; il ira de nouveau demander aux eaux de Toeplitz un remède contre sa malheureuse surdité qui ne favorise que trop sa sauvagerie naturelle et le rend presque insociable pour ceux dans l'amour desquels il n'a pas confiance ; il conserve néanmoins une légère sensation des sons musicaux, mais dans la conversation, il n'entend même pas les paroles ni leur son. »

En ce mois de juillet 1812 donc, tout ce que l'Autriche compte d'aristocratie, de la famille impériale à la noblesse de Berlin, de Weimar, ou de Vienne est là. Jours et nuits une foule de courtisans entoure l'empereur et l'impératrice, l'archiduc Rodolphe, Marie-Louise d'Autriche que Napoléon a épousée deux ans auparavant...

Mais apparemment, pour Beethoven qui n'a pas retrouvé ses admirateurs et ses amis de l'an passé, le charme n'opère plus. Ses promenades solitaires ne compensent pas la sensation de vide qui le poursuit. Au milieu de cette vie mondaine à laquelle il répugne de se mêler, il se sent épouvantablement isolé :

« De Toeplitz, il n'y a pas grand-chose à dire ; peu d'hommes et dans ce petit nombre rien de remarquable, aussi je vis – seul – seul ! seul ! seul ! » Pas si seul puisque le 19 juillet, Goethe qui est arrivé vient le rejoindre. L'instigatrice de la rencontre, celle qui a tant souhaité qu'elle ait lieu, Bettina Brentano, n'est pas présente, bien qu'habitant à ce même moment Toeplitz avec son mari.

Goethe est-il agacé de n'être plus le seul dieu de la jeune femme ? Certainement ; d'ailleurs son entourage, Zelter surtout, critique ouvertement la musique du compositeur. Et puis Goethe, qui a soixante-trois ans, et qui savoure sa réussite sociale en signant ses lettres « Son Excellence le Conseiller intime von Goethe ! » ne veut plus être bousculé. Et ce n'est pas sans un certain mépris qu'il se permet d'écrire à Bettina : « Tu montres maintes fois un entêtement vraiment borné et spécialement en ce qui concerne la musique ; tu te fabriques, dans ta petite caboche, des lubies invraisemblables pour lesquelles je ne veux pas te faire de leçon ni te chagriner. » A partir de là, on ne pouvait que craindre cette visite... forcée de courtoisie qu'il allait rendre à Beethoven et qui, si l'on en juge d'après la lettre qu'il écrivit le lendemain à sa femme, le retourna complètement :

« Je n'ai encore jamais vu un artiste plus puissamment concentré, plus énergique, plus intérieur. Je comprends très bien que son attitude doit être extraordinaire à l'égard du monde. »

Deux fois encore, ils vont se revoir. Le poète et le

musicien. Deux génies qui arpentent, côte à côte, les allées des jardins des thermes.

Beethoven qui a déjà écrit sur plusieurs poèmes de Goethe et qui travaille en ce moment à la partition d'*Egmont*, cette tragédie sur le thème du héros et de la liberté qui lui est si cher ne cesse de s'extasier sur l'influence que Goethe a eue sur lui, sur l'admiration qu'il porte à ses nobles idées !

Comment Goethe ne retrouverait-il pas en Beethoven l'image de ce qu'il fut dans sa jeunesse, ce poète fougueux et torturé qui ressemblait alors à ce musicien, de vingt ans son cadet, qui n'a toujours pas épuisé la force et le plaisir de jouer avec les utopies quand lui, reconnu, orgueilleux, avide d'honneurs, a fini par ranger ses idéaux dans le tiroir feutré de la notoriété ? Ce constat sur la véritable nature du grand poète, Ludwig, ébloui par son admiration va pourtant l'établir douloureusement en un éclair, lors d'une promenade qui les conduit sur le parcours du cortège impérial. Là, à l'approche des courtisans, Goethe esquive un pas en arrière, ôte son chapeau et se courbe respectueusement aux côtés de Beethoven abasourdi par cette obséquiosité et pas mécontent de voir l'impératrice et l'archiduc le saluer les premiers, considération qu'il ne se prive pas de faire remarquer à Goethe : « Ils peuvent bien accrocher une décoration à quelqu'un, mais il n'en sera pas meilleur d'un cheveu. Ils peuvent bien fabriquer un Hofrath, un Geheimrath, mais ils ne fabriqueront jamais aucun Goethe, aucun Beethoven. Donc, ce qu'ils ne peuvent faire, et ce qu'ils sont loin d'être eux-mêmes, ils doivent apprendre à le respecter. Ça leur fait du bien ! »

Décidément, les deux hommes sont trop différents : Beethoven ne peut comprendre ni l'importance que Goethe attache à la cour ni la satisfaction qu'il en retire. « Ne parlons plus des ridicules des virtuoses d'ici, si les poètes, qui devraient se faire les premiers éducateurs d'une nation, peuvent oublier tout le reste pour cette chimère. » Et cet orgueil, cette liberté, effraient le poète : « Son talent, m'a plongé dans l'étonnement. Mais c'est malheureusement une personnalité tout à fait indomptée [...] Il n'a sans doute pas tort de trouver le monde détestable ; mais vraiment il ne le rend ainsi plus plaisant ni pour lui ni pour les autres. Il est très excusable et très à plaindre, d'ailleurs, car il devient sourd ; ce qui nuit peut-être moins à la partie musicale de son être qu'à la partie sociale. Lui qui est déjà laconique de nature, le devient doublement maintenant par suite de cette infirmité. » Soulignant ce que Beethoven ressentait lorsqu'il écrivait « quand je joue ou quand je compose c'est là que mon mal m'affecte le moins. Il m'affecte surtout lorsque je suis en compagnie ».

Et quand il quittera Toeplitz le 26 juillet pour Karlsbad, interrompant ainsi ses relations avec le poète, ni l'un ni l'autre ne cherchera à en reprendre le fil. Ils ne se reverront plus ; si Beethoven va continuer à admirer le poète, à mettre ses œuvres en musique, il n'aura plus la moindre considération pour l'homme. Quant à Goethe, enfermé dans une tour d'orgueil et de vanité, il ne daignera pas répondre au courrier du compositeur, pas plus qu'à l'appel désespéré qu'il lui lancera vers la fin de sa vie. Mais en ce mois de juillet 1812, Beethoven a d'autres occupations en tête.

Pépi, dans le plus grand incognito, est arrivée à Prague. Pour le revoir...

9

> « Mon ange, mon tout, mon moi... »

« Le 6 juillet au matin,

Mon ange, mon tout, mon moi, quelques mots seulement aujourd'hui et même au crayon (avec le tien) – ce n'est pas avant demain que mon logement sera définitivement arrêté – quelle misérable perte de temps pour de telles choses : mais pourquoi ce profond chagrin alors que la nécessité parle, notre amour peut-il exister autrement que par des sacrifices, par l'obligation de ne pas tout demander, peux-tu faire autrement que tu ne sois pas toute à moi et moi à toi ? – Ah Dieu, contemple la belle nature et tranquillise tes esprits sur ce qui doit être, – l'amour exige tout et avec toute raison, ainsi en est-il de moi avec toi, de toi avec moi, – mais tu oublies si légèrement que je dois vivre pour moi et pour toi – si nous étions tout à fait réunis, tu éprouverais aussi peu que moi cette douleur. – Mon voyage a été terrible ! Je ne suis arrivé ici qu'hier à 4 heures du matin ! Comme on manquait de chevaux, la poste a pris une autre route, mais quel chemin épouvantable ; à l'avant-dernier relais, on me conseilla de ne pas voyager de nuit – on me parla, pour m'effrayer, d'une forêt à traverser, cela n'a fait que m'exciter et j'ai eu tort, la voiture aurait dû se briser dans ce terrible chemin, simple chemin de terre défoncé – sans des postillons comme ceux que j'avais, je serais resté en route. Esterhazy, par l'autre chemin ordinaire, a subi le même sort, avec huit chevaux, que moi avec quatre – pourtant j'ai éprouvé un certain plaisir, comme toujours quand j'ai heureusement surmonté un obstacle. – Maintenant vite revenons de l'extérieur à l'intérieur ! nous nous reverrons sans doute bientôt, aussi aujourd'hui je ne peux te faire part des observations que j'ai faites sur ma vie pendant ces quelques jours – si nos cœurs étaient toujours serrés l'un contre l'autre, je n'en ferais pas de pareilles. Le cœur est trop plein pour pouvoir te dire quelque chose – ah ! – il y a des moments où je trouve que la parole n'est absolument rien encore – égaye-toi – reste mon fidèle, mon unique trésor, mon tout, comme moi pour toi ; quant au reste, les dieux décideront de ce qui doit être et de ce qui adviendra pour nous.

Ton fidèle, Ludwig. »

« Lundi soir, 6 juillet.

Tu souffres, toi mon être le plus cher – à l'instant j'apprends que les lettres doivent être remises de très grand matin. Lundi – jeudi – les seuls jours où la poste part d'ici pour Karlsbad. Tu souffres – ah, là où je suis, tu es aussi avec moi, avec moi et toi, je ferai que je puisse vivre avec toi, quelle vie ! ! ! ainsi ! ! ! sans toi – poursuivi ici et là par la bonté des hommes que je désire aussi peu mériter que je la mérite – humilité de l'homme devant l'homme, – elle m'afflige – et quand je me considère dans l'ensemble de l'univers, que suis-je, et qu'est celui –

qu'on appelle le plus Grand – et pourtant – là encore est l'élément divin de l'homme, je pleure, quand je pense que tu ne recevras vraisemblablement que samedi la première nouvelle de moi – quel que soit ton amour pour moi, pourtant je t'aime encore plus fort – mais ne te cache jamais de moi – bonne nuit – comme baigneur il faut que j'aille dormir. Ah Dieu – si près ! si loin ! N'est-il pas un véritable édifice céleste, notre amour, mais aussi solide que la voûte du ciel. »

« Bon matin, le 7 juillet – au lit les pensées se pressent déjà vers toi, mon immortelle Bien-Aimée, parfois joyeuses, puis de nouveau tristes, demandant au Destin s'il nous exaucera. – Vivre, je ne le peux qu'entièrement avec toi ou pas du tout, j'ai même résolu d'errer au loin jusqu'au jour où je pourrai voler dans tes bras et pourrai me dire tout à fait dans ma patrie auprès de toi, puisque, tout entouré par toi, je pourrai plonger mon âme dans le royaume des esprits. – Oui, hélas ! il le faut – tu te résigneras d'autant mieux que tu connais ma fidélité envers toi, jamais aucune autre ne peut posséder mon cœur, jamais – jamais – ô Dieu, pourquoi faut-il s'éloigner de ce qu'on aime ainsi, et pourtant ma vie à W maintenant est une vie misérable – ton amour a fait de moi à la fois le plus heureux et le plus malheureux des hommes – à mon âge maintenant, j'aurais besoin d'une certaine uniformité, égalité de vie – peut-elle exister, étant donné notre liaison ? Ange, je viens d'apprendre que la poste part tous les jours – et il faut donc que je m'arrête afin que tu reçoives cette lettre tout de suite. – Sois calme, ce n'est que par une contemplation détendue de notre existence que nous pourrons atteindre notre but, qui est de vivre ensemble – sois calme, aime-moi – aujourd'hui, hier, quelle aspiration baignée de larmes vers toi – toi – toi – ma vie – mon tout – adieu – oh ! – continue à m'aimer – ne méconnais jamais le cœur très fidèle.

de ton aimé L.
éternellement à toi
éternellement à moi
éternellement à nous. »

Ces trois lettres, écrites à quelques heures d'intervalle, sont connues sous le titre générique de « Lettre à l'Immortelle bien-aimée ». Elles constituent aussi l'énigme la plus disputée, la plus controversée dans ses solutions par les historiens et les biographes de Beethoven.

La question est simple : à qui s'adressaient-elles ? Et pourquoi Ludwig ne les a-t-il pas envoyées, bien qu'il en ait eu l'intention manifeste si l'on en croit sa peur de manquer le départ du courrier ? En effet, ces trois lettres ont été retrouvées après sa mort, dans ses papiers personnels, avec son testament et quelques portraits de femmes. Aujourd'hui encore, et malgré de nombreuses recherches, la réponse formelle, flagrante à ces interrogations,n'a pas encore été donnée. Jean et Brigitte Massin, auteurs d'un très remarquable ouvrage publié chez Fayard, qui se sont livrés à une véritable enquête policière, préfèrent à toutes les candidates possibles au titre d'Immortelle bien-aimée, Joséphine von Stackelberg, alias Pépi, et avec eux, c'est cette hypothèse qui nous semble la plus crédible.

Si l'on se rappelle que nous avons laissé Joséphine à Vienne en ce mois de juin 1812, seule, libre, puisque Thérèse, sa sœur, a emmené ses six neveux et nièces se reposer à la campagne, cette dernière est donc définitivement écartée des rangs. Joséphine vient de traverser une crise conjugale particulièrement douloureuse. Son second époux, le baron von Stackelberg l'a abandonnée, sans ressources, sans lui donner la moindre nouvelle. Or, vers qui, de tout temps, s'est-elle toujours tournée lorsque le sentiment de solitude, le désarroi s'emparent d'elle ? Vers Ludwig. D'autant plus qu'elle n'a jamais cessé d'aimer le musicien, sa lettre de rupture le lui dit très bien : jamais il ne lui sera indifférent. Nous le savons encore grâce au journal de Thérèse : le 2 février 1811, bien après son mariage avec Christoph von Stackelberg, elle demande à sa sœur de lui recopier la lettre que Beethoven lui a envoyée. Vers qui, maintenant qu'elle sait son nouveau mariage désastreux et sa vie vouée au pire des naufrages, pourrait-elle mieux tendre les bras, sinon vers le seul être qu'elle aime ? Dans quels autres moments peut-elle mieux mesurer l'erreur de l'avoir repoussé, alors que tout était encore possible ?

De plus, les termes de sa dernière missive, cette lettre de rupture qu'elle a essayé de nuancer plus tard, en envoyant son portrait au musicien qu'elle souhaitait revoir avant son deuxième mariage, prouvent à quel point elle ne s'est éloignée de lui que pour des motifs qui lui étaient extérieurs : contrainte familiale, crainte d'une mésalliance, souci de l'avenir de ses enfants dont elle ne peut tout à fait se désintéresser...

Entre ce mois de juin 1812 et l'automne de cette même année, nul ne sait, officiellement, où Joséphine a disparu. Dans l'hypothèse où elle aurait rejoint Ludwig à Prague, pouvait-elle avouer son identité, se faire connaître ? Bien sûr que non. Joséphine est toujours une femme mariée, une femme qui appartient à la haute aristocratie. Or, Prague, Karlsbad, comme Toeplitz, restent les villégiatures mondaines en vogue ; il est donc tout à fait normal que la jeune femme ait fui toute relation qui pouvait trahir sa présence, et parfaitement logique qu'elle ait préféré l'incognito... Reprenons maintenant les termes de la lettre, de ce triptyque amoureux écrit par Ludwig dans la fièvre de son départ pour Toeplitz. Ce qui ressort indubitablement de ces missives, c'est que l'amour éprouvé par Ludwig était partagé. « Notre amour... » « Quel que soit ton amour pour moi, pourtant je t'aime encore plus fort. »

Il ne s'agit donc pas d'une amourette, de l'un de ces coups de foudre dont le musicien est familier, une romance sur laquelle il extrapole, avouant ses sentiments dans l'attente d'une réponse. De toute évidence, les aveux ont été suivis de tendres relations qui autorisent Ludwig à parler de « liaison ». Et comment pourrait-il écrire en ces termes si l'Immortelle bien-aimée ne partageait pas ses sentiments ?

De surcroît, il s'agit d'une liaison avec une femme qu'il tutoie, à laquelle il écrit « Tu connais ma fidélité envers toi, jamais aucune autre ne peut posséder mon cœur... » Donc qu'il fréquente déjà depuis un certain temps. Seulement elle n'est pas libre, cette bien-aimée. Quelque chose, ou quelqu'un, occulte l'avenir : il est question de profond chagrin, de résignation : « Notre amour peut-il exister autrement que par des sacrifices, par l'obligation de ne pas tout demander », et pourtant, ensemble, ils caressent l'espoir d'une solution, d'une libération de ces liens : « peux-tu faire autrement que tu ne sois pas toute à moi et moi à toi ? » « Tu souffres, toi mon être le plus cher » « ... je ferai que je puisse vivre avec toi... » « Vivre, je ne le peux qu'entièrement avec toi ou pas du tout, j'ai même résolu d'errer au loin jusqu'au jour où je pourrai voler dans tes bras et pourrai me dire tout à fait dans ma patrie auprès de toi... »

Comment concevoir ces liens autrement que par des engagements conjugaux ? S'il s'agissait d'une jeune fille, Ludwig n'hésiterait pas, comme il l'a prouvé par le passé, à demander sa main à ses parents. Il s'agit donc bel et bien d'une femme mariée, et mal mariée, malheureuse en ménage puisqu'elle aspire à quitter son époux, une femme qui lutte pour retrouver son indépendance. C'est très exactement le cas de Joséphine. Et combien de temps lui faudra-t-il attendre ? Seul le Destin, auquel ils livrent tous deux leur avenir, peut en décider. Certes, Stackelberg a disparu, peut-être même est-il mort quelque part, mais Pépi n'en a jamais eu la preuve, dans ces conditions comment pourrait-elle vivre avec son amant en redoutant la réapparition d'un époux bien légitime ? Non, l'honneur de son nom, la basse extraction de son amant, l'intérêt même de ses enfants qui seraient éclaboussés par le scandale lui interdisent, sauf dans les bras de Ludwig, de caresser ce rêve.

Il faudrait à Joséphine un courage et une force exceptionnels pour braver l'opinion publique de son époque, or ces qualités, Joséphine ne les possède pas. Sans doute est-ce pour cette raison qu'ils se sont quittés si vite, à Prague, après quelques nuits de passion. « O Dieu, pourquoi faut-il s'éloigner de ce qu'on aime ainsi, et pourtant ma vie à Vienne maintenant est une vie misérable – ton amour a fait de moi le plus heureux et le plus malheureux des hommes. » Serait-ce que, bien avant Prague, Ludwig aurait été très heureux dans la capitale autrichienne, avec son ange, son tout, son amour ?

Qui d'autre que Joséphine lui a procuré ce plaisir, ce bonheur ? Bettina Brentano, à laquelle certains biographes ont pensé, n'a jamais vécu à Vienne, d'ailleurs, à la date du 6 juillet 1812, elle a quitté la vie de Ludwig, pour convoler le 11 mars 1811 avec Achim von Arnim auquel elle donnera un enfant, précisément au moment des lettres à l'Immortelle bien-aimée... Quant à sa sœur, Antonia Brentano, présente cet été à Karlsbad où devaient être adressées les lettres « A l'Immortelle bien-aimée » intimement liée, dans l'esprit de Ludwig, à son mari et à sa fille Maximilienne, le ton d'amitié respectueuse et presque fraternelle, qu'il prend pour s'adresser à elle, écarte l'hypothèse même d'une quelconque relation amoureuse. Quoi qu'en pense Maynard Solomon qui voit en elle la bien-aimée, celle à laquelle Beethoven a dédié ses *Variations Diabelli* où il cite *Don Giovanni.* Ne parlons même pas de la dernière hypothèse celle du cinéaste Bernard Rose, réalisateur et scénariste du film *Ludwig von B* qui lui, a retenu Johanna van Beethoven, la « Reine de la nuit », tant haïe par le compositeur. Enfin en ne postant pas ces lettres, Ludwig fait l'aveu, par cet acte manqué, de sa tristesse, de sa résignation et de sa parfaite lucidité sur leur situation.

Reste que l'on ne sait rien de ce qu'a fait l'Immortelle bien-aimée, ces 6 et 7 juillet 1812. D'autant que lorsqu'elle réapparaît à Dornbach, quelques semaines plus tard, auprès de sa sœur et de ses enfants, c'est pour annoncer à Thérèse qu'elle est enceinte et pour lui demander de se tenir prête à recueillir ce septième enfant, dans le plus grand secret. Comment expliquer cette grossesse, preuve criante de l'adultère ? Joséphine prie pour que son mari ne ressurgisse pas avant son accouchement, mais ses vœux ne sont pas exaucés : le 4 décembre de cette même année, Christoph von Stackelberg rentre dans la vie des deux femmes aussi soudainement qu'il en était sorti pour satisfaire soi-disant une soif irrépressible de retraite, de prières, de dialogue avec Dieu. Bien évidemment, sa situation financière, donc celle de Joséphine, ne s'est pas améliorée et les créanciers sont à ses trousses.

Le 9 avril 1813, soit neuf mois presque jour pour jour après la rédaction de la lettre à l'Immortelle bien-aimée, remarquent Jean et Brigitte Massin, une petite fille, Minona, voit le jour reconnue par Christoph von Stackelberg qui n'assiste ni à sa naissance, ni à son baptême. « J'étais la marraine, et l'enfant me fut pour ainsi dire donnée », relate Thérèse dans ses Mémoires.

Les deux sœurs, qui craignent la colère et les terribles humeurs du baron, ne perdent pas de temps. Au lendemain du baptême Thérèse s'enfuit avec le nouveau-né qu'elle va cacher pendant un an, loin de Pépi qui pleure cet enfant qu'elle ne peut bercer avec les seuls délicieux souvenirs d'amour qu'elle ait jamais connus.

Certains biographes demeurent sceptiques : selon eux jamais Ludwig, qui avait toujours ardemment désiré un enfant, n'aurait supporté que sa fille portât un autre nom que le sien, même si, à l'époque, la reconnaissance d'un enfant adultérin né dans le mariage eût été impossible.

Encore faudrait-il, pour crédibiliser cette objection, que Beethoven ait eu connaissance de l'existence de l'enfant. Or, aucune lettre, aucun courrier entre les Brunsvik et lui ne relatent cette naissance. Joséphine, après avoir pris la décision de renoncer à vivre avec le seul amour de sa vie, n'aurait pas eu la cruauté ni même l'imprudence, lorsque l'on sait les réactions imprévisibles de Beethoven, d'informer son amant de cette grossesse !

Enfin, si l'on analyse ces événements du point de vue de Joséphine, qui d'autre que Ludwig aurait pu être son amant ? Rappelons-nous les termes de sa première rupture avec lui. Elle lui reproche bien de n'avoir pas su respecter son honneur, mais elle lui écrit qu'elle l'aime, même si cela lui est interdit. Or, à cette époque, elle est libre : son premier mari est mort. Qui d'autre que Beethoven aurait-elle pu rencontrer, entre cette rupture, et ce mois de juin 1812, enfermée dans une immense propriété en Moldavie, enceinte par deux fois ? On ne peut croire que Joséphine von Stackelberg, même dans un moment de frivolité, ait changé d'état d'âme et d'esprit, au point de se donner à un inconnu qu'elle n'aurait vu que quelques jours plus tôt, alors qu'elle aimait toujours Beethoven... Non, au regard de tous ces événements, il semble presque incontestable que Ludwig soit le père de Minona, et Joséphine, l'Immortelle bien-aimée. Bien-aimée de loin, horriblement malheureuse lorsque, après huit mois trop brefs de bonheur avec sa petite fille, le baron qui s'était à nouveau volatilisé en février 1814 réapparaît brusquement et, après une scène déchirante pour Pépi, lui arrache tous ses enfants avant de disparaître, à jamais, de sa vie. Elle ne les reverra plus. Sept ans plus tard, elle mourra. Elle avait quarante-deux ans...

Enfin, dernier fait troublant, relaté par André de Hesevy, d'après une communication de la famille Brunsvik : « Minona von Stackelberg devait s'éteindre à quatre-vingt-trois ans, le 27 février 1897. Thérèse était morte en 1861. Un peu après la mort de sa tante, Minona qui voulait faire des recherches sur sa mère demanda à celui de ses cousins auquel Thérèse avait légué ses papiers de les lui communiquer. Le cousin confia donc tous ses documents à Minona qui, peu de temps après, apprit que sa femme de confiance s'était enfuie en Amérique avec son amant, emportant diverses choses, dont des lettres adressées à Beethoven à Joséphine et à Thérèse. En fait, Thérèse conservait méticuleusement toute la correspondance qu'elle recevait, et ses carnets mentionnaient à plusieurs reprises des lettres de Beethoven, dont pas une seule ne fut, par la suite, retrouvée dans ses papiers.

Il reste, de cet amour impossible, les regrets de Thérèse, dont le premier, daté de juillet 1817 – Minona a alors quatre ans – semble être l'aveu le plus flagrant d'une aventure entre le musicien et Pépi :

Juillet 1817 :

« Joséphine ne supporte-t-elle pas ce châtiment à cause de Luigi ? ô malheur ! – sa femme ! – Que n'aurait-elle pas fait avec ce héros ? »

Et encore en février 1846 : « Beethoven ! Pourquoi ma sœur Joséphine ne l'a-t-elle pas épousé quand elle était veuve de Deym ? Elle aurait été plus heureuse avec lui qu'avec Stackelberg ! C'est l'amour de ses enfants qui l'a décidé à renoncer à son propre bonheur !

Comme Beethoven a été malheureux, malgré ses si grands dons d'esprit ! Dans le même temps, Joséphine était malheureuse !

Le mieux est l'ennemi du bien. Tous deux ensemble auraient été heureux, peut-être ! »

Mars 1847

« Beethoven – qui lui était intimement apparenté d'esprit avec elle ! – l'ami de la maison et de cœur de Joséphine ! Ils étaient nés l'un pour l'autre, et ils vivraient tous les deux s'ils étaient unis. »

C'est ainsi que s'achèvera ce bel amour après lequel Beethoven n'envisagera plus jamais de se marier, gardant jusqu'à la fin de sa vie, serrée contre son cœur, cette lettre qui voulait encore croire à un bonheur possible : « Vivre, je ne le peux qu'entièrement avec toi ou pas du tout... »

Quelques semaines après cette grande passion, Beethoven après un séjour à Franzensbad retrouve Toeplitz. Un grand nombre de curistes sont déjà repartis plongeant la ville dans un calme qui convient mieux au musicien de plus en plus agressé par le bruit sourd de la foule.

Amalie Sébald est là avec des amis russes, mais malgré le plaisir de la retrouver, Beethoven est en mauvaise santé. L'échec malheureux de son amour le poursuit, et de nouveau avec la chute des feuilles et l'humidité du temps d'automne, ses incontournables malaises le reprennent ; mais il veut oublier. Alors, comme toujours lorsqu'il a besoin de réconfort, il marche. Il marche indéfiniment. Parcourt la forêt, à la recherche dans la nature d'une force qui lui échappe, de ressources qu'il ne trouve nulle part ailleurs. Hélas, c'est la maladie qu'il rencontre. Il a pris froid, il est obligé de garder le lit, surveillé par Amalie promue au rang de garde-malade. Le flirt de l'année passée s'est transformé en une amitié amusée, ponctuée de douces plaisanteries. Amalie qui prend son rôle très au sérieux lui interdit les escapades par des temps incertains, compose les menus et va même jusqu'à lui couper une mèche de cheveux qu'elle garde précieusement dans une enveloppe.

Entre Beethoven allongé, étourdi par la fièvre et Amalie au milieu de ses amis russes, les rapports sont essentiellement épistolaires. Quand elle le traite de tyran, il lui répond par écrit :

« Je vous annonce seulement que le tyran est enchaîné au lit comme un esclave. »

Un prisonnier qui feint d'en souffrir :

« Si je pouvais exprimer mes pensées sur ma maladie par des signes aussi distincts que mes pensées en musique, je me tirerais bientôt d'affaire moi-même. » Mais qui trouve à cette situation un plaisir certain, celui d'avoir tout à lui cette jeune femme qui ne sait que faire pour lui être agréable. D'ailleurs pourquoi ne laisserait-elle pas ses amis afin de le rejoindre si sa morale l'y autorise ? Déjà ! Elle accourt :

« Mon tyran a demandé une addition – la voici :

– un poulet : 1 fl. w. w.

– la soupe : 9 x.

De tout cœur, je souhaite qu'elle vous convienne. »

Ce qui semble évident à en lire la réponse de Beethoven :

« Les tyrans ne paient pas, mais il faut que la note soit acquittée, et c'est ce que vous pourriez faire de la meilleure manière si vous vouliez venir vous-même voir votre très humble tyran. »

De toute façon, Beethoven ne veut pas aller plus loin dans ses rapports avec Amalie : elle est douce, serviable, elle l'estime beaucoup ! peut-être ne dirait-elle pas non s'il lui demandait de vivre avec lui ! Mais ce n'est pas elle qu'il aime. Son unique chemin est la musique. Sans Pépi, il y marchera seul :

« Pour toi, il n'y a plus aucun bonheur sauf en toi-même ! Rien désormais ne peut plus m'enchaîner à la vie. De cette façon, avec (?) tout s'écroule. »

Cette phrase écrite dans le journal qu'il commence à tenir régulièrement à l'automne 1812 laisse la lettre initiale de la personne concernée illisible. Pourquoi cette précaution, s'il n'avait peur de compromettre la dame de ses pensées ?

Beethoven sait que sa voie est tracée ailleurs et qu'il lui faut le courage de l'accepter. Il écrit à Ries :

« Mille choses aimables à votre femme. Par malheur je n'en ai pas ; je n'en ai jamais trouvé qu'une qui ne pouvait jamais être à moi ; et cependant cela ne m'a pas rendu ennemi des femmes. »

Celle-là, dont il ne garde que le souvenir et le regret dans le secret de sa mémoire, et que jamais il n'oubliera, il va en nourrir son inspiration. Ce que confirme Edmond Buchet lorsqu'il écrit :

« Nous surprenons ici en mots ce que tant de fois Beethoven a exprimé en musique. Nous assistons au passage du sensuel au mystique, à la sublimation qui lui permettra de créer et de trouver dans cette création la consolation et la justification de l'épreuve. Ces sentiments qui ont inspiré *La Sonate au clair de lune*, *La Pathétique*, tant de mouvements lents et passionnés pleins de cette soif d'absolu qui finit par transcender le désespoir. »

Un profond abattement, que la vie va lui donner

l'occasion de dépasser en luttant pour obtenir la garde et la tutelle de son neveu, Karl Beethoven.

« Étant convaincu de la générosité de mon frère Ludwig van Beethoven, je désire qu'après ma mort il assume la tutelle de mon jeune fils, Karl Beethoven. Je demande donc à la cour de nommer comme tuteur après ma mort mon frère susnommé, et je prie celui-ci d'aider mon enfant comme le ferait un père, moralement et matériellement, en toutes circonstances. »

Vienne, le 14 novembre 1815 :

« Ayant appris que mon frère, Ludwig van Beethoven, désire après ma mort prendre totalement possession de mon fils Karl et l'éloigner de l'influence de sa mère, et sachant que l'entente n'est pas parfaite entre ma femme et mon frère, j'estime nécessaire d'ajouter à mon testament que je ne désire absolument pas que mon fils soit enlevé à sa mère, mais qu'il doit rester auprès d'elle aussi longtemps que sa carrière le permettra ; la tutelle devra par conséquent être exercée aussi bien par ma femme que par mon frère. Cette union seule permettra que soit atteint le but que j'avais fixé en nommant mon frère tuteur. C'est pourquoi, en vue du bien-être de mon enfant, je recommande à ma femme la *soumission* et à mon frère la *modération.*

Que Dieu permette qu'ils s'entendent pour le plus grand bien de mon enfant ! C'est là le dernier souhait d'un mari et d'un frère qui va mourir ! »

C'est le 15 novembre 1815, lors de la mort de son frère Karl, que Beethoven reçoit ces deux testaments, rédigés à deux ans d'intervalle. Immédiatement il soupçonne une manipulation. Il est persuadé que le dernier codicille a été rajouté sous la pression de sa belle-sœur alors que Karl n'était plus en état de faire valoir sa volonté.

Depuis le début de l'été, Beethoven, qui le sait atteint de tuberculose depuis deux ans et condamné, ne cesse de s'interroger anxieusement. A-t-il été bon avec lui? L'a-t-il aimé comme il le devait? A-t-il bien rempli ce rôle d'aîné et de protecteur, auprès de ses deux frères comme il l'avait promis à leur mère sur son lit de mort? De toute évidence, non, et ce n'était pas faute de s'y être appliqué. Ainsi, à son retour de Toeplitz en 1812, au lieu de rentrer directement à Vienne il avait fait le détour – un long voyage – jusqu'à Linz où Johann habitait depuis quatre ans.

Célibataire, cet autre frère « non fraternel ! », selon Beethoven s'était installé à son compte comme apothicaire. Ce qui lui avait permis de constituer très rapidement l'une de ces fortunes de guerre douteuses et nauséabondes. Profitant du passage de Napoléon, il avait vendu à prix d'or ses produits pharmaceutiques aux armées, s'engraissant sur le dos des malheureux Autrichiens ou Français, victimes des combats qui faisaient rage. La chose n'avait rien d'étonnant si l'on se rappelle que déjà, lorsque Beethoven lui avait confié la gestion de ses affaires, Johann n'avait cherché qu'à tirer un profit personnel de la situation, mentant et trichant sur tous les comptes. Un portrait par Léopold Gross nous le montre l'air satisfait et retors : terriblement ordinaire !

A Linz, devenu un commerçant prospère et gras qui se teignait les cheveux et s'exhibait dans un attelage rutilant, il se faisait aider dans son ménage par la belle-sœur de son propriétaire, Thérèse Obermayer. Et Thérèse, bien entendu, était devenue sa maîtresse, au grand dépit de Ludwig qui n'avait jamais ménagé son frère.

C'est ainsi qu'un jour, à la suite d'une dispute, l'apercevant dans une salle de concert, il s'était exclamé :

– Chassez immédiatement ce monsieur en habit vert, le troisième au quatrième rang : c'est mon frère, et si cet animal prosaïque reste là, le diable m'emporte, je ne fais pas exécuter ma musique !

– Mais, cet homme a payé sa place, il n'y a aucune raison de mettre ainsi dehors un auditeur ! avait tenté de négocier l'agent de police auquel Beethoven, inflexible et rouge de colère, avait répliqué :

– Qu'importe, si mon frère reste, je m'en vais.

L'agent avait été obligé de demander à Johann de sortir ou de se... cacher !

La liaison entre Johann et Thérèse durait donc depuis deux ou trois ans déjà lorsque, à l'automne 1812, Beethoven à peine arrivé à la pharmacie demande à son frère un entretien en tête à tête. Très vite le ton monte. Johann se rebiffe : de quoi se mêle Ludwig ? Ludwig joue les moralisateurs, les défenseurs de l'ordre et de la vertu.

Les scènes violentes se succèdent, vaines et épuisantes. Ludwig exige que la jeune femme s'en aille, qu'elle ne réside plus sous le même toit que Johann, défiant ainsi la plus élémentaire discrétion. Johann ne veut rien savoir et les deux frères en viennent aux injures verbales, puis aux mains... Jusqu'au moment où Beethoven, désemparé devant le refus obstiné de son frère d'entendre raison, s'adresse à la police, puis à l'évêque de Linz auquel il demande d'intervenir.

Comment a-t-il pu, lui si tolérant d'habitude, en arriver là ? Probablement parce qu'il a trop souffert de ces constants rappels à sa basse extraction pour accepter que ses frères en apportent la preuve flagrante par leur mauvaise conduite. De la police, il exige un procès-verbal de concubinage et un mandat immédiat d'expulsion à l'égard de Thérèse. Mandat qu'il obtient sans difficulté, grâce à sa renommée. Thérèse a trois semaines pour quitter la ville. C'est un ultimatum auquel Johann répond sur-le-champ en s'empressant d'épouser sa concubine, une décision qu'il n'aurait sans doute jamais prise sans l'intervention drastique de son frère. Le mal est fait : Thérèse Beethoven est malheureusement une personne peu intéressante, aigrie et perfide qui, pour un peu, embrasserait volontiers ce beau-frère tant détesté grâce auquel elle a enfin gagné cette respectabilité qui lui était interdite. Quant à Ludwig, il n'a plus qu'à assister impuissant à un mariage qu'il a pratiquement forcé.

Le lendemain de ces noces, qui le ridiculisent un peu mais qu'il a suivies pourtant jusqu'au bout, Beethoven prend le chemin du retour sans avoir le moins du monde changé d'opinion ni envers cette nouvelle belle-sœur qu'il traite de « souillon » ni envers sa fille qu'il appelle « La bâtarde ».

Mais c'est à Linz, dans cette ambiance de violence, d'injures et de rancœurs que le compositeur a achevé la *Huitième Symphonie*, empreinte de « naïveté, de grâce et de douce joie », écrira Berlioz cinq ans plus tard dans *La Gazette musicale*.

Le retour à Vienne est sinistre. Personne ne l'attend. A défaut de savoir à qui parler, à qui se confier, il commence à tenir régulièrement son journal, mais plus il écrit, moins il compose. Et puis les leçons à l'archiduc lui pèsent ; sur les cent dix lettres qu'il enverra à Rodolphe, plus de la moitié tentent de justifier des cours de musique qu'il n'a pu – ni voulu – lui donner. Autant de signes de fatigue auxquels viennent s'ajouter d'autres ennuis.

A peine réinstallé dans la capitale pour y passer l'hiver, Beethoven, déjà en procès avec le prince Lobkowitz qui a toujours des difficultés à payer la part de la rente qu'il lui doit, va se retrouver confronté aux héritiers du prince

Kinsky qui vient de succomber des suites d'une chute de cheval ; or, après la dévaluation de la monnaie autrichienne (environ plus de la moitié de sa parité), les signataires du contrat de Beethoven avaient considéré qu'ils avaient tout de même une « dette d'honneur » vis-à-vis du musicien, qui lui garantissait la presque totalité de la somme pour laquelle ils s'étaient engagés. Hélas, cette promesse avait été faite oralement et, lorsqu'il va s'agir de payer, les héritiers du prince Kinsky vont en revenir au texte initial ; et voici Beethoven de nouveau engagé dans des procès. Cette fameuse sécurité financière pour laquelle il s'était tant inquiété et qu'il croyait acquise est en train de s'effriter...

Beethoven, assoiffé d'affection, est malheureux. Sans amis auprès de lui, déçu par les querelles douloureuses qu'il vient de vivre avec Johann, il n'a pas même la consolation de pouvoir se tourner vers Karl en qui il n'a plus confiance : des feuillets de ses compositions ont trop souvent disparu, vendus à des éditeurs différents. Depuis longtemps, les deux hommes s'invectivent à tout bout de champ, en viennent régulièrement aux mains. Mais, chaque fois, c'est Beethoven qui, trop malheureux, cède le premier, se jette aux pieds de son frère et s'excuse de sa brutalité.

Aussi, lorsqu'il apprend que Karl est aux portes de la mort, Beethoven est éperdu, bourrelé de remords. Ses scènes, ses admonestations lui reviennent en mémoire comme autant de reproches murmurés par le souvenir de sa mère. Pourtant lorsque Karl, employé à la Banque Nationale d'Autriche, avait lui aussi souffert des dévaluations répétées de la monnaie, Ludwig s'était empressé de lui prêter de l'argent, au grand dam de ses amis. Mais aujourd'hui, confronté à l'agonie de son frère, il perd la tête, cherche à réparer des fautes qu'il n'a pas commises, court dans toute la ville pour réaliser les derniers désirs de son cadet : Karl veut des paons ? Beethoven se débrouille pour en trouver, s'adresse à une connaissance, court vers les Ursulines qui sauront peut-être où s'en procurer. « Peu importe ce que cela coûtera, puisqu'il s'agit de lui faire plaisir ! »

Karl veut vendre son râtelier à pipes ? Beethoven fait appel à son amie Antonia Brentano dont l'une des relations mondaines et fortunées pourrait être intéressée.

Karl est inquiet pour ses chevaux qui se trouvent à Lang-Enzersdorf ? C'est à Brauchle, l'amant de Marie d'Erdödy, qu'il demande d'en prendre soin. « N'épargnez pas la dépense, je la supporterai avec joie. Cela ne vaut pas la peine de laisser quelqu'un souffrir pour quelques malheureux guldens. »

En fait, Beethoven n'a jamais cessé de tenir son rôle de « père de famille » ! A dix-sept ans déjà, il nourrissait ses frères avant que de leur trouver du travail à Vienne. Malgré leur manque d'honnêteté, de scrupules, de reconnaissance, malgré leur absence totale d'affection en retour, il n'avait jamais fui sa responsabilité. Sans la moindre rancune privilégiant toujours la relation fraternelle, si malsaine soit-elle. Aux devoirs de frère aîné, il accorde beaucoup trop d'importance, au point d'être maladroit comme il vient de l'être avec Johann, hélas Karl, dans son mariage, n'a pas fait un meilleur choix. Peut-être même est-il pire ! Sa compagne, que Beethoven appelle « la Reine de la nuit », allusion à la cruelle souveraine de *La Flûte enchantée*, est indigne. Quatre années auparavant, elle a été condamnée à un mois de prison pour avoir volé son mari ; que par ailleurs, elle trompe allègrement. Que n'ont-ils tous deux écouté Beethoven qui leur avait maintes fois conseillé de se méfier des femmes ?

Pour l'heure, lui qui a signé le premier testament sans rechigner, n'a pas hésité une seule seconde quand son frère lui a demandé de prendre son fils en charge. A qui d'autre, aux portes de la mort, pourrait-il se fier lui qui sait sa femme incapable d'assurer seule l'éducation de l'enfant. ?

Mais, celle-ci profitant de l'état de faiblesse extrême du mourant parvient à lui faire modifier le testament : ils sont maintenant deux à assumer la charge de tuteur, deux adultes qui se haïssent et se méprisent.

Beethoven ne pourrait-il pas renoncer à ses promesses, confronté à cette clause nouvelle qu'il découvre à la mort de son frère ?

Ce serait mal le connaître ! Lui qui s'est engagé deux ans auparavant, de vive voix, devant Karl encore lucide, la maladie n'ayant pas trop affecté son intelligence. Pourtant, à cette époque déjà, Stephan von Breuning avait déconseillé à Beethoveen d'accepter cette tutelle.

Connaissant bien son ami, pour avoir cohabité avec lui quelque temps, il le savait sans horaires fixes pour les repas, désordonné, négligé, instable, toujours prêt à déménager, nerveux, irrascible.

Qu'allait-il faire de cet enfant ? Lui qui sait à peine s'occuper correctement de lui-même ! qui vit dans un laisser-aller inouï totalement coupé du monde et des visites qu'il refuse ; changeant sans cesse – et sans raison – de serviteur tant sa surdité le rend méfiant et soupçonneux.

Mais, Beethoven a donné sa parole, et rien ne peut plus l'arrêter, encore moins cette « mauvaise femme ». Il transforme l'affaire en un combat personnel contre le mal, et pour la sauvegarde de l'âme de son neveu... et commence sans s'en douter l'un des épisodes les plus douloureux de sa vie.

Karl Junior a neuf ans lorsque Beethoven accepte cette tutelle, en toute connaissance de cause. Il serait malhonnête d'affirmer qu'il ne le fait que contre sa belle-sœur. Par ce geste, il va pouvoir exprimer ce sentiment paternel dont il a toujours rêvé. Dans son journal il écrit :

« Tu considéreras K. comme ton propre enfant et négligeras toutes les misères et tous les bavardages dans ce but sacré. Les conditions actuelles de ta vie sont dures, mais il existe Celui qui est Là-Haut, et, sans Lui, il n'y a rien.

Renonce aux opéras et à tout le reste, écris seulement pour ton orphelin, puis trouve une chaumière où terminer ta misérable vie. »

Beethoven, qui ne veut pas partager avec cette femme qu'il déteste la responsabilité de l'enfant, en demande la garde dès la mort de son frère.

Deux mois après, le jugement est rendu en la faveur de Ludwig.

Dès lors, sans restriction aucune, il offre au petit garçon la tendresse paternelle qu'il n'a jamais connue et l'affection maternelle qu'il a trop vite perdue. Lui qui a toujours rêvé de fonder un foyer, qui adore les enfants de ses amis, ceux de Marie d'Erdödy, la fille d'Antonia Brentano, déborde d'affection inassouvie.

Ses amis sont tous dispersés : Kinsky et Lichnowsky sont morts, Razumowski a rejoint la Russie après l'incendie de son palais, emmenant avec lui son fidèle Schuppanzigh ; Ries est en Angleterre, Amenda en Courlande, les Bigot à Paris. Seule Marie d'Erdödy passe son temps entre Vienne et ses terres de Croatie.

Mais en dehors de cette dernière avec qui il s'est réconcilié, et de Zmeskall, le fidèle Zmeskall, Beethoven est seul. C'est pourquoi ces derniers temps, on le voit souvent dîner à l'auberge, chercher le contact des gens, se rendre régulièrement chez son éditeur Artaria, « à pas courts et rapides, passer très vite sans lever les yeux, comme pour ne pas être remarqué et se diriger vers le bureau privé ». De sa voix trop forte il marmonne :

« Je n'ai pas de veine, tous mes amis sont loin, et je me trouve seul dans cette sale ville de Vienne. »

Mais aujourd'hui enfin, il a Karl... A cet enfant qui fait irruption dans sa vie, il offre une tendresse envahissante, inexpérimentée et par conséquent maladroite. De son côté, Karl découvre avec stupeur, du jour au lendemain, un oncle qu'il n'a jusqu'alors que rarement entrevu. Pire, le souvenir qu'il en garde est celui d'une querelle le jour où Ludwig était entré comme une furie chez eux hurlant à l'intention de son père :

– Voleur qu'as-tu fait de mes partitions ?

Après en être venu aux mains, Karl avait fini par jeter à la figure de Ludwig un paquet de feuillets de musique que celui-ci avait abandonné sur place, écœuré, effondré.

L'enfant se souvenait fort bien que son père traitait son oncle de « dragon ». Et désormais c'était avec ce personnage étrange, bourru, redouté, et pratiquement sourd, qu'il allait devoir partager sa vie. Un oncle qui ne relâche plus sa surveillance, ne cesse de prodiguer des conseils de bonne éducation, malgré le désordre invraisemblable de son appartement et l'extravagance de son emploi du temps.

Beethoven prend très au sérieux son engagement : il fait de son neveu son héritier, mieux, « son fils », et il entreprend d'évaluer le niveau de son éducation. Une mise au point qui tourne rapidement court tant l'inculture de l'enfant, la grossièreté de ses manières, l'effraient. Très vite, prenant conscience qu'il ne peut, devant l'ampleur de la tâche, apporter à Karl les connaissances qui lui manquent, il se met en quête d'une pension susceptible d'accueillir l'enfant, et de l'aider à rattraper son retard. Dans le même temps, cette décision le ronge. Se séparer de son neveu lui coûte affectivement... comme il lui en coûte financièrement. Jamais sa situation n'a été plus désastreuse. Les procès avec les héritiers de ses mécènes, celui qu'il mène contre « la Reine de la nuit » le saignent aux quatre veines et les aides du baron Pasqualati endiguent à peine cette hémorragie financière.

A ces problèmes, s'ajoutent les déficiences toujours plus graves de sa santé. Beethoven ne connaît plus un jour de répit. Mais paradoxalement, c'est Karl, et la cohorte de soucis qu'entraîne son éducation, qui insufflent à son oncle une force et des ressources qu'il ne rechercherait pas, s'il était seul, livré à lui-même.

« Je ne tiens pas à la vie ; je m'y accroche seulement à cause de Karl. » C'est bien cet enfant et les complications qui s'ensuivent qui finalement après cette atroce année 1813 l'occupent, lui donnent un semblant de raison de vivre, éloignent ces idées de suicide, qui l'obsédaient deux ans auparavant lorsqu'il écrivait dans son journal :

« Résignation, résignation profonde à ton sort ! »

« O conditions terribles ! Vous me laissez l'amour du foyer et me ravissez en même temps la faculté d'en jouir ! Mon Dieu, abaisse tes yeux sur le malheureux B. ; permets que les choses ne demeurent pas ainsi ! »

Et plus loin :

« Décision des médecins sur ma vie. Si je ne puis être sauvé, dois-je faire usage de... ? Achever rapidement auparavant ce que je n'ai pu encore terminer. Consultation avec ++++. »

Cet enfant est devenu sa raison d'être, d'exister, de se battre. Après quelques jours de recherches, il trouve enfin une pension qui lui agrée : l'Institut Giannatasio del Rio auquel les aristocrates confient volontiers leurs enfants. L'institut a bonne réputation ; mais le prix en est élevé : 1100 florins.

« Combien il faut gagner pour arriver seulement à vivre ! cela n'a pas de fin... »

C'est ainsi qu'un beau matin de l'année 1816, Beethoven bien à contrecœur se rend à la pension après s'être annoncé par courrier :

« J'ai le grand plaisir de vous faire savoir que demain enfin je vous amènerai la charge précieuse qui m'a été confiée. Je vous prie encore une fois de ne pas permettre à sa mère de décider des visites qu'elle lui fera : je discuterai moi-même de tout cela en détail avec vous demain... »

Ajoutant pour justifier cette requête :

« La nuit dernière, " la Reine de la nuit " a été au Bal des Artistes jusqu'à trois heures du matin, dévoilant non seulement son caractère, mais aussi son corps... il paraît que pour vingt florins on pouvait l'avoir ! O horreur ! Pouvons-nous confier notre cher trésor à de telles mains, fût-ce pour un instant ? » Non jamais Beethoven ne pourra accepter de déléguer à cette « créature » l'éducation de ce neveu dont il veut faire un prince et qu'il vient de confier à Czerny, son ancien élève virtuose, chargé de lui enseigner la musique...

D'ailleurs, le choix de cette pension va très indirectement, apporter à Beethoven des joies et de petits bonheurs auxquels il ne croyait plus. Ces nouvelles affections, dont il a si intensément besoin...

Giannatasio del Rio, propriétaire de l'Institut, est l'heureux père de deux jeunes filles, Nanni et Fanny ; Nanni déjà fiancée à un certain Léopold, lui aussi atteint d'un début de surdité, est la plus jolie.

Fanny, moins dotée par la nature, compense sa disgrâce physique par un don musical très vif. On peut imaginer la surprise un peu effrayée des deux jeunes filles lorsque Beethoven fait irruption dans leur univers pour installer son neveu à la pension. Énervé, inquiet, il tourne dans la pièce tendant l'oreille vers Nanni et Fanny qui n'osent trop élever la voix de peur de le blesser, mais qui sont fascinées par cet homme, ce génie, dont on parle tant. Fanny surtout qui adore l'œuvre de Beethoven. Sentimentale de tempérament, éperdue d'admiration, elle va très vite confondre dans son cœur la musique et le musicien, et en quelques semaines tomber irrémédiablement amoureuse du compositeur. Ludwig trop préoccupé par son neveu, trop malade, trop résigné à ne plus connaître les joies de l'amour ne voit rien, ne remarque rien des multiples attentions de la jeune fille, de sa passion dont seul le journal fait état.

Fanny, par le biais de son piano sur lequel elle joue des lieder de Beethoven, va chercher à entrer plus intimement dans sa vie, mais la porte semble maintenant fermée à toute femme ; même s'il continue à les regarder avec plaisir, à les taquiner, à s'en amuser, « son amour masculin pour les femmes se transforma en amour maternel pour son neveu », constatent R. et E. Sterba, deux de ses innombrables biographes.

Le soir, les conversations s'éternisent faubourg du Landstrasser-Glacis où la pension s'est réinstallée suivie par Beethoven qui a loué un petit appartement à proximité de ses nouveaux amis. Avec eux il évoque son enfance, ses parents, il parle, « avec grand amour et respect », de sa mère, de son grand-père, de ses meilleurs amis et installe une intimité d'autant plus manifeste qu'il faut lui parler dans le creux de l'oreille. A quarante-six ans, les tempes grisonnantes, les cheveux savamment ébouriffés non sans quelque coquetterie, il est encore séduisant pour qui sait lire au fond de ce regard perçant, inquiétant. Mais Dieu qu'il est difficile à cerner ! Quand il est de bonne humeur, il est exquis, naïf, spontané...

comment résister à son rire lorsque, ôtant sa veste sur un coude de chemise largement troué, il s'excuse : « Puisque maintenant vous l'avez vu !... » et finit de retirer ladite veste qu'il pose avec des soins exagérés sur le dos de la chaise.

Hélas, il lui arrive aussi d'oublier les convenances et de redevenir familier au-delà de ce que permet l'amitié de ce nouveau foyer, et, ses plaisanteries grasses, ses éclats de rire forcés gênent celles et ceux qui lui sont pourtant tout acquis, totalement enclin à tout lui pardonner.

Que dire de ces perpétuelles sautes d'humeur dont on ignore les causes ? Ces disparitions soudaines qui plongent ses amis, qui craignent de l'avoir blessé, dans de lancinantes interrogations. Pour un rien, il se ronge les sangs, se torture ; s'enfuit puis revient parfaitement détendu. C'est ainsi que, par un beau matin, la porte de la pension s'ouvre sur Beethoven, faisant surgir de derrière son dos un bouquet de violettes qu'il tend à Fanny :

« Je vous apporte les prémices du printemps ! » lui dit-il en esquissant un pas de danse !

Comment pourrait-elle ne pas rêver ?

Cet été-là, Beethoven, qui a choisi Baden pour sa cure annuelle et sans doute aussi pour fuir Toeplitz et ses souvenirs, découvre avec tristesse que Karl boude les joies de la nature, cette nature merveilleuse et généreuse qui l'a toujours subjugué... L'enfant le suit comme un boulet, déjà agacé par les transhumances mobilières de son oncle. Il faut dire que les déménagements du compositeur, lorsqu'il part pour la campagne sont toujours épiques et ne manquent pas de faire s'esclaffer ses voisins devant l'attelage croulant sous des piles de meubles et de rames de feuilles de musique qui coincent tant bien que mal le piano. Un spectacle extravagant qui choque et gêne l'enfant peu rassuré par la manière dont son oncle réaménage leurs appartements une fois arrivés. Mis à part le piano et ce qui lui sert de bureau, rien ne l'intéresse. On imagine l'aspect de ces pièces que la famille del Rio découvre sidérée lorsque, répondant à l'invitation de Beethoven, ils viennent à Baden pour y passer quelques jours. De toute évidence, le compositeur les avait totalement oubliés.

Rien n'est prêt ; les lits ne sont pas faits, la table n'est pas dressée, il n'y a pas la moindre trace d'un éventuel repas, Beethoven n'est ni un homme d'intérieur ni un cordon bleu ! Il s'excuse de ce que le personnel n'a pas fait ce qu'il devait faire. Il a l'air énervé, contrarié.

Finalement, les deux jeunes filles s'installent sur un lit de fortune près du piano, laissant à leur père une chambre attenante.

Fanny est toute tremblante à l'idée de dormir dans ce « sanctuaire musical ». Le musicien l'intrigue, l'attire ; comment en savoir un peu plus à son propos ? Comment résister à la tentation de fouiller dans ses papiers ? Ah si seulement elle pouvait trouver un indice, comprendre sa souffrance, entrer dans son intimité ; cesser peut-être de jalouser cette femme qu'il aime, et qui ne sera jamais sienne ; elle qui est prête à se dévouer corps et âme à lui. Elle revoit son regard brûlant et douloureux lorsqu'il confiait ce secret à son père. Une confidence dont elle finit par trouver la trace incontournable dans ses papiers :

« Mon cœur déborde à la vue de la belle nature, mais elle n'est pas là ! »

Le lendemain matin, c'est un Beethoven hirsute, écarlate et balafré qui les accueille ! Il s'est disputé avec son serviteur, des injures, on en est venue aux coups...

Et voilà le résultat!

Passé le premier moment de stupeur, inconscient de la paranoïa de plus en plus prononcée de Ludwig harcelé par sa phobie du vol, tout l'auditoire éclate de rire... et Beethoven, brusquement détendu, avec eux. Étranges vacances où, tous sentiments confondus, on passe de la comédie au drame sans en mesurer les conséquences.

A la fin de l'été, Beethoven hésite à remettre Karl à l'Institut : pour des raisons financières, bien sûr, mais surtout parce qu'il a envie d'être plus proche de l'enfant. Pendant tout l'été, il l'a eu auprès de lui, présence combien réconfortante après l'aridité de sa solitude. Karl, c'est l'évidence même, le réconforte et il redoute les affres de la séparation. Par ailleurs, cette tentation est contrebalancée par l'ambition qu'il nourrit pour son neveu. Seul, il le sait, il ne parviendra jamais à lui apporter les connaissances qui lui manquent encore cruellement. Il n'a jamais été un bon pédagogue, sa surdité, alliée à ses exigences et à son impatience, risque de compromettre les leçons qu'il voudrait lui donner, voire de les commuer en pugilat. Or tous ses espoirs reposent aujourd'hui sur la tête de Karl. Ludwig rêve d'une dynastie Beethoven, comme il y a eu une dynastie des Bach... « L'enfant deviendra artiste ou savant, afin de vivre une vie plus haute et de ne pas tomber tout entier dans le vulgaire. Il n'y a que l'artiste et le libre savant qui portent leur bonheur en eux. »

Mais que peut ressentir un enfant de dix ans, face à l'ambition d'un oncle à la présence duquel il préfère encore la pension. D'ailleurs, il ne s'en plaint pas; c'est Beethoven qui souffre de solitude, qui culpabilise de le savoir enfermé chez del Rio; Beethoven qui confie ses tourments à son amie Marie d'Erdödy, mère de trois enfants à laquelle il écrit : « Je n'ai pu faire mieux que de le mettre en pension, donc loin de moi, et qu'est-ce qu'une pension, auprès de la sollicitude attentive d'un père pour son enfant – car je le considère comme tel maintenant – et je ne cesse de me demander comment je pourrais avoir plus près de moi ce cher trésor... »

Mais à peine a-t-il envoyé cette lettre qu'il reçoit un courrier de la comtesse lui annonçant la mort subite de son fils. Un drame que Beethoven comprend d'autant mieux qu'il a, maintenant, lui aussi un enfant ; seule consolation, maigre réconfort, il lui répond : « Pensez que vous êtes mère de deux enfants chéris et pleins d'espérance ». Quelle angoisse horrible et soudaine à l'idée que si Karl, par malheur, venait à mourir...

De retour de Baden, Karl réintègre cependant sa pension. L'enfant doit se faire opérer d'une hernie et le musicien est rassuré de savoir son fils à l'abri, bien entouré ; où le serait-il mieux, que chez Giannatasio del Rio ? D'autant que la mère de Karl commence à se manifester : elle réclame un droit de visite, envoie des billets, de véritables torchons en fait, souillés d'injures et de menaces auxquelles Beethoven refuse de répondre. Il est hanté par le retour de « la Reine de la nuit ». Terrifié à l'idée que cette horrible femme pourrait approcher Karl si émotif, si sensible ; si vulnérable encore sous le coup de l'opération... Beethoven, s'il n'est pas encore prêt à prendre son neveu chez lui, bien qu'il le désire ardemment, ne sait que faire pour lui témoigner son attachement, son amour. Le compositeur, si habile à mortifier d'une phrase seigneurs et ministres, se dépense en mille attentions, mille précautions pour cet enfant :

« Le Dr Smetana insiste pour que tu prennes encore plusieurs bains avant l'opération ; le temps est beau et c'est maintenant le meilleur moment. Je t'attendrai à l'entrée des bains... Tu mettras un caleçon, ou bien tu l'apporteras avec toi pour pouvoir le mettre tout de suite après le bain, au cas où le temps fraîchirait de nouveau. Est-ce que le tailleur est déjà venu? quand il viendra, dis-lui de prendre tes mesures aussi pour des caleçons de toile, tu en as besoin...

Adieu mon fils! je suis... à cause de toi...

ton bouton de culotte »

A l'entrée de l'hiver, Fanny s'inquiète : depuis quelques jours, elle n'a plus vu Ludwig à la pension. Elle connaît bien maintenant la faiblesse de sa constitution. Serait-il souffrant au point de ne pouvoir se rendre à ces visites auxquelles il tient plus que tout?

Et puis, un après-midi, on frappe à la porte et Fanny, le cœur battant, découvre le musicien dans un état dramatique. Le teint livide, les yeux brillants de fièvre, la courbe de ses épaules encore accentuée par le poids de son malaise.

– Ça va bientôt être ma fin, lui dit-il en entrant.

– Nous voulons l'attendre longtemps encore, ose-t-elle lui répondre, d'une voix dont elle cherche à déguiser les tremblements...

– Un mauvais homme celui qui ne sait pas mourir! poursuit alors Beethoven : Quand j'étais adolescent de quinze ans, je le savais déjà. Mais sans doute, j'ai encore peu œuvré pour l'Art!

Au bord des larmes Fanny murmure :

– Oh! Pour cela, vous pouvez hardiment mourir!

Et comme s'il n'avait rien entendu, pour lui-même, Beethoven ajoute :

– De tout autres choses s'esquissent dans mon esprit.

Ces autres choses qu'il achève de mettre en musique au moment où l'idée de la mort le hante à nouveau ce sont les six lieder « À la bien-aimée lointaine », op. 98 sur des poèmes de Jeitteles. De ce travail achevé en avril 1816, il n'a parlé à personne. Il n'en a montré ni joué aucune esquisse, pas même à Fanny qui interprète pourtant à merveille quelques-unes de ses autres mélodies, qu'elle aime chanter au musicien. Mais Joséphine est si loin, qui conservait toujours ce privilège... C'est vers elle que Beethoven se tourne une dernière fois, en un ultime cri d'amour.

« La musique n'exprime plus le désespoir pathétique, mais le souvenir douloureux et résigné d'une bien-aimée éternelle. »

Et le souvenir s'éloigne, disparaît au loin.

« Un homme assis sur une colline, à la fin du jour, rêve à sa bien-aimée lointaine et l'appelle », notent Jean et Brigitte Massin.

Pendant les six mois qui vont suivre l'achèvement de ce cycle, Beethoven tiendra sa musique secrète, serrée contre son cœur, pour enfin se décider un jour à les jouer aux deux sœurs del Rio.

Fanny est bouleversée. Brusquement elle a tout compris. Est-ce la musique qui lui a « arraché des larmes », ou ce que la musique lui apprenait ?

« C'est le cœur qui a écrit cela ! Ah ! Que cette femme doit être intéressante !... Celle qui, si entièrement, de son être tout entier, s'harmonise avec lui, celle qui le comprend si bien, doit être très semblable à lui, et donc être d'un très haut prix ! »

Depuis que Nanni lui a dit : « Au moins, tu ne vas pas t'éprendre de lui ? », Fanny est on ne peut plus troublée. « Je ne peux m'empêcher de penser qu'une vie traversée par l'amour, même si elle attire sur elle beaucoup d'orages, vaut mieux pour un cœur aimant qu'une existence unie, monotone et sans nuages. »

A défaut de connaître la vie sentimentale de Beethoven durant les années qui ont précédé leur rencontre, Fanny en pressent toute la souffrance à travers quelques phrases jetées au gré des conversations :

« Depuis cinq ans, il aimait une personne avec laquelle une union aurait fait le plus grand bonheur de sa vie, mais qu'il y avait une impossibilité ; que c'était presque une chimère ; cependant que d'y songer, cela durait encore comme au premier jour. »

Moins discrète, Nanni questionne :

– Et cet anneau que vous portez au doigt ? Aimez-vous donc une autre femme que la bien-aimée lointaine ?

Beethoven sans se fâcher reste muet mais lorsque l'on requiert son avis sur le mariage, sa réponse est claire : il ne veut être enchaîné par aucun lien. Il préfère qu'une femme lui donne tout son amour, « qu'elle le comble de bonheur par cet amour, sans être contrainte d'être liée à lui ».

– Un de mes amis me dit qu'on devrait se marier sans amour ; il est d'ailleurs très heureux, et a beaucoup d'enfants, déclare-t-il froidement ajoutant devant la stupéfaction des deux jeunes filles :

– Quant à moi, je ne peux rien en dire, mais je connais pas de couple dont l'un ou l'autre, au bout de quelque temps, ne se soit pas repenti d'avoir sauté le pas. Et des quelques jeunes filles que j'aurai désiré autrefois conquérir, ce qui m'aurait paru le bonheur suprême, j'ai remarqué, par la suite que je n'avais qu'à bien me féliciter qu'aucune ne soit devenue ma femme... il vaut mieux que les vœux des mortels ne soient pas trop souvent accomplis !

– De toute façon, remarque Nanni, vous auriez toujours préféré votre art à votre femme.

– Oui, tout à fait, c'est dans l'ordre des choses ! rétorque Beethoven en plantant hardiment son regard dans celui de la jeune fille dont il aime la spontanéité. Dommage qu'elle soit fiancée. Toujours aveugle aux sentiments de Fanny qui brûle d'amour pour lui, il aurait bien esquissé un flirt avec sa sœur si son cœur, son attention n'étaient pris par Karl, pleins de Karl, et son esprit rongé par les problèmes que lui pose l'éducation de son neveu. D'ailleurs comment tomberait-il amoureux de Fanny, qu'il a baptisée « Madame l'Abbesse ».

Fanny qui, a vingt-six ans, n'a connu que des amours malheureuses. Fanny dévouée, réservée, pleine de retenue, Fanny qui aime la noblesse de cœur, et l'idéalisme de Beethoven s'exaspère lorsque le musicien la compare à sa sœur. Pourquoi la regarde-t-il comme il regarderait sa soubrette ?

Pourquoi ne devine-t-il pas tout cet amour qu'elle a pour lui ? Pourquoi, chaque fois qu'elle se lance dans une conversation sérieuse avec lui, le visage du compositeur s'illumine lorsque sa sœur entre dans la pièce ?

Un peu jalouse, bien sûr, mais sans rancœur, Fanny est pourtant prête à lui offrir le bonheur « s'il consentait seulement à se laisser entourer, s'il me permettait de veiller sur sa santé, car il est digne de trouver à ses côtés un être aimant. »

Elle va même jusqu'à imaginer une vie de famille avec lui : « Qui sait après tout s'il ne serait pas homme à se réjouir de cette perspective ? »

Mais elle se rend bien compte que pour lui, elle n'existe pas. Comment pourrait-elle rivaliser avec la bien-aimée lointaine : « Je me sens si petite auprès d'une femme assez accomplie pour avoir enchaîné le cœur d'un tel homme. »

Beethoven qui a toujours eu un amour dans sa vie, parfois même plusieurs en même temps, écrit dans son journal : « En ce qui concerne T., il n'y a rien d'autre qu'à s'en remettre à Dieu, ne jamais aller là où on pourrait mal agir par faiblesse : seulement à lui, à lui seul, au Dieu omniscient, que cela soit confié ! » Il y a bien longtemps qu'il s'en remet à Dieu dès qu'il y a un problème?... Mais qui est T? Quelle femme tente donc de l'entraîner sur des chemins tortueux? Beethoven n'en dira rien, ni à ses quelques confidents ni a son journal.

A l'entrée de l'hiver, un dernier rayon de soleil va éclairer sa solitude : le fils de l'éditeur Simrock, son ami de Bonn, vient passer quelques jours à Vienne. Beethoven en profite pour lui confier un courrier pour Wegeler à qui il n'a pas écrit depuis six ans ainsi qu'une lettre destinée à Antonia Brentano. A Wegeler, il annonce brièvement qu'il est père : « Tu es homme, père; moi aussi, mais sans femme. »

A Antonia, il parle comme l'on s'adresse à une mère de famille, soucieuse de ses responsabilités :

« Vous devez savoir comment je suis devenu père et comment j'ai de vrais soucis de père. »

Des soucis qu'il se crée tant il veut faire de son mieux, tant il est inquiet de n'être pas à la hauteur de sa tâche envers Karl.

A qui confier ses tourments? Mais à Zmeskall, bien sûr, l'ami de toujours, toujours disponible, celui pour lequel il avait écrit, il y a maintenant plus de vingt ans un « duo pour deux paires de lunettes obligées », son vieux compère myope comme lui!

Aujourd'hui, le ton a bien changé! est-ce un appel au secours que lui lance Beethoven?

« Quand à moi, je suis si souvent au désespoir que je voudrais que ma vie finisse, car il n'y a jamais de fin à toutes ces infirmités! » En signe d'amitié, ce sentiment qui lui manque tellement, il lui dédie son *11e quatuor*, l'*op. 95* en *la mineur* qu'il a écrit en 1810, juste après

Egmont dont l'ouverture est imprégnée du 1er mouvement de ce quatuor, mais mis à part les lieder « A la Bien Aimée lointaine », le lied « Résignation », aux titres significatifs, la *Sonate op. 101*, « Tendresse d'un homme mûr, d'un homme marqué », nous dit Boucourechliev, cette œuvre écrite pour le tout dernier modèle des pianos à marteaux dont Beethoven attend une sonorité toujours plus puissante et quelques esquisses de la *Sonate op. 106*, sa production musicale semble singulièrement ralentie. Seraient-ce les quelques retraites dans les bois, à Baden, à Mödling, ou à Heiligenstadt, qui le ravissent au point de l'éloigner de sa table de travail ? « Je suis bienheureux, plein de bonheur dans la forêt : chaque arbre parle à travers toi. O Dieu ! Quelle splendeur ! » Bien sûr que non !

Même à la campagne, loin de Vienne et de son agitation, il ne peut s'empêcher de s'angoisser : les soins, les bains lui prennent beaucoup trop de ce temps dont il sent qu'il lui est compté. Il s'impatiente aussi des traitements qui n'aboutissent à rien, n'apportent aucune amélioration. Alors il redéménage, s'énerve après sa gouvernante, puis revient à Vienne en plein été, ce qui ne lui était jamais arrivé, où de nouveau, il est saisi par l'envie de partir, n'importe où... pourquoi pas pour Londres où justement Ries négocie ses affaires ?

Triste fin d'année que celle de 1816. Lorsque Beethoven en fait le bilan, il est bien obligé de convenir que rien de ce qui lui tient le plus à cœur – son œuvre de compositeur et l'avenir de Karl – n'évolue comme il le désire. Ne sachant plus que faire, il se plonge des heures entières dans la lecture des philosophes et des poètes grecs, orientaux, indiens... dont il recopie de longues phrases dans son journal, noircissant des pages entières ; mais nulle part il ne trouve le réconfort dont il a tant besoin pour faire face. Ni dans les livres, ni dans la nature, ni auprès de ses amis absents. Seul avec sa plume, seul avec ses livres, il mène un combat terrible, aride dont témoignent ces citations fiévreusement griffonnées :

« Considérons les difficultés de l'existence qui jalonnent notre route, comme des guides vers une meilleure vie. »

Philosophe ancien

« Maintenant le Destin m'empoigne. Que je ne disparaisse pas sans gloire dans la poussière ! Non, d'abord accomplir un grand exploit dont les races futures entendront parler. »

Iliade, chant XXII

« Je te rends grâce, Très-Haut, je meurs dans la douleur et non dans la faute. »

Poème oriental recueilli par Herder

Pourtant, au cœur de cette détresse, il a encore le courage d'apporter un peu de réconfort à l'une de ses amies : la baronne d'Ertmann qui comme Marie d'Erdödy vient de perdre un enfant.

Aussitôt, Beethoven se rend chez elle ; et après l'avoir serrée dans ses bras se met au piano :

« Ainsi, il me dit tout ce qu'il avait à me dire, et, à la fin, il me consola », confiera-t-elle à Mendelssohn, des années plus tard. Puis doucement, respectant la douleur de son amie, Beethoven s'éclipse, rejoignant sa propre détresse que lui seul peut combattre.

Encore quelques soubresauts de colère vis-à-vis des éditeurs, ces « commerçants de musique » :

« L'art n'est plus aussi élevé au-dessus du vulgaire ; il n'est plus aussi estimé et surtout plus aussi apprécié au point de vue de sa rémunération. »

« Ils veulent qu'on travaille et ils paient comme des gueux et jamais ce qui a été convenu. »

Mais au-delà de ces agacements, il y a l'obsession d'une fin prématurée :

« Depuis six semaines, ma santé est sur un pied chancelant ; je pense souvent à ma mort, non pas certes avec crainte, mais pour mon pauvre Karl, je meurs trop tôt. » Que peut imaginer Marie d'Erdödy en recevant cette lettre si ce n'est que Beethoven est à l'agonie...

Or s'il ne l'est pas encore, de toute évidence sa santé décline. Depuis le printemps de cette année, son état s'aggrave.

Dans cette maison glaciale, où Beethoven n'a de contact qu'avec ses domestiques dont il se méfie comme de la peste, le corps secoué par de violentes quintes de toux, le cerveau taraudé par d'insupportables maux de tête, il se sent si mal qu'au mois de décembre, il lance un véritable appel au secours à la fille de son ami Streicher, le frabricant de piano.

Nanette, une amie d'enfance, qui ne l'a pas oublié, accourt aussitôt...

10

> « Je l'ai rejeté de mon cœur, j'ai versé beaucoup de larmes à cause de lui... »

Nanette ne s'attendait sans doute pas à tant d'angoisses, tant de méfiance envers la terre entière, tant d'incertitudes dans l'esprit de Beethoven qui ne cesse de s'interroger : va-t-il pouvoir assumer ses responsabilités ? Pourquoi n'a-t-il jamais pu obtenir un poste officiel qui l'aurait mis à l'abri du besoin. Pourtant, à y regarder d'un peu plus près, Ludwig est loin de cette misère dont le spectre n'en finit pas de le hanter.

Deux ans auparavant, en 1814, Maelzel qui avait fabriqué les fameux cornets acoustiques puis le métronome dont on se sert toujours aujourd'hui avait imaginé une sorte d'instrument de musique qu'il avait baptisé « panharmonica ». Enthousiasmé par sa nouvelle invention il avait suggéré à Beethoven de composer une œuvre pour cet instrument, qu'ils pourraient tous deux présenter aux Anglais. L'idée d'un voyage en Angleterre faisait partie des rêves de Beethoven ; il en avait tout prévu, y compris de passer, à l'aller et au retour, plusieurs jours à Bonn, dans sa ville natale. L'idée de quitter Vienne ne lui était pas désagréable. Et puis ne disait-on pas que l'Angleterre avait l'art de bien accueillir les musiciens et de les rémunérer à leur juste valeur! Ries qui y avait passé quelque temps en avait rapporté d'excellents échos à son ami. De l'idée de ce voyage outre-mer allait naître *La Symphonie de bataille sur la victoire de Wellington à Vittoria*, en souvenir du célèbre militaire anglais, vainqueur des Français le 21 juin 1813.

« Il me faut montrer un peu aux Anglais quelle bénédiction réside dans leur " God save the King " », déclarait Beethoven qui avait utilisé cet hymne anglais dans sa symphonie.

En fait, avec cette nouvelle œuvre, il avait repris goût à l'existence au point d'accepter l'aide de Maelzel qui, selon Moscheles, « dressa devant Beethoven tout son plan, écrivit lui-même les roulements de tambour et les sonneries des trompettes des armées française et anglaise et donna au compositeur l'idée de symboliser l'armée anglaise par le " Rule Britannia " et d'introduire " Marlborough " dans un style lugubre; il lui montra comment décrire les horreurs de la bataille et comment combiner " God save the King " avec des effets représentant les hourras de la foule ».

Maelzel sentait qu'il tenait là un futur succès; une fois la composition écrite pour le panharmonica, il avait demandé à Beethoven de la transcrire pour l'orchestre, et organisé un premier concert le 8 décembre 1813, au profit des blessés de la bataille de Hanau. Ce jour-là, Beethoven avait dirigé avec de larges gestes pour bien marquer chaque mouvement, chaque changement de rythme ; mais le il avait bien du mal à suivre sa propre musique.

« Lorsqu'il crut le moment du crescendo venu, se redressant peu à peu, il surgit de toute sa hauteur, lorsque le moment arriva où, à son estime, le forte devait commencer. Et, comme celui-ci tardait, il regarda furieux, autour de lui, fixa l'orchestre, étonné qu'il jouât pianissimo, et se retrouva en mesure quand, le forte étant survenu, il se retrouva capable d'entendre. »

Parmi les musiciens de l'orchestre, on reconnaissait Saliéri et Hummel chargés d'imiter les bruits du canon, Meyerbeer à la grosse caisse, Schuppanzigh avec les premiers violons. Le succès avait été total ; et le concert redonné les 12 décembre, 2 janvier, 27 février avec la *Huitième Symphonie* et un trio vocal, ainsi que le 25 mars 1814.

Malgré cette réussite, ou peut-être à cause d'elle, Beethoven s'était heurté à Maelzel contestant jusqu'au procès la répartition des bénéfices ; mais le succès l'avait rasséréné au point de lui donner l'envie de remanier *Fidelio*, que trois artistes du théâtre de Carinthie souhaitaient monter.

De nouveau au travail, sa joie transparaissait dans une lettre adressée à Franz von Brunsvik qu'il invitait à son concert du 27 février, « je me sauve peu à peu de ma misère, car je n'ai pas obtenu un kreutzer de ma rente... Mon opéra va être remis en scène, mais j'y fait beaucoup de choses nouvelles... mon royaume est dans l'air ; comme le vent souvent, ainsi tourbillonnent les sons, ainsi souvent ça tourbillonne aussi dans mon âme... »

Oubliant les repas, négligeant le sommeil, Beethoven avait retrouvé son ardeur au travail et sa verve pour injurier plus que jamais ses malheureux collaborateurs : « Votre copiste est un âne mais il lui manque la belle peau bien connue de cet animal... du reste toute cette affaire de mon opéra est la plus pénible du monde, car je suis mécontent de presque tout... »

Cependant, la veille de la générale, l'ouverture n'était toujours pas écrite. Beethoven qui était allé dîner avec son ami le Dr Bertolini, au Römische Kaiser, son restaurant préféré, traçait négligemment des portées sur le menu et y griffonnait des notes et des phrases musicales. L'addition une fois réglée, il avait mit la carte dans sa poche et était rentré chez lui. Le lendemain, l'orchestre présent au grand complet pour la répétition générale, attendait... Beethoven; que lui était-il encore arrivé?

Contrarié, Treitschke s'était rendu à son domicile où là, après avoir frappé plusieurs fois sans réponse, n'entendant aucun bruit, il était entré et l'avait enfin trouvé profondément endormi dans sa chambre. Sur le piano, à côté d'une chandelle consumée et d'un verre de vin dans lequel trempait un biscuit, il y avait quelques feuillets de musique éparpillés : l'ouverture était rédigée!

Léonore devenu *Fidelio* avait enthousiasmé les spectateurs et cet autre triomphe avait achevé de redonner toute son énergie disparue à Beethoven qui prenait de bonnes résolutions :

« Inviter chaque jour quelqu'un à dîner, des musiciens par exemple, avec lesquels on discute tel ou tel point, ainsi l'instrumentation pour le violon, le violoncelle, etc. »

De succès en succès qui avaient eu le mérite de renflouer ses finances après un été passé à Baden où il n'avait cessé de composer, il était revenu à Vienne où l'on préparait activement le fameux congrès.

Beethoven, reconnu par ses compatriotes comme le grand compositeur et le musicien officiel de la capitale, était au centre de cet événement. Fier d'être présenté par son ami Razumowski ou par l'archiduc Rodolphe aux têtes couronnées présentes à Vienne : les empereurs et impératrices d'Autriche et de Russie, le roi et la reine de Prusse qu'il rencontrait durant les festivités. Il se sentait tout à la fois flatté de traiter d'égal à égal avec eux tout en mesurant la vanité de ces mondanités. Une vie qui n'était pourtant pas pour lui déplaire et qui allait s'achever le 25 janvier 1815 sur un concert où Beethoven devant un parterre brillant serait pour la dernière fois au piano ! Fort élégant mais silencieux, muré dans cet univers de silence qui était désormais le sien. Heureux de cet hommage qu'on lui rendait : « Je me laissai courtiser par les gens de la Cour et conservai envers eux une attitude toujours digne. » Il était cependant bien loin de se laisser griser par tant de faveurs : « Tout est illusion, Amitié, Royaume, Empire, tout cela n'est que nuées, que chaque coup de vent chasse et fait changer de forme... Voulez-vous que je vous compose le monologue d'un roi qui a pris la fuite ou le parjure d'un usurpateur ou... ?

Avec le titre de « citoyen d'honneur » de la ville de Vienne, Beethoven avait assis sa réputation, restait à placer avantageusement les sommes qu'il avait gagnées. Devait-il acheter une maison à Mödling ? Ses amis le lui déconseillaient. Faire des placements ? Pourquoi pas ? Il avait donc acquis 7 actions de banque de 1 000 florins chacune, spéculant même en achetant des billets à lots émis par la banque Rothschild. Prudent, Beethoven n'avait joué qu'une petite somme, qu'il avait perdu et, finalement, les actions achetées avaient été soigneusement cachées dans le bureau du musicien avec le testament d'Heiligenstadt, la lettre à l'Immortelle bien-aimée, les souvenirs d'Eleonore, et quelques portraits.

De toute façon, ces actions étaient pour Karl, Beethoven ne voulait pas y toucher ! Hélas il n'avait jamais su compter au point de dresser une liste de treize fois le chiffre vingt-quatre pour ensuite additionner le tout lorsqu'il voulait multiplier 13 par 24. Ses frères ou des amis comme Stephan von Breuning l'aidaient à tenir ses comptes avec ses éditeurs. N'avait-il pas contraint un jour Amenda à rester chez lui jusqu'à ce qu'il ait achevé une œuvre destinée à être vendue ? Au besoin, ils faisaient le ménage. Zmeskall, toujours fidèle, vaquait aux achats du musicien capricieux qui se compliquait l'existence avec des calculs ménagers inutiles : « Que donne-t-on à deux domestiques pour le dîner et pour le souper ? demande-t-il à Nanette Streicher. Qualité et quantité ? Combien de fois du rôti par semaine ? Faut-il leur en donner pour le dîner et pour le souper aussi ? Les domestiques mangent-ils la même cuisine que le maître, ou bien faut-il leur faire une cuisine à part ? Combien de livres de viande faut-il pour trois personnes ? Combien d'argent par jour pour le pain de la gouvernante et de la servante ? Et pour le blanchissage, cela mérite-t-il un supplément de gages à la gouvernante et à la servante ? Pour le vin et la bière, leur en donne-t-on et quand ?... » Et plus il vieillissait, plus il s'enfermait dans ses savants calculs.

« 2 florins pour les domestiques et 2 pour la gouvernante, ces sommes ne couvrant que leurs frais de bouche ; cela signifie-t-il que le domestique à 20 florins par mois et la gouvernante 120 florins par an me coûteraient à eux seuls 1 704 florins par an ? Est-ce possible ? Que Dieu nous protège ! » Nanette, la « conseillère domestique », devait répondre patiemment à une longue liste de questions.

Avec les éditeurs « te réserver le droit de fixer à l'éditeur le jour où doivent paraître toutes les œuvres, comme tu fais en ce moment pour la sonate de violoncelle (op. 102) ; sans que les éditeurs, à Londres et en Allemagne, sachent rien les uns des autres autant que possible, autrement ils paieraient moins, et en somme ce n'est pas nécessaire. Tu peux donner pour prétexte que ces compositions t'ont été commandées par ailleurs ».

N'ayant que son art pour subsister, il vivait au jour le jour, monnayant son travail, jonglant avec les dates de parution de ses œuvres, jouant sur la concurrence.

« Imaginez que vous soyez un pompier, mais au lieu d'eau, pompez de l'or », conseillait-il à l'un de ses éditeurs en même temps qu'il envisageait la parution de la totalité de ses œuvres, pour alimenter sa caisse ; une bien belle entreprise qui hélas ne sera jamais menée à bien !

Tout cela ne l'empêchait pas de vendre ce qu'il avait promis à d'autres imitant allègrement le comportement tant fustigé de son frère, comme il n'hésitera pas, plus tard, à conseiller à son neveu : « Laisse toujours sous-entendre que ma santé précaire et les circonstances m'obligent à veiller à mes intérêts. »

Pour l'instant, son désir de garder l'enfant auprès de lui est de plus en plus irrésistible, comme en témoigne son journal : « Mon Dieu, écoute ma prière ! Puissé-je, dans l'avenir, vivre avec mon Karl, bien qu'aujourd'hui cela paraisse une impossibilité. » Il se décide enfin à retirer son neveu de l'institut et en informe Giannatasio le 6 janvier 1818, prétextant n'importe quoi, qu'il faisait froid dans sa chambre par exemple.

Fanny est effondrée ; depuis quelque temps déjà, Beethoven, malade et renfermé, venait de moins en moins ; mais l'attente de ses visites, l'espoir d'entendre son pas lourd, puis sa voix forte et grave, la fierté de lui servir d'interprète, l'émotion d'effleurer ses cheveux pour lui crier à l'oreille ces phrases qu'elle transmettait, tous ces moments de plaisir presque sensuels disparaissent brusquement.

C'est qu'à la vérité, les relations avec Giannatasio ne sont plus aussi limpides depuis que Beethoven a pris du retard dans le paiement de la pension et s'est fait rappeler à l'ordre. Humilié, il a aussitôt répondu qu'il avait eu des affaires artistiques à régler, ce qui expliquait son retard puis la colère s'emparant de lui il s'est plaint de la manière dont on s'occupait de Karl; faisant remarquer qu'il portait des bottines trop étroites qui le faisaient souffrir; combien de temps faut-il donc pour les élargir un peu?

Et puis, les leçons de musique ne sont pas suffisamment sérieuses. On laisse trop de loisirs à l'enfant, quant à son carnet scolaire, Beethoven aimerait bien l'avoir plus régulièrement!

Bref, de petites contrariétés qui enveniment les relations et qui amènent le compositeur à prendre enfin sa décision : Karl vivra avec lui.

Au début, la cohabitation semble bien se passer; Beethoven prend soin d'accompagner son neveu sur la tombe de son père à chaque anniversaire de la mort de celui-ci, tenant à lui rappeler qu'il n'est que son « oncle et ami », ainsi qu'il signe les lettres qu'il lui adresse. Mais, insensiblement, la situation va se dégrader.

Mi-mai 1818, l'oncle et le neveu quittent Vienne pour Mödling. Un voyage destiné à marquer la distance avec « la Reine de la nuit » qui a soudoyé les domestiques avec du café, pour l'un, du sucre ou de l'argent pour l'autre afin de permettre à Karl de la retrouver.

Le manège a duré six semaines avant que Beethoven, alerté par une lettre anonyme, n'en soupçonne les manœuvres. Ainsi ces aller-retours des domestiques qui lui paraissaient étranges n'avaient d'autre but que d'éloigner l'enfant de lui! Et lorsque, la veille du départ, Karl prend le chemin de la maison de sa mère. Il ne peut plus se contenir, ni se dissimuler la vérité. Il renvoie violemment ces perfides femmes qui l'ont trompé et cherche à se calmer.

Il n'a que trop conscience du spectale effrayant qu'il donne lorsqu'il ne parvient plus à maîtriser sa colère : hurlant, gesticulant, tapant sur le piano, claquant à toute volée les portes, il terrorise l'enfant qui demeure incapable d'avouer quoi que ce soit dans ces circonstances. Mais quel désarroi sur le visage du musicien lorsque, au prix d'énormes efforts, il adoucit sa voix, lance un regard penaud à Karl qui, après ces scènes, reste des heures entières, apeuré sursautant au moindre bruit, incapable de s'exprimer avant de longues minutes...

Alors seulement, cet enfant qui n'a ni le droit de voir sa mère, ni celui de l'aimer, peut enfin répondre aux question de son oncle !

Ludwig, désespéré par la crainte qu'il lit dans les yeux de ce garçon qu'il adore, se repent, lui promet « de tout lui pardonner, pourvu qu'il dise la vérité, alors qu'un mensonge le jetterait dans un abîme encore plus insondable que celui où il était déjà tombé ».

Il lui dit qu'il a eu tort d'enfreindre le jugement rendu par le tribunal, mais en lui-même, Beethoven se rappelle ses propres larmes lors de la disparition de sa mère, si tôt, trop tôt. « Une mère, une mère, même une mauvaise mère reste toujours une mère. »

Des contradictions, l'esprit de Beethoven en est truffé ; plus il vieillit, plus son humeur devient changeante, imprévisible. Lorsqu'il évoque la mère de Karl, il est pris d'une agressivité folle, violente, qui soudainement laisse place à un terrible sentiment de culpabilité.

« Faire du bien à cette pauvre femme », écrit-il dans son carnet, après l'avoir injuriée.

Son instabilité est permanente ; certains jours, l'envie irrésistible de partir, loin, à l'étranger, voire tout simplement à la campagne, l'obsède ; puis il se reprend, s'admoneste : il lui faut durer, pour Karl, donc vaincre d'abord la maladie, « commencer par les bains salins de Wiesbaden, puis ceux sulfureux d'Aix » ; pour en définitive se rendre à Mödling où il arrive le 19 mai 1818. Mödling est une petite ville triste mais dont les eaux ont bonne réputation. La première préoccupation de Beethoven après s'y être installé est, bien sûr, de trouver la perle rare qui assurera l'éducation de Karl. Sur place, on lui conseille d'engager en tant que précepteur le curé un certain Fröhlich. Mais l'homme est loin d'être à la hauteur de sa mission. Dès le premier rendez-vous, un dimanche, il n'est pas là. Ludwig apprend qu'il boit et que ses élèves doivent supporter sa méchante humeur; quant à ses dons pédagogiques ils semblent tout aussi absents que lui! Ses leçons s'assortissent systématiquement de violences de toutes sortes – ce qui révolte Beethoven qui s'interroge sur le choix d'un tel homme. Qui donc a osé le lui conseiller? Ne serait-ce pas par hasard la « Reine de la nuit »? Telle qu'il la connaît, Beethoven jurerait qu'elle entretient des « rapports osés » avec cet individu peu recommandable et qu'elle a profité de son intimité avec lui pour circonvenir son fils, et le placer sous la pire des influences qui soit, hormis la sienne. D'ailleurs, Beethoven est persuadé qu'elle soudoie toutes les personnes qui s'occupent de Karl, les domestiques, les gouvernantes, le précepteur et maintenant le curé! « J'accommoderai si pitoyablement ce Révérend Ecclésiastique avec de tels coups de poing spirituels et amulettes, avec ma tutelle exclusive et les privilèges qui en découlent, que toute la prétaille en tremblera! »

Karl ainsi arraché aux griffes du curé, Beethoven peut enfin, loin des tracas de « la Reine de la nuit », jouir des paysages reposants, qui l'entourent. « Je me promène avec un morceau de papier, à travers les monts, les gorges et les vallées, et je barbouille beaucoup de choses pour du pain et de l'argent... J'en suis à ce point que si je veux me réserver le temps nécessaire à une grande œuvre, il me faut auparavant barbouiller assez pour gagner de quoi durer jusqu'à la fin de l'œuvre. Au reste, ma santé s'est fort améliorée et si cela presse, je puis déjà vous servir »...

Il a même l'impression d'entendre un peu mieux ; une amélioration hélas purement somatique. Son moral, en revanche, remonte au beau fixe. Les promeneurs l'aperçoivent tous les jours pendant ses marches qui durent des heures, « son papier à musique et un bout de crayon à la main, s'arrêtant souvent comme s'il écoutait, regardant en haut, en bas, puis traçant des notes sur son papier » ; mais personne n'ose lui parler ; on sait qu'il n'aime pas être dérangé dans ses pensées ; qu'il est gêné de ne pouvoir répondre faute d'avoir entendu ce qu'on lui dit. D'autres fois, si le temps s'y prête, il s'allonge de tout son long sous un arbre, les yeux au ciel, s'imprégnant des vapeurs chaudes de la terre, des senteurs de l'herbe fraîche, du jeu des feuilles sous le souffle du vent. Physiquement, il se sentirait preque heureux...

La bonne nouvelle s'est répandue à la vitesse de l'éclair dans la vallée de la Brühl : Beethoven a recouvé toute sa santé, de nouveau il peut recevoir. Et l'on se précipite : de jeunes musiciens, comme l'Anglais Cipriani Potter, ou Anton Schindler, qui lui tient souvent compagnie, accourent, le questionnent, l'interrogent, le regardent travailler dans une pièce où il n'y a pas de piano, leur dit-il, « pour ne pas être tenté de lui demander conseil : seulement quand l'œuvre est terminée, on peut l'y essayer, car on ne peut avoir un orchestre à la disposition ! » Et lorsque Potter le questionne : « quel est le plus grand musicien vivant à part lui, il répond : Chérubini et puis Haendel parmi les morts... » comme il lui avoue alors qu'il est en train d'écrire sa *29e Sonate pour piano l'op. 106 en si b majeur*, dite *Hammerklavier*, qu'il « sait maintenant composer » ! A dire le vrai, cette œuvre est d'une telle difficulté que Beethoven confiera à son éditeur Artaria : « Voilà une sonate qui donnera de la besogne aux pianistes lorsqu'on la jouera dans cinquante ans. »

Pour l'heure, l'événement n'est pas tellement que le peintre August von Kloeber ait souhaité faire poser Beethoven mais que Beethoven ait accepté !

« Vous voulez faire mon portrait, mais je suis très peu patient », a-t-il dit en guise de préambule au portraitiste vivement prévenu par ailleurs de ne surtout jamais insister lorsque le compositeur manifeste quelque agacement. Dans ce cas il doit s'en aller sur-le-champ afin de ne pas attiser la colère de Beethoven qui compromettrait définitivement la réalisation du tableau. Une fois ces conditions acceptées, les séances de pose vont devenir une sorte de rite, un rendez-vous quotidien d'une heure auquel Ludwig, apprivoisé par l'extrême délicatesse du peintre, s'habitue. Dès l'arrivée de Kloeber introduit par la vieille gouvernante qui règne sur le modeste appartement de Beethoven, celui-ci qui tient beaucoup à la présence de son neveu, l'installe au piano, puis prend la pose : « Son costume consistait en un frac bleu clair à boutons jaunes, gilet blanc et cravate, comme on en portait alors, mais chez lui, tout cela était fort négligé. Son teint était sain et vigoureux, la peau un peu marquée de petite vérole ; sa chevelure avait des reflets bleus d'acier, car il passait déjà du brun au gris. Son œil était gris-bleu et d'une extrême vivacité. Quand sa chevelure s'agitait tumultueusement, il avait vraiment quelque chose d'ossianique et de démoniaque. Dans la conversation familière, il prenait au contraire une expression de bienveillance et de douceur, surtout quand le sujet de la conversation le touchait agréablement. »

Son besoin d'amour, de bonheur conjugal et pourquoi pas, domestique, réapparaît au détour d'une promenade à Baden où il pense apercevoir une femme qu'il aime, qu'il a aimée, un jour, autrefois. Il caresse le rêve, l'illusion qu'elle l'ait, elle aussi, regardé, reconnu. Dès son retour à son domicile, en proie à une violente nostalgie, une bouffée de regrets teintés d'espoir, il note sur son journal :

« Seul l'amour, oui, seul il peut te donner une vie plus heureuse. – O Dieu, laisse-moi la trouver à la fin, celle qui me rendra fort dans la vertu, celle dont il me sera permis qu'elle soit mienne ! »

Est-ce Marie Pachler qui est venue lui rendre visite au mois de septembre 1817 à Vienne ? Lorsqu'elle s'était présentée à son domicile, il avait déjà entendu parler de son éclatante beauté et de son esprit fort cultivé. Mais dès qu'elle s'était mise au piano, pour interpréter quelque-unes de ses œuvres avec un réel talent, Beethoven en extase lui avouait :

« Je n'ai encore jamais trouvé quelqu'un qui exécute mes compositions aussi bien que vous. Je n'en excepte pas les grandes pianistes ! elles n'ont que de la mécanique, ou de l'affectation... Vous êtes le véritable gardien de ma production intellectuelle. »

Entre eux, l'entente était parfaite ; Marie était capable de parler pendant des heures, avec Beethoven, de technique, de la quintessence de son expression, des ressources créatrices nouvelles, originales, qu'il possèdait encore enfouies tout au fond de lui-même. A elle, à elle seule, il parvenait à confier sa lutte quotidienne contre le spleen, la dépression insidieuse qui paralysait son esprit, ce sentiment de déroute totale qui l'annihilait depuis plusieurs mois et dont il craignait de ne pouvoir se débarrasser.

Elle l'écoutait attentivement, elle lui parlait, elle lui souriait, elle avait vingt-trois ans, elle était belle, et il s'étonnait de ressentir au fond de son cœur, un tressaillement qu'il n'espérait plus. Il avait la sensation de sortir d'un long temps d'hibernation, stupéfait de découvrir ses capacités de création intactes en lui ; c'est comme si, depuis ces interminables mois, de maladie, d'angoisse, de contrariétés perpétuelles et continues, la machine au plus profond de lui, presque à son insu, se préparait à se remettre en marche.

Dans ses lectures, dans ses conversations intimes avec les auteurs du passé, il avait puisé une énergie qui peu à peu refaisait surface. Entre deux sursauts de colère dirigée contre les domestiques ou contre Karl dont les notes en latin l'exaspéraient, il recommençait à travailler sérieusement, recopiant sur son journal des fugues de Bach, de Haendel ; une forme musicale qu'il connaissait peu mais qui le passionnait. Et lorsque la belle visiteuse l'avait quitté, il ne l'avait pas retenue, conscient et reconnaissant de cette résurrection de l'esprit et du désir qu'il lui devait, mais persuadé que les rêves, s'ils resurgissaient encore de temps en temps, appartenaient résolument au passé.

Pourtant Beethoven n'est jamais stable ; toujours entre deux états d'âme, en perpétuelle évolution, insatisfait, déraciné, et plus que jamais obsédé par l'idée de sa propre disparition, le bénéfice tiré de ces rencontres est de courte durée.

« J'essaie sans musique d'approcher chaque jour plus près de la mort. » Comment y échapper au moment même où il a, depuis peu, l'impression d'être en pleine possession de ses moyens. Il se sait des réserves inépuisables d'inspiration, mais il sent aussi la présence menaçante de la maladie tapie dans son corps. Son rétablissement ne sera que passager. Il veut en profiter.

Les années précédentes, l'inspiration lui venait parfois au cours d'une promenade qu'il devait interrompre pour courir vers son bureau ; ses projets, il les matérialisait fréquemment la veille d'un concert, ou sur un coin de table dans une auberge ; maintenant, il lui faut prendre son temps ; l'œuvre en gestation se prépare, mûrit en lui ; ce n'est plus simplement une irrésistible pulsion, c'est une vague, forte et inexorable, que rien ne peut endiguer lorsqu'elle monte en lui.

Après l'opus 106, Beethoven qui a déjà jeté sur le papier l'esquisse du premier morceau de cette *Neuvième Symphonie en ré mineur,* à laquelle il pensait depuis cinq ans déjà, travaille sur ce qui devrait être une *Dixième Symphonie* toujours en ré mineur et qui, comme nous le savons, ne sera jamais écrite ; mais les quelques amis inquiets de sa morosité, les critiques persuadés que le génie de Beethoven l'a abandonné, tous vont être confondus devant ce qui est en train de jaillir de ce géant.

En cet été 1818 l'objectif de Beethoven est atteint : de nouveau, il est sur pied. L'éducation de Karl est confiée à une pléiade de répétiteurs qui se rendent chaque jour au domicile du musicien, sauf lorsque celui-ci s'absente enfermant à clé l'enfant qui reste seul dans la maison, livré à lui-même, sans amis ni compagnons de jeux.

Ludwig a-t-il à ce prix trouvé la paix de l'âme, un certain équilibre ? Disons plutôt un répit qui prend fin quelques mois plus tard : le 3 décembre 1818, lorsque Karl s'enfuit pour retrouver sa mère. Il a douze ans, il est perdu et il n'a pas pu supporter la dernière colère de son oncle, entré dans une rage folle pour une histoire d'argent volé dans le fond d'un sac. Que son cher fils ait pu lui mentir pour s'acheter des friandises. Que son neveu puisse porter en lui une tache aussi immonde, celle génétique, de sa filiation honteuse, a conduit Beethoven au bord de l'hystérie, et cette fois-ci, Karl a fui !

Aimer sa mère est peut-être un délit, comme le lui répète son oncle, mais rien ne peut l'en empêcher. Il veut la voir, sans être obligé de dérober à la vigilance de Ludwig quelques heures de conversation avec elle, un sourire, une caresse. Le mensonge est devenu son pain quotidien, sans nul doute encouragé par « la Reine de la nuit », dont l'amoralité reste notoire mais qui souffre de l'absence de son fils. Avant de partir, Karl a laissé une lettre d'adieu à Beethoven qui, effondré, va directement chez Giannatasio. Là, des larmes dans la voix, la lettre d'adieu à la main, il balbutie des phrases au travers desquelles toute la famille réunie apprend comment son neveu l'a quitté. La voix brisée, il achève : « Il a honte de moi ! »

Et bien sûr lorsque Beethoven se précipite chez la mère de Karl, celle-ci refuse de laisser partir l'enfant avant le soir ; s'agit-il d'une manœuvre perfide, d'un subterfuge destiné à gagner du temps ? Affolé, Beethoven certain que Johanna se prépare à envoyer son fils à Linz, chez son autre frère, ou encore en Hongrie, demande à la police d'intervenir. Fort de sa position de tuteur plénipotentiaire, il ordonne à la maréchaussée de récupérer l'enfant chez sa mère et de le conduire, au plus vite, à l'institut del Rio.

C'est le début des hostilités ! « La Reine de la nuit » demande au Landrecht que Beethoven soit privé du titre que lui a donné le Conseil suprême des Tutelles et « qu'il lui soit accordé à elle, la mère, de placer son fils à l'Imperial-Royal Konvikt pour y être éduqué ».

A son tour elle intente un procès au compositeur qu'elle accable : non seulement Beethoven donne un piteux exemple à son neveu mais de plus il le déséquilibre totalement en le changeant sans cesse d'établissement scolaire, pire il le détourne de ses études en se l'appropriant, faisant de cet enfant de douze ans son interprète, voire un infirmier qu'il ne cesse d'injurier !

L'audience a lieu le 9 décembre. Johanna van Beethoven, alias « la Reine de la nuit », a chargé son oncle Hotschevar, qui est avocat, de la défendre. Cette fois, il n'est plus seulement question pour elle du droit de visite, mais de regagner les pleins droits parentaux sur son fils. En toute jouissance. Johanna argue de sa bonne foi en dévoilant son intention de confier Karl à l'institution Mölker Konvikt, dont on dit, à l'époque, le plus grand bien.

L'argument d'Hotschevar est simple mais efficace : l'excentricité pour ne pas dire les excès, les emportements, la folie des trois frères Beethoven est de notoriété publique, dit-il. D'ailleurs la cour ne peut pas ne pas en avoir eu quelques échos. Dès lors comment aurait-on la légèreté de confier le jeune Karl si fragile à celui des trois frères qui est le plus irascible, le plus insolent, le plus violent.

L'enfant court les plus grands risques à subir quotidiennement une si néfaste influence. D'ailleurs, cette fugue, qui en a décidé le but et l'heure ? C'est Karl, tout seul, sans la moindre pression d'une mère, dont on l'a séparé de force...

Ludwig se défend tant bien que mal. Quand on lui demande pourquoi il n'a pas inscrit Karl au Konvikt, Ludwig rétorque qu'il a préféré le Theresianum réservé aux enfants de noble naissance... Un argument qui s'effondre lorsque le tribunal de la noblesse qui juge l'affaire s'interroge sur la dite particule de Beethoven : « van » d'origine flamande n'a pas la même signification que le von allemand et ne suffit donc pas à prouver l'aristocratie des Beethoven, en conséquence de quoi le jugement est renvoyé devant le tribunal civil. Tout est à recommencer.

Beethoven est effondré. Frappant successivement son cœur puis sa tête, il s'écrie selon Schindler : « Ma noblesse vient de là et de là ! » Un beau geste qui ne pèse pas lourd face au révérend père Fröhlich dont la déclaration va faire le plus mauvais effet :

« Durant le mois qu'il a passé auprès de lui, Karl v. Beethoven a montré qu'il n'était nullement dépourvu d'aptitudes, mais a montré que sa moralité, hélas, était totalement corrompue, et ce pour les motifs suivants : 1. on sait que Ludwig v. Beethoven est presque totalement sourd et il est impossible à un sourd de guider convenablement un enfant, car lorsque l'un n'entend ni ne comprend l'autre, il en résulte une confusion babélienne. 2. Une grande inimitié existe entre Ludwig van Beethoven et la mère du jeune Karl, au point que le jeune v. Beethoven, pour se faire aimer de son oncle, traite sa mère des noms les plus insultants qu'il écrit sur le papier ou qu'il hurle à l'oreille du sourd ; Ludwig van Beethoven exprime alors une joie extrême et crie bravo au violateur du Quatrième Commandement. Ceci, Karl van Beethoven me l'a dit lui-même ; il m'a avoué à plusieurs reprises qu'il était obligé d'insulter sa chère mère, bien qu'il se rendît compte que c'était mal, de même qu'il n'osait jamais dire la vérité à son oncle qui ne le croyait que lorsqu'il mentait. Ce dernier fait, il l'a rapporté aussi à sa mère en ma présence, et il en aurait certainement dit davantage s'il n'avait pas craint d'être trahi auprès de son oncle et ensuite maltraité par celui-ci.

Qui plus est, Ludwig v. Beethoven est venu me trouver un jour, tout joyeux, et m'a raconté avec ravissement que Karl ne pouvait supporter sa mère et que, le jour même, il l'avait appelée la louve.

Cette manière, que je trouve méprisable et contraire à tous les principes de moralité – d'élever un garçon de treize ans, ainsi que l'indifférence manifestée par Karl v. Beethoven pour mon instruction religieuse et les devoirs sur le même sujet, sa mauvaise conduite à l'église et dans la rue – nombre d'habitants de l'endroit sont venus s'en plaindre à moi – toutes ces raisons m'ont contraint, après plusieurs avertissements infructueux à l'oncle et à l'enfant, et pour ne pas irriter mes douze autres élèves qui m'ont ouvertement affirmé “ qu'ils ne voulaient plus avoir pour compagnons d'études l'indisciplné Karl v. Beethoven " de renvoyer celui-ci définitivement. »

Pendant toute une année il ne va pas se passer un jour ou une nuit que Beethoven ne soit hanté par ce procès ; qu'il ne se rappelle, le cœur brisé, les paroles de Karl que sa mère a contraint de témoigner contre lui. En mars 1819, le verdict tombe : la tutelle de Karl lui est enlevée, c'est Tuscher, l'un de ses amis, qui lui succédera et l'enfant sera rendu à sa mère.

La décision plonge le compositeur qui depuis cet hiver vit plus misérablement que jamais, dans le désespoir. Et bien sûr, sa surdité, cette infirmité que l'on n'a cessé de lui jeter à la face tout au long de cet infâme procès, s'en ressent.

Le 1er février 1819, il adresse à la municipalité de Vienne un long mémoire expliquant, justifiant, glorifiant presque l'éducation qu'il a donnée à l'enfant. Mais rien n'y fait.

Les maux d'estomac s'ajoutant aux douleurs qui ne cessent de martyriser ses pauvres oreilles, Beethoven, qui se sent retomber dans une morbide dépression, tente dans un sursaut d'énergie, une dernière proposition : pourrait-on, afin d'éloigner l'enfant de cette mère indigne, l'envoyer au loin, en Allemagne du Nord par exemple auprès d'un professeur renommé... Là encore, sa tentative échoue : Karl est placé dans la pension Kudlich, à quelques pâtés de maisons de la demeure de Johanna qui désormais – Ludwig en est sûr – ne relâchera plus sa pression sur son fils, insufflant dans cet esprit faible, avide d'affection, déchiré entre ces deux êtres qu'il aime assurément, mais qui se détestent, les plus perverses pensées.

Comment Beethoven trouve-t-il, au milieu du marasme affectif qui l'afflige et des problèmes financiers qui le poursuivent, les forces nécessaires à l'écriture du second mouvement de sa *Sonate op. 106*? « Cette sonate a été composée dans des circonstances pressantes. C'est une dure chose de travailler pour se donner du pain », écrit-il à l'un de ses amis.

Ultime victime de ce douloureux procès, Karl est tombé malade. Immédiatement, Beethoven qui se souvient des bienfaits de son séjour à Mödling décide de l'y emmener sans que personne s'y oppose. Après tout, la vie toujours dissolue de Johanna s'accorde assez mal de la présence de ce fils que Beethoven va tenter de réinstaller dans la pension del Rio. Hélas, Giannatasio, instruit des conclusions du jugement, refuse. Et c'est finalement auprès d'un très remarquable pédagogue suisse, Joseph Blöchlinger, que Karl séjournera pendant quatre ans.

Beethoven retrouve alors avec la solitude, ses habitudes épistolaires et ce journal auquel il confie ses peines. Ces feuillets qui nous sont si précieux aujourd'hui dont il avait abandonné la rédaction quotidienne pendant les événements juridiques qui ont bouleversé sa vie.

« Arrivé à Mödling, le 12 mai... Miser et pauper sum... », écrit-il. Pourtant, il n'est en rien abattu. En même temps que la *Sonate op. 106*, il s'est attelé à une œuvre titanesque dédiée à son ami toujours dévoué, l'archiduc Rodolphe, qui a été nommé, le 4 juin 1818, archevêque d'Olmütz. C'est pour lui que Beethoven commence l'écriture de la *Missa Solemnis*, une messe en ré majeur pour voix, chœurs et orchestre qui doit être donnée lors de la cérémonie d'intronisation de l'archiduc. Et jamais Beethoven n'a été aussi concentré, aussi rayonnant que pendant la composition de cette œuvre qui marque son triomphe dans le combat qu'il a, depuis des années, mené contre lui-même. Pendant quatre ans, il va vivre, respirer au rythme de ce chef-d'œuvre qui jaillit de lui.

Il s'y lave l'âme et l'esprit des soucis familiaux, « ces petitesses de la vie » et y projette toute l'énergie qu'il a accumulée. Schindler, qui se veut de plus en plus son disciple mais qui reçoit en échange bien peu de sollicitude, bien peu d'égards par rapport à Ries ou à Czerny, est le témoin fasciné de cette création. Venu le voir accompagné de Johann Horzalka, musicien reconnu, il raconte : « Dans la chambre voisine, toutes portes closes, nous entendions le maître chanter, hurler et rythmer la fugue de son credo. Nous écoutâmes longtemps ces bruits presque effrayants et nous étions sur le point de partir quand la porte s'ouvrit, et Beethoven parut, furieux et farouche », angoissé aussi et contrarié parce que ses bonnes ayant laissé brûler son déjeuner, il les a mises à la porte. Immédiatement, trop heureux de justifier leur curiosité, les deux jeunes gens se proposent pour les remplacer et se partager les tâches ménagères. Et pendant que Schindler aide le musicien à faire sa toilette, Horzalka part en quête de nourriture au restaurant le plus proche, fort conscient probablement d'être de ceux qui côtoient le génie !

Mais déjà les soucis réapparaissent avec la démission du tuteur nommé à la place de Ludwig qui est à bout de nerfs, ulcéré par la récurrence de ces mesquineries et de ces disputes permanentes. Il est surtout déçu par la dureté de cœur de son neveu, qui jamais ne lui a demandé pardon pour tout le mal qu'il lui a fait : « Je l'ai rejeté de mon cœur, j'ai versé beaucoup de larmes à cause de lui, de ce bon à rien... mon amour pour lui est envolé, il en avait besoin, moi je n'ai pas besoin du sien, et puisqu'il a été et continue d'être si mal entouré, je ne veux plus entendre parler de lui, sinon pour payer ses études et pourvoir à son entretien. » A son ami le pianiste et poète Karl von Bernard, il confie : « La première chose à faire serait de laisser tomber la tutelle et ne plus choisir qui que ce soit, d'abandonner Karl entièrement à son destin. Car déjà maintenant, c'est un bon à rien, bien fait pour sa mère et mon soi-disant frère... » Autant de paroles qui, confrontées à la réalité, s'envolent.

Beethoven n'a qu'une seule idée : récupérer la tutelle de son neveu, l'arracher à cette belle-sœur que tous autour de lui, Oliva, Bernard, Schindler, détestent.

Et c'est dans un état d'excitation extrême, qu'il prend un logement tout près de l'institut Blöchlinger où se trouve Karl, bien décidé à faire valoir ses droits. Dès février 1820, il se lance dans un long texte parsemé de phrases en latin qu'il adresse à la Cour d'appel. Dans ce réquisitoire, il accuse sa belle-sœur d'être cette femme pervertie qui dès la mort de son mari a pris un amant, abandonnant son enfant à la surveillance d'une servante ; Dieu merci, lui, Ludwig van Beethoven était là ! C'est lui qui s'est occupé de l'enfant pendant cinq ans, et franchement que pèsent les accusations dont on l'accable face à l'influence pernicieuse de Johanna ? Que l'on prenne enfin une décision qui « fera le bonheur ou le malheur de mon neveu ; de ce dernier, certes, si elle est prise contre moi... si même je devais manquer comme homme ou si mon oreille devait entrer en ligne de compte, on n'éloigne pas d'un père son enfant pour ces deux raisons et je l'ai été pour mon neveu de tous temps, comme pour son père, un bienfaiteur ».

Une plaidoirie de plusieurs pages qui se termine par : « Sapienti honesta lex est, libido lex malis. »

Le 8 avril 1820, c'est fini ! L'ultime verdict est tombé, Beethoven avec l'aide de son avocat, le Dr Bach, a récupéré la tutelle de Karl, qu'il partage avec le conseiller du prince Lobkowitz, Karl Peters. Beethoven a gagné ! Après cinq années de lutte, de combats qui l'ont épuisé mais dont il sort victorieux, il a triomphé !

Jouant sur le mot *bach* qui signifie « ruisseau », il écrit :

« Le Dr Bach m'a représenté dans cette affaire et à ce Ruisseau se sont ajoutés l'océan, les éclairs, le tonnerre et la tempête de sorte que la brigantine Magistrale s'est perdue corps et biens. »

Le 24 juillet 1820, l'affaire est classée. Mais Beethoven ne s'en remet pas. Communiquant de plus en plus difficilement avec son entourage, il rouvre ses cahiers qu'il avait abandonnés pendant toute la durée du procès pour y confier ce qu'il n'ose plus dire. Persuadé d'être espionné par ses domestiques, voire, ce qui est déjà plus plausible, par la police de Metternich qui n'a cessé de s'intéresser à ce « républicain », il va même jusqu'à écrire en français pour décourager d'éventuels indiscrets et sombre lentement dans la paranoïa et le délire de la persécution. Dans la solitude aussi...

11

« Personne ne comprend bien Beethoven. Il faudrait, pour cela, avoir beaucoup d'esprit et plus encore de cœur, et être indiciblement malheureux en amour ou simplement être malheureux. »
Schubert.

L'aube est si douce, si claire en ces tout derniers jours de juillet 1826, qu'un homme dont la postérité, n'a pas retenu le nom, charretier de son état, a décidé d'aller se promener vers les ruines de Rauheinstein, aux environs de Baden. C'est là qu'au hasard de sa flânerie ses pieds heurtent un obstacle mou qui le fait trébucher.

Sur le sol, la tête baignant dans une mare de sang, un jeune homme râle, les doigts crispés sur un pistolet.

– Je suis Karl van Beethoven. Emmenez-moi chez ma mère, parvient-il à murmurer avant de retomber dans un demi-coma. Comment le charretier pourrait-il alors se douter que chacun de ses pas vers le domicile indiqué va précipiter le compositeur le plus illustre de son temps au sein d'un drame dont il aura beaucoup de mal à se remettre.

C'est là, chez cette femme abhorrée, que Ludwig, le cœur battant, la gorge sèche, prévenu par la rumeur du scandale, s'engouffre, accompagné de Karl Holz. Là qu'il découvre son « fils », celui qu'il voulait tant élever au-dessus des autres hommes, la tête ensanglantée par cette deuxième balle, qui n'a qu'effleuré la boîte crânienne, mais qui a transpercé le cœur de Beethoven. Karl a voulu mettre fin à ses jours, puis, vivant, il a encore une fois préféré se réfugier chez sa mère. Tant d'efforts, tant de tourments, d'anxiété pour en arriver à ce double constat qui accable Beethoven sans toutefois le surprendre. N'a-t-il pas lui-même songé maintes fois au suicide. Devant le corps recroquevillé de cet adolescent de vingt ans – l'âge de tous les épanouissements – se revoit-il lorsqu'en pleine écriture de *Fidelio* il écrivait : « Décision des médecins sur ma vie. S'il n'y a plus de salut, dois-je faire usage de xxx??? » Dans la réalité des faits, la route a été longue qui mène à cet échec. Depuis qu'il en a, avec la tutelle, repris la responsabilité, Ludwig malgré le procès n'a jamais faibli dans ses intentions paternelles à l'égard de Karl.Mais plus le jeune homme grandit, plus les heurts, les altercations, et les douloureuses réconciliations se succèdent. Vaille que vaille, Beethoven construit sa vie autour de son neveu, entouré de quelques amis qui lui sont chers, tel Holz, le second violon du quatuor Schuppanzigh que Schindler lui a présenté un jour pour très vite d'ailleurs le rejeter lorsqu'il a découvert avec amertume que la joie, l'exubérance du jeune musicien trouvaient un parfait écho en Ludwig; cet homme bouillant d'ardeurs créatrices, et de fantaisie. C'est que, depuis l'échec financier de *La Neuvième Symphonie*, Ludwig l'a écarté de son cœur, lui reprochant de s'être fourvoyé sur la recette. C'est à lui qu'il avait confié, une fois amortis les cachets des musiciens, des chanteurs et le montant de la location de la salle, le soin de fixer le prix du billet. Hélas, malgré l'enthousiasme des spectateurs, malgré une salle comble, malgré les cinq rappels là où l'étiquette impériale n'en prévoyait que trois, malgré les drapeaux agités par les auditeurs éblouis lors des dernières mesures, pas un kreutzer n'était resté dans la caisse ! Or, Ludwig avait plus que jamais besoin d'argent pour pouvoir travailler à sa guise. Il était las des leçons données à l'archiduc Rodolphe, las d'avoir à se commettre quand toutes ses forces tendaient à coucher sur le papier ces volées de notes qui lui traversaient l'esprit. Pourquoi n'a-t-il pu obtenir ce poste de Kapellmeister de la Cour lors de la mort de Tayber ? Pourquoi, malgré les recommandations du comte Moritz von Lichnowsky, a-t-on préféré supprimer ce poste, soi-disant par mesure d'économie, plutôt que de le lui donner ? Pourquoi lorsqu'il a passionnément voulu faire publier sa *Missa Solemnis* – l'op. 123 – ni Goethe, ni Chérubini pourtant tout-puissant en tant que surintendant de la musique en France, n'ont pris la peine de lui répondre ?

Toutefois ces passages d'ombres et de ténèbres sont traversés d'éclairs de bonheur et d'émotion lorqu'il voit la vénération de ces jeunes musiciens qui viennent à lui : Louis Schlösser qui a vingt-trois ans lorsqu'il arrive de Darnstädt. Il a été l'élève de Saliéri et il tremble de terreur et d'admiration lors de cette première visite. Franz Grillparzer, le poète viennois, fou de musique, qui rêve d'écrire un livret sur Melusine dont Beethoven serait le compositeur. Et puis les jeunes femmes dont il est toujours grand amateur. Karoline Unger, engagée pour chanter avec Henriette Sontag le final de la *Neuvième Symphonie*, a tout juste vingt ans lorsqu'elle prend doucement Beethoven par les épaules pour le faire se retourner vers le public délirant dont il n'entendait pas les vagues d'applaudissements déferler vers lui après l'*Ode à la joie*...

Comment Beethoven ne serait-il pas ému par l'admiration de Karl Maria von Weber qu'il prend dans ses bras avant de lui confier ses malheurs. Des malheurs qui adoucissent peut-être un peu – par comparaison – la déconvenue que celui-ci vient d'éprouver devant la froideur des Viennois pour *Euryanthe*. Il faut dire qu'un an auparavant, ces mêmes Viennois s'étaient enthousiasmés pour son *Freischütz* qu'il avait lui-même dirigé. Hélas, à peine deux semaines plus tard, Rossini emportait tout avec le triomphe de *Zelmira*. Il avait alors trente ans et venait – enfin – d'épouser sa maîtresse, la prima donna Isabelle Coltran. Surdoué, paresseux, gardant en toute occasion un grand recul sur lui-même, gourmand au-delà du raisonnable, il était en cette année 1822 à sept ans de sa retraite ! Avec, déjà à son actif, quelques chefs-d'œuvre dont *L'Italienne à Alger* ou *La Cenerentola*. Couvert de cadeaux par les Viennois, noyé sous les cartons d'invitations de toute l'aristocratie, choyé, admiré, célébré, il n'avait qu'une idée en tête, rencontrer Beethoven dont la musique, selon ses propres termes, le bouleversait. Il y parvint et, plus tard, racontant cette visite à Wagner, il se rappelait le choc reçu à l'entrée du « pauvre logis où vivait le grand homme... dont la voix était douce et tant soit peu voilée ». Beethoven qui lui aurait dit : « Ah ! Rossini, c'est vous l'auteur *del Barbiere di Siviglia* ? C'est un excellent opéra buffa... tant qu'il existera un opéra italien, on le jouera. (Était-ce une allusion à la vigoureuse défense de l'opéra allemand menée par Weber un peu jaloux ?) Ne cherchez jamais à faire autre chose, ce serait forcer votre destinée que de vouloir réussir dans un autre genre », avait-il conclu. Mais une fois Rossini, Weber et les autres, repartis, c'était Karl Holz le préféré ! Avec l'arrivée dans sa vie de celui qu'il surnomme affectueusement « Bois de la Croix, Bois du Christ, Bois d'acajou », il retrouve tout l'élan, tout cet amour de la nature qu'il partageait avec son fidèle Ries, avant que celui-ci ne reparte pour l'Angleterre. Holz a vingt-six ans, et un formidable appétit de vivre qui revigore l'âme de Ludwig, et le distrait des persiflages de Schindler, ou des malveillances de son frère et de sa belle-sœur qui ne cessent de lui nuire et de l'entraîner dans de regrettables fâcheries. Ainsi, Johann n'a pas manqué de profiter du désarroi du public lors de la première audition le 6 mars 1825 du *Douzième Quatuor*, – l'op. 127 en mi bémol majeur – pour fustiger Schuppanzigh, l'un de ses plus fidèles interprètes en prétendant que ce dernier avait massacré l'œuvre. Pire, malgré la violente repartie du malheureux qui lui écrit : « Alors, vous croyez tout de la part de votre frère ? Qui donc vous adore plus que moi ? Il n'y a pas de difficultés dans le mécanisme, mais simplement, ce qui le rend difficile, c'est l'originalité qu'on ne peut saisir du premier coup... Cette cochonnerie, c'est un cancan imbécile de votre frère. » Malgré l'attachement sincère que traduit cette lettre, Ludwig n'hésite pas à lui reprendre son quatuor pour le donner à Böhm qui dirige la formation rivale. Il faudra qu'un nouvel échec sanctionne le concert – pour les mêmes raisons justement évoquées par Schuppanzigh – pour que Ludwig revienne à ses premières amitiés.

Mais chaque fois, le mal est fait. L'entourage familial, la froideur de Vienne qui boude ses dernières œuvres, le manque d'argent renforcent la paranoïa de Beethoven, qu'accentue encore sa totale surdité. Aussi, quel bonheur que l'esprit ouvert, le dynamisme, la sociabilité de Holz ! Très vite, Ludwig fait du jeune homme, pétri d'admiration pour le génie du maître, son secrétaire et son factotum.

Pour contrebalancer l'atmosphère délétère entretenue

par la famille, ravivée par les querelles avec Karl, et sa maladive méfiance envers les domestiques, Ludwig jouit, fort heureusement, d'une amitié retrouvée, celle de Stephan von Breuning.

Ludwig venait tout juste de rentrer de Baden, dans l'intention de trouver un appartement qui le rapprocherait de la nouvelle pension de son fils, quand il tombe, par le plus grand des hasards, sur Stephan. S'il ne l'a plus vu depuis dix ans, son amitié pour le témoin de sa jeunesse ne s'est jamais altérée. Au détour d'un événement, d'un souci ou d'une joie, les deux hommes n'ont jamais cessé de se témoigner une estime réciproque qui transparaît dans leur correspondance. Et puis, Stephan est avec son fils Gerhard, qui, à dater de ce jour, accompagnera Beethoven jusqu'à la fin de sa vie, avec un amour mêlé de respect et de tendresse. Écoutons-le nous raconter cette rencontre :

« Nous vîmes venir à nous, d'un pas vif, un homme seul ; à peine étions-nous en vue les uns des autres que sa rencontre fut suivie d'un salut réciproque et plein de joie. Son pas était énergique, son costume aussi peu élégant que bourgeois, et pourtant avec je ne sais quoi dans l'ensemble qui ne lui assignait aucune classe. Il parla presque sans arrêt, s'enquit de notre santé, de notre façon de vivre actuelle, de notre famille rhénane, et de beaucoup d'autres choses. Sans même attendre les réponses de mon père, qui n'avait été le voir depuis longtemps, il nous apprit, avec une hâte particulièrement joyeuse, qu'il emménagerait bientôt dans notre voisinage immédiat, au Schwarzspanierhaus (ce sera son dernier logement). Il pensait venir chez nous très souvent et beaucoup, et il demanda tout de suite que ma mère veuille bien mettre enfin de l'ordre dans le ménage en grand désarroi, et le surveiller ensuite. »

Comme on est loin du vieillard (?) abattu, accablé,

sombre et hargneux décrit par Schindler, et comme l'on devine l'obsédante rancœur de ce pauvre disciple rongé par le poison de sa jalousie !

Or, bien loin de se laisser aller sur la pente de la dépression, Beethoven après la *Neuvième Symphonie*, s'est attaqué avec ardeur à la *Dixième*, en même temps qu'il a achevé ses sublimes quatuors commencés en 1822, travaillant simultanément sur le *Quinzième* et le *Treizième* – le dernier des trois commandés par Galitzine – tous deux d'une originalité et d'une force déconcertantes. Parallèlement, sa santé ne cesse de le préoccuper. Ses continuelles rechutes, et plus particulièrement celle du printemps 1825 où on le voit cracher du sang et chercher son souffle, n'entravent nullement son travail même si l'on peut penser que tout cela se répercute sur ses œuvres : « accablé, oppressé », écrit-il sur la partition de la bouleversante cavatine du *Treizième Quatuor*. Mais maintenant, il sait ce qu'il veut, ce qu'il peut écrire à la perfection : « Même lorsque je pense à l'opéra, c'est une symphonie que j'entends, reconnaît-il. Moi, je ne réclame rien ; je prétends simplement écrire ce qui me plaît à moi-même. Si j'étais en bonne santé, tout me serait égal. »

Tout ? Non, pas vraiment. Karl, qui a dix-huit ans, ne répond en rien aux attentes de son « père », toujours tendu vers le rêve d'une dynastie de Beethoven à la manière des Bach ! Karl qui poursuit difficilement de médiocres études a, depuis longtemps, découragé Ludwig qui a abandonné l'idée d'en faire un musicien. Moins encore que du talent, le jeune homme montre peu de dispositions et d'enthousiasme pour cet état. Aussi Ludwig s'est-il résigné à le destiner au commerce sans pour autant relâcher la vigilance qu'il exerce sur lui.

Soupçonneux, maladivement jaloux à l'égard de la mère et des fréquentations de son neveu, il le harcèle de recommandations, de reproches affectueusement exaspérés. Que craint-il ? De retrouver dans le caractère de Karl des traits de son père ? Il est vrai que Schindler le nourrit de rapports catastrophiques sur les activités de l'adolescent, sur le temps passé à boire plus que de raison au café, à courir les filles, à jouer au billard et aux cartes, et donc à perdre de l'argent... Comment redresser ce caractère faible, encore déchiré par les dissensions entre sa mère et son oncle, fragilisé par tant d'ingérences dans sa misérable vie ? Karl se sent traqué et il a raison, il l'est : toujours espionné, suivi, il ne sait plus que faire, que dire... comment leur échapper, sur quel ton mentir. Et il accumule les erreurs : poursuivi par ses créanciers, c'est aux domestiques – haïs par Ludwig – qu'il emprunte de l'argent !

Son intention de se suicider n'était pas un secret, Karl s'en était ouvert auprès d'une vieille amie, qui avait aussitôt trahi la confidence. Immédiatement, Ludwig avait donné l'ordre à Schlemmer, le logeur de son neveu, de fouiller dans les affaires de l'étudiant qui dissimulait effectivement, cachés au fond d'un tiroir, deux pistolets. Alerté, Beethoven s'était précipité avec Holz à la poursuite de son « fils », qu'il avait fini par retrouver bien sûr. Il s'était ensuivi une crise déchirante, aussitôt relayée, de la part de Ludwig, par des larmes et des supplications. La réconciliation, comme tant d'autres, avait bien trop provisoirement mis un baume au cœur du musicien :

« Pour la simple raison que tu as obéi, tout est pardonné, oublié... Aujourd'hui tout est calme. Ne va pas prendre une décision qui causerait ton malheur et qui abrégerait ma vie. Je ne me suis endormi qu'à trois heures du matin, car j'ai toussé toute la nuit. Je t'embrasse tendrement, et je suis convaincu que bientôt, tous ces malentendus cesseront entre nous : c'est ainsi que j'interprète ta conduite d'hier. Je t'attends sans faute vers une heure, mais ne me cause plus d'ennuis ni d'inquiétudes. En attendant, porte-toi bien.

Ton véritable et dévoué père. »

La lettre de retrouvailles, de pardon, de vœux d'un avenir meilleur, à peine envoyée, la nature soupçonneuse, possessive de Beethoven reprend le dessus. Il redevient envahissant, exclusif, écrasant. Et c'est justement ce que ne peut plus supporter Karl. A bout de nerfs, exténué par cette surveillance incessante, ces jugements abrupts qui l'empêchent de s'exprimer, qui occultent ses tentatives, fussent-elles malheureuses, d'entrer dans l'âge adulte, il a l'impression d'étouffer. Comment lutter contre cet homme si célèbre, contre sa notoriété, quel poids aurait-il face à tous ceux qui saluent le génial compositeur ? Car Ludwig pour mieux épier Karl s'appuie sur ses amis desquels il exige de longs rapports circonstanciés. Karl ne peut faire un pas sans tomber sur Zmeskall, Holz, son oncle Johann et Schindler ! L'omniprésent Schindler qui ne veut surtout pas être le dernier au rapport. Incapables de comprendre la faiblesse de Ludwig pour ce « fils » que le destin – et la fatalité familiale – lui ont choisi, ils n'ont de cesse de dénoncer ses incartades, au risque de blesser Beethoven qui, comme il l'a toujours fait pour ses frères, défend alors l'adolescent.

« Maître, lui écrit un jour Schindler, vous êtes à plaindre. Vous vous laissez enjôler par le premier pécheur venu. Avez-vous donc si peu de connaissance des humains ? Combien souvent n'avez-vous pas dit que vous compreniez bien que votre frère cherchait à vous tromper, et que votre neveu vous mentait, et pourtant vous avez toujours confiance en eux... »

Comment supporter le spectacle de ce génie s'abaissant devant cet adolescent qu'ils jugent médiocre, faux, pervers... Tous l'espionnent et constatent unanimes :

Karl est fainéant, hypocrite et bavard... Bavard au point de leur avouer qu'il voit sa mère en cachette, qu'il sort le soir, bavard surtout quand il boit. Alors, il ne contient plus ses états d'âme, poussé par Holz qui lui verse généreusement du vin dans son verre, pour lui faire avouer enfin ce qu'il pense de cet oncle qui lui sert de père... Et les voilà courant rapporter des faits, des mots, des gestes qui ravivent le désespoir, l'amour blessé de Ludwig, cette tendresse si profondément inscrite en lui après tant d'échecs auprès des femmes, de Pépi surtout, cette affection qu'il rêvait d'épanouir dans la relation la plus belle, la plus pure qui soit : celle d'un père pour son fils.

Mais avec l'adolescence, Karl a pris, peu à peu, sans doute par instinct de survie, une certaine indépendance vis-à-vis du compositeur. Là où Beethoven est considéré par le plus grand nombre comme un être exceptionnel, Karl ne voit qu'un maniaque, obsédé par l'idée d'être volé, « Ma gouvernante a beaucoup changé depuis que je lui ai lancé une demi-douzaine de livres à la tête. Sans doute un peu de leur contenu a-t-il trouvé un chemin jusqu'à son cerveau ou jusqu'à son cœur pervers ; en tout cas, nous voici maintenant nanti d'une traîtresse au cœur généreux », pétri de méfiance, capable des pires vulgarités de langage quand il s'emporte, n'hésitant pas à traiter de « cochonne de gouvernante » ou de « vache de cuisinière » ces femmes qui font partie de ce qu'il appelle une « meute de sorcières », de « méprisables créatures ». Harcelé par sa mère et par son oncle Johann qui se dresse contre le musicien, épuisé par les comptes incessants que celui-ci lui réclame, Karl ne sait plus que faire. Travaille-t-il en présence de Beethoven ? C'est qu'il n'a aucune affection pour lui. Cesse-t-il pour lui plaire toute activité ? C'est qu'il est un parasite, un indécrottable cancre. D'ailleurs, où sont les reçus des loyers payés à son logeur ? Ludwig tempête, menace de couper les vivres, hurle et puis supplie, regrette. Mais il est trop tard. Les rancœurs se sont accumulées et de plus en plus souvent Karl résiste, puis se révolte face à l'autorité abusive que Ludwig exerce sur lui... Quels espaces de liberté lui réserve-t-il, lui préserve-t-il ? Aucun, l'exigence de cet amour, son exclusivité asphyxient le jeune homme, comme d'ailleurs elles ont accaparé, monopolisé toute l'attention, voire les activités des propres amis de son oncle qui n'a jamais hésité à tout exiger d'eux. En ces mêmes années, d'ailleurs, Holz remplace Ries et Schindler auprès de lui. Pourtant rien n'égale l'amour quasiment incontrôlé qu'il porte à cet adolescent dont il veut façonner la personnalité afin de l'arracher à un milieu familial qu'il redoute par-dessus tout. Mais Beethoven est-il un exemple ? Dans l'incroyable désordre qui règne chez lui – un jour, on retrouve la partition de la *Neuvième Symphonie* enveloppant le beurre – comment le musicien peut-il accuser son fils de la perte d'un cahier de musique, d'un reçu, de billets ? Cet argent que Karl dépense inconsidérément, auprès des filles et autour des tables de billard...

« Gâté comme tu l'es, tu ne ferais pas mal de t'appliquer enfin à la sincérité et à la vérité, car mon cœur a déjà trop souffert de ta conduite sournoise envers moi, et il est difficile d'oublier. Je ne rêve que d'être entièrement éloigné de toi et de ce misérable frère et de cette abominable famille », écrit Beethoven, en signant : « Malheureusement ton père, ou plutôt pas ton père ! »

Conscient de la cruauté de ces phrases, mais sans doute incapable de mesurer leur impact sur cet esprit écartelé, il revient alors sur ses déclarations et rappelle Karl dans une supplique enfiévrée :

« Je t'étreins et je t'embrasse mille fois, mon fils, qui n'est pas perdu mais qui vient de renaître... ton père affectionné. » Et les promesses se succèdent, promesses de paix, de réconciliation, aussitôt oubliées : « Reviens dans mes bras, mon fils adoré ! Tu n'entendras plus une parole dure. »

Entre eux, tout se passe comme si Beethoven juxtaposait en permanence deux images : celle du « fils » idéal, rêvé, adoré, dont il attend tout, et celle du neveu médiocre, dépravé, répugnant au don absolu de son amour – quitte à rayer sa mère de sa vie – et de sa personne qu'exige son oncle. Ludwig veut à la fois protéger le jeune homme, le combler de tout pour susciter son attachement et le couper des autres pour n'avoir à le partager avec personne. Mille fois déjà, Karl a vécu ces retours de sentiments. Mille fois, il a vu Beethoven à genoux implorer son pardon, sa confiance et promettre de ne plus le harceler. Quelle oppression ! Quel asservissement et quelle inconstance dans les choix d'études que lui impose son oncle qui le change de collège, projette de l'inscrire à l'université de Saxe, ou demande à un ami allemand, résidant à Londres, de lui apprendre son métier de luthier...

Rien n'échappe à l'irascibilité et aux soupçons de Ludwig. Auprès de qui Karl peut-il se confier, trouver du réconfort ? Sa mère ? Il ne la voit qu'en cachette. Un ami ? Lorsqu'enfin il se prend de passion pour un dénommé Niemetz, un jeune homme simple qui n'appartient pas à la haute société, et qu'il présente à son oncle lors d'un séjour à Baden, aussitôt, invectives et menaces pleuvent : Beethoven déteste ce garçon, lui trouve tous les défauts, des manières vulgaires, une influence désastreuse, une extraction indigne de « son fils ». Niemetz est quasiment chassé, de façon on ne peut plus explicite par le biais des fameux cahiers de conversation dont Ludwig ne se sépare plus, tant sa surdité est totale : « Hôte ennuyeux... qui manque absolument de bienséance et de convenance, qualités qui sont en quelque sorte le propre de jeunes gens et d'hommes bien élevés. Il est grossier, commun... », trace-t-il rageusement en français pour n'être pas compris de l'intrus.

Pour Karl, la coupe est pleine. A dix-huit ans, va-t-il se laisser humilier devant son seul ami ? « Niemetz et moi avons un caractère et des goûts communs, et je ne cesserai pas de l'aimer, comme je pourrais aimer mon frère si j'en avais un ! »

Aimer ! ce mot que Beethoven a tant de fois espéré de la bouche de Karl qui maintenant l'emploie pour ce... Beethoven devient fou. Comment « son fils » ose-t-il le provoquer ainsi ? La rage le précipite les poings en avant sur Karl qu'il bat comme il se bat avec Johann, comme il s'est mille fois battu avec le père de Karl.

Mais cette fois-ci, Karl n'est plus en état de le supporter. Échappant à la surveillance de Holz, il disparaît après lui avoir dit : « A quoi bon me retenir ! Si je ne me libère pas aujourd'hui, ce sera une autre fois, et cela se fera. » Beethoven est hystérique. Il accable le malheureux Holz de reproches, le maudit pour sa négligence, jure, menace, pour, petit à petit, laisser l'angoisse se substituer à la rage. Que faire ? Comment retrouver son fils ? Et s'il mettait ses menaces de suicide à exécution ? S'il allait se jeter à l'eau ?

Ludwig maintenant a peur. Affolé, il court suivi de Holz, chez Niemetz, où il se heurte à une porte obstinément close. Commence alors une poursuite fébrile qui de café en café, sans oublier le collège, les entraîne jusqu'au dernier recours : le domicile maternel ! Ce lieu interdit, et détesté. Où Karl gît la tête en sang !

Indubitablement ce drame va avoir sur Beethoven des conséquences que Karl ne peut mesurer. Après dix années de tendresse passionnée. Beethoven va prendre un formidable recul. Bien sûr il ne l'abandonnera pas. Financièrement, il va continuer de pourvoir à ses besoins, faisant intervenir ses amis aristocrates, pour le protéger des retombées de son acte. Mais à cet amour-là encore, on ne le prendra plus. Comment pourrait-il oublier qu'à peine entré dans la chambre, il a vu Karl l'éviter des yeux, tourner sa tête vers le mur, refuser obstinément de lui parler, de s'expliquer, menacer d'arracher son pansement si Ludwig lui adressait la parole, même s'il était question de lui dans la conversation. Qu'Il le laisse enfin tranquille. Qu'Il taise à jamais ces reproches, cette méfiance, ce trop-plein d'amour qu'il refuse !

Beethoven est abasourdi. Anéanti. Essayant douloureusement d'inscrire dans sa mémoire chaque minute, chaque seconde de cette rupture à laquelle il ne veut pas croire, écrivant dans un dernier sursaut d'amour, au moment de quitter la chambre, cet ultime appel pathétique :

« Si tu as quelque chagrin caché, fais-le-moi savoir par ta mère. »

Karl ne fait rien savoir. Karl ne veut plus rien dire. Le 7 août 1826, il est transporté à l'hôpital, où se succèdent, à son chevet, médecins, magistrats, prêtres et... Holz, délégué par Ludwig qui n'ose venir prendre des nouvelles. Tous veulent comprendre : a-t-il tenté de mettre fin à ses jours ? La question est d'importance. En Autriche, où le catholicisme est la religion d'État, le suicide est considéré comme un délit grave, passible d'une très lourde peine de prison. Pour protéger son neveu, Beethoven a déjà fait entendre sa version : Karl s'est blessé en manipulant des armes, accident très courant à l'époque.

Mais Karl avoue à la police venue enquêter la nature exacte de l'accident, et ses causes : les réprimandes incessantes de son oncle. Ajoutant à l'intention de Holz :

« Je suis devenu pire parce que mon oncle voulait me rendre meilleur... »

Aussitôt, le prêtre décide que Karl « ne sera pas libéré de l'arrestation tant qu'il n'aura pas subi un examen complet d'instruction religieuse et ne sera pas complètement converti, de sorte qu'il n'y ait pas de rechute à craindre ». Des amis interviennent. La police étouffe l'affaire, ferme les yeux, mais exige que Karl quitte Vienne pour plusieurs années...

Ludwig, oubliant qu'il a maintes fois écrit sur son cahier « renonce à la tutelle ! Ça ne peut plus continuer ! », est effondré ! Comment, dorénavant, pourra-t-il gérer l'avenir de « son fils », quand celui-ci refuse de le revoir, et doit s'expatrier. C'est Stephan von Breuning, l'ami de toujours, qui résout ce double problème en prenant le jeune homme sous sa coupe. Et Ludwig, qui n'avait plus la force d'affronter dans le regard de Karl le vide affectif qu'il y lisait et qui sait désormais son neveu en de très bonnes mains, retrouve en quelques jours, son intense force vitale, et même son humour ! « Je ne savais, pas qu'il y avait à Vienne des bourgeois de honte ! » déclare-t-il le jour où il est fait « bourgeois d'honneur » de la ville.

Pendant ce temps, Stephan tient ses promesses. Le spectre de la prison écarté de la tête de Karl, il se met en devoir de lui trouver une place dans l'armée, ce dont le jeune homme a toujours rêvé au grand mépris de Ludwig qui le lui fait savoir par l'intermédiaire de Stephan. Regarde, dit-il à son ami, voilà « un esclave qui a vendu sa liberté pour cinq kreutzers par jour ». Une pauvre somme certes mais qui pour Karl représente l'indépendance financière et la liberté. La fin de son esclavage. Et que pourrait-il faire d'autre ? Recommencer sans espoir de réussite une année universitaire ? Mendier un peu d'argent à gauche et à droite, et mentir... Mentir encore et toujours à cet oncle auquel il ne veut plus rien devoir et qui pourtant vient une fois encore de voler à son secours. C'est en intervenant personnellement auprès de l'un de ses fidèles admirateurs, le baron von Sutterheim, auquel il va dédier son *Quatorzième quatuor* en guise de remerciement, qu'il a réussi à faire engager Karl dans le régiment de l'armée impériale que commande le baron. Mais en attendant son intégration dans l'armée, Stephan installe Karl à la campagne et veille à son rétablissement. A cet instant, personne ne sait encore si la police ne va pas se manifester : Karl ne devait-il pas, en dépit de son état de santé, s'exiler immédiatement ? Où le cacher ? Beethoven, dont la santé commence à subir les contrecoups des chocs psychologiques, accepte alors ce qu'il avait toujours refusé jusque-là : l'hospitalité que lui offre son frère Johann dans sa maison de Gneisendorf.

Sans doute espère-t-il encore, du tréfonds de son âme, reconquérir le cœur de ce « fils » qu'il décide d'accompagner dans son exil pour mieux le protéger. Qui d'autre que lui pourrait faire valoir ses relations, éviter l'incarcération immédiate de Karl si la police découvrait son refuge ? Avant le départ, Beethoven se rend chez les Breuning qui l'ont invité à dîner pour célébrer la fête de leur fils Gerhard. Quel bonheur de se retrouver dans cette famille chérie, qui a enveloppé les heures difficiles de son enfance d'un voile de douceur et de joie. Beethoven qui a commandé un somptueux plat de poissons à un traiteur, offre à Gerhard, qu'il surnomme affectueusement Ariel, la méthode de piano de Clémenti, la meilleure qui soit et tous partent en promenade. Gerhard, qui a treize ans, couve le grand musicien du regard. Son admiration est sans bornes, toute nourrie des souvenirs que lui ont raconté ses parents. A ses côtés Léonore, la douce Léonore, et Stephan, l'interrogent, écrivant leurs questions à la hâte sur ses carnets de conversation. A-t-il la force de composer, malgré les tracas de l'affaire de Karl ? Oui, bien sûr, il a la force de tant de choses à dire encore, comme il le confie à un éditeur : « Il me semble que j'ai à peine écrit quelques notes. » Mais ajoute-t-il, « je n'ai pas composé d'opéra même si tous, Johann et Karl en tête, m'y ont toujours poussé ». Pourtant n'est-ce pas ainsi que Rossini s'est enrichi ? La question le pique au vif : « Je ne pourrais composer des opéras comme *Don Juan* ou *Figaro.* J'ai une aversion pour ce genre. Je n'aurais pas pu choisir de tels sujets, ils sont trop légers pour moi ! » Et puis ce Rossini c'est « un bon peintre de théâtre ! »

Tous rient et il est heureux.

Entouré des siens, de ses souvenirs rhénans, des siens, conforté dans cette douce amitié par une chaleureuse lettre de Wegeler et la visite affectueuse de Ries, il sent qu'il est à l'aube d'une œuvre formidable :

« Nulla dies sine linea, répondit-il à Wegeler, dans une lettre vibrante d'optimisme. Et si je laisse dormir la muse, c'est seulement pour qu'elle se réveille forte. »

Enfin, le 28 septembre 1826, au petit matin, en cachette il quitte Vienne avec Johann et Karl. Le premier mois, dans le petit village des bords du Danube, est presque heureux. Johann et sa femme se plient à l'emploi du temps quelque peu désordonné du compositeur qui peut déjeuner plusieurs fois par jour, ou oublier totalement de prendre ses repas. Il ne connaît ni les horaires, ni les contraintes de la vie de famille, mais pour l'instant, chacun intègre ses habitudes dans le règlement interne de la maison, auquel, comme il l'écrit, il attache assez peu d'importance.

Et puis, très vite, l'atmosphère se glace. Les rapports se tendent. La volonté de conciliation de son frère et de sa belle-sœur, déjà forcée à l'arrivée, diminue jour après jour devant l'inaptitude totale de Beethoven à respecter les habitudes de la maison.On finit par lui reprocher ses repas, le coût de son chauffage ; cet humour grinçant qui les humilie, lorsque son frère signe pompeusement « propriétaire foncier » les messages qu'il lui adresse auxquels Beethoven rétorque aussitôt en signant à son tour « Propriétaire d'un cerveau » !

Fort heureusement, pour une fois, sa surdité l'aide à supporter les remarques perfides, lancées sans cesse par sa belle-sœur. Et puis l'obligation de la feuille de papier ou de l'ardoise, indispensables pour communiquer avec lui, tempère les ardeurs belliqueuses de sa famille.

Quant à Karl, il joue, plus que jamais, les absents. Plutôt que d'aider à tempérer les humeurs des uns et des autres, il a repris l'inclinaison de ses penchants naturels : les filles et les cafés, harcelant son « père », ou sa tante quand il n'obtient pas gain de cause, pour leur arracher quelques kreutzers. Il n'est d'ailleurs pas le seul à frapper à la porte de la chambre de Beethoven. Johann ne cesse d'exiger de l'argent pour la nourriture, pour des réparations, pour le chauffage, et Ludwig s'aperçoit, avec consternation, que ses réserves s'amenuisent dangereusement. Alors, tout en travaillant aux quatuors commandés par le prince Galitzine, qui d'ailleurs ne lui seront jamais payés, il compose à la hâte quelques petites œuvres – une sonate, une fugue – que Johann s'empresse d'aller vendre pour soixante florins dont, bien sûr, il ne verra jamais la couleur.

A l'entrée de l'hiver, la situation entre eux a atteint un point de non-retour, d'incommunicabilité irrémédiable. Thérèse ne le nourrit presque plus et Ludwig pour éviter d'avoir à affronter les humeurs des siens, les discussions et les violents reproches de Karl, s'enferme dans sa chambre, à peine chauffée. La solitude épouvantable de son âme, le sentiment de cette haine qui l'entoure, l'inconfort de son séjour l'obsèdent. Il tombe malade, mais cette fois-ci, personne n'est là pour le soigner. Personne ne s'en soucie. Parallèlement, un autre drame se noue : Karl, peut-être pour convaincre sa tante de l'entretenir plus généreusement, a commencé à tourner autour d'elle. Innocemment ou pas, nul ne le sait, mais Johann s'enquiert du prochain départ de son frère et de son neveu.

Beethoven est indigné. Les propos allusifs de son frère lui sont insupportables. Comment ose-t-il le chasser, lui qui l'a nourri, éduqué, aidé ? Blessé dans l'âme. Fiévreux, toussant, il ordonne à Karl d'empaqueter immédiatement leurs affaires, jette les siennes dans son bagage et claque violemment la porte.

C'est le premier jour de décembre. Dehors l'hiver givre les routes et transforme l'air en paillettes de glace qui brûlent les poumons. Pour comble de malchance, Thérèse s'est absentée avec la voiture. Mais la perspective d'un long trajet dans la carriole découverte du laitier n'assagit pas pour autant Ludwig qui part en pleine nuit avec son neveu sans se retourner.

Une heure plus tard, l'auberge qui les accueille n'est guère plus confortable. Dans une méchante chambre, sans chauffage, le père et le « fils » frissonnant, sous de maigres couvertures, passent une nuit terrible. Et la fièvre de Ludwig galope, le mal tombe sur la poitrine, sur le ventre.

Le lendemain, dès l'aube, il sont en route pour Vienne. Mais dans la précipitation du départ, Beethoven n'a informé personne de leur retour. Son appartement est glacial, les lits humides et le garde-manger vide. Les domestiques ont été congédié depuis longtemps, et Karl s'échappe aussitôt pour retrouver un peu de la chaleur et la compagnie de ses bistrots habituels.

Seul, souffrant abominablement, Ludwig appelle Holz à l'aide, mais égare la lettre ! Et pendant des jours, il va rester ainsi, claquant des dents de froid et de fièvre, à demi affamé, espérant pathétiquement la venue d'un ami ou de l'un des médecins que Karl ne parvient pas à convaincre de se déplacer!

Lorsque enfin la rumeur de son retour se répand à Vienne, Karl Holz qui a reçu la seconde lettre de Beethoven accourt. Bouleversé par l'état de faiblesse extrême dans lequel il trouve son maître, il alerte immédiatement le Dr Andreas Wawruch qui diagnostique une pleurésie fulgurante. A force de potions, de cataplasmes, de potages de légumes, de reconstituants, on parvient à redonner quelques forces au pauvre Beethoven que ces soins, la présence de ses amis retrouvés, le feu qui pétille dans la cheminée, raniment un court instant. Hélas, très vite, la rechute s'amorce... Pourtant si l'on se presse autour de lui, Schindler, de retour en grâce, les Breuning, Holz fort occupé par les préparatifs de son mariage, tous sont tellement habitués aux malaises hivernaux et récurrents de Beethoven que personne ne s'en alarme véritablement... Pas même lui, d'ailleurs, ragaillardi par les visites de Gerhard von Breuning. Chaque jour, après le déjeuner, l'enfant monte les marches quatre à quatre pour reprendre ce rôle de garde-malade qui lui tient tant à cœur. Au chevet de Beethoven, il écoute, écrit, raconte à mots brefs ses journées, donne des nouvelles de Vienne et de ses amis. Il peut aussi rester des heures, sans bouger, souriant et silencieux, attentif aux désirs de Ludwig auquel dès qu'il ouvre les yeux, il propose des livres que Schindler, avec plus ou moins de bonheur dans ses choix, est allé chercher... Un jour il fait encadrer une gravure de Haydn et l'accroche, comme en rêvait Beethoven depuis longtemps, au-dessus de son lit. Stumpff, le luthier, lui envoie de Londres les œuvres de Haendel en quarante volumes que Ludwig garde précieusement contre lui, dans le lit, dressés contre le mur.

Mais malgré cette affection, celle-là même qui lui a

toujours si cruellement fait défaut et qu'il a tant recherchée auprès de son neveu, malgré les attentions des uns et des autres, l'état de santé de Beethoven s'aggrave de jour en jour. Il demande alors à ce qu'on rappelle à son chevet le Dr Malfati, avec qui il était pourtant fâché depuis douze ans. Pour faire passer l'amertume des médecines, Malfati lui prescrit du punch glacé. L'effet dopant est immédiat, et Ludwig crie au miracle... Mais le miracle, hélas, est illusoire et le bienfait de très courte durée. Beethoven abuse de la prescription, et l'alcool ravage son foie déjà gravement touché.

Quelques jours plus tard, Malfati, affolé par les progrès de l'hydropisie, prescrit immédiatement une ponction, que Ludwig supporte sans une plainte, sans un gémissement, comme il tente de maîtriser l'angoisse irrépressible de ne pouvoir écrire cette *Dixième Symphonie* tout entière inscrite dans sa tête et qui l'obsède. Dès qu'il se sent mieux, il réclame du papier et un crayon, jette des phrases désordonnées, interrompu par les commandes de ses éditeurs qui, maintenant, lui sont si nécessaires, non plus pour vivre, mais pour survivre.

C'est dans l'une de ces périodes d'accalmie qu'un après-midi Karl réapparaît. Sec, laconique, il est venu prendre congé de son oncle. Dans quelques semaines, il doit en tant que sous-officier rejoindre un régiment de cadets basé en Moravie.

Ludwig qui sait que cet adieu n'est pas seulement un adieu à son « fils » mais un adieu à tous les rêves d'amour qu'il avait conçus pour lui, des rêves d'affection et de gloire à jamais enfouis et déçus, Ludwig se sent soulagé. D'autres vont désormais veiller sur Karl, qui d'ailleurs semble ravi de son sort. Lui, il a Gerhard dont les sourires et l'affection ensoleillent ses jours. Gerhard qui écrit, après une ponction particulièrement douloureuse : « Cela ira mieux maintenant tous les jours. » Seul le jeune garçon sait apaiser ses douleurs, calmer ses colères. Lorsque Beethoven hurle et s'en prend à la femme de ménage, qui est une piètre cuisinière, Gerhard avec ce tutoiement que le compositeur ne tolère que de rares intimes s'écrie :

« Ne te fais pas de bile pour cela, parle-moi plutôt d'autre chose, et sois de meilleure humeur parce que la tristesse retarde la guérison. » La tristesse et... l'inquiétude.

Beethoven est préoccupé. Son travail n'avance plus. Karl, depuis qu'il est parti, n'a pas écrit une seule fois ! Ses lettres se seraient-elles égarées ? Est-ce que la malle-poste aurait eu un accident ? Et si son neveu avait été blessé, tué ?

Patiemment, ses amis le rassurent, inventent chaque jours de nouvelles excuses : le chemin est long jusqu'à la garnison d'Iglau ; le jeune homme doit être très occupé par son installation ; le régime militaire n'offre pas beaucoup de loisirs à ses officiers ; et puis c'est le temps du carnaval, et celui d'Iglau est réputé... d'ailleurs quand Beethoven ira mieux, il pourra certainement envisager une visite en Moravie, ne dit-on pas que l'air y est merveilleusement léger et le climat parfait pour une convalescence ?

Beethoven n'ira pas mieux. C'est à peine s'il peut encore, pour accueillir un visiteur, se redresser dans son lit. Il a tout juste la force de tourner un peu la tête et d'agiter les doigts. Les yeux clos, la respiration haletante, il soupire, rêvant peut-être à ces escapades dans la campagne ; ces balades interminables dans lesquelles il entraînait ses amis qui en revenaient épuisés mais ravis ! Il sait qu'il ne gravira plus les sentiers escarpés qui mènent aux ruines de Rauhenstein, qu'il n'en dévalera plus comme un enfant les pentes à pic, improvisant des parties de cache-cache ou des chansons que ses compagnons reprenaient à tue-tête !

Se revoit-il sous les charmilles des auberges où l'été il prenait en riant des mains des serveuses, ce Sillery mousseux qu'il aimait tant, ou ce Vöslauer qui accompagnait si bien les plats parfumés de gibier.

Mais lorsque Stephan von Breuning, son ami, qui ne sait plus que faire pour prévenir ses désirs, lui annonce tout heureux qu'une caisse de ce même vin est arrivé, un Rüdesheimer 1806, Beethoven murmure dans un pauvre sourire : Dommage, trop tard !

Alertés par la rumeur, quelques musiciens, des éditeurs, frappent à sa porte. Autour de lui, le cercle des premiers amis se resserre. Zmeskall qui est presque impotent et qui a pris un logement tout proche de celui de Ludwig, Wegeler, qui ne cesse de lui écrire des lettres chaleureuses qu'il veut réconfortantes, Schuppanzigh...

Et pour la première fois, Ludwig pressent que sa fin est proche. Va-t-il avoir le temps de mener à bien cette *Dixième Symphonie* à peine ébauchée sur le papier, qui lui arrache ses derniers sursauts d'enthousiasme ? Mais si, par malheur il devait rester ainsi, entre la vie et la mort, comment subviendrait-il à ses besoins ? A ceux de Karl pour lequel il a constitué un petit pécule auquel il refuse de toucher ? Dans un ultime sursaut, il rédige une lettre à l'attention de Moscheles qui est à Londres, pour lui demander si par hasard la Société Philharmonique, qui lui avait quelques années auparavant proposé d'organiser un concert à son profit, ne serait pas prête à le faire en ces moments si financièrement difficiles pour lui. Aussitôt, d'Angleterre, la Société Philharmonique lui adresse cent livres, un geste qui bouleverse Beethoven. Tant de générosité de la part de ces Anglais qu'il a toujours rêvé de connaître, de ce pays qu'il souhaitait tant visiter, alors qu'à Vienne, personne ne se préoccupe de son sort. Pas une seule personnalité ne s'est déplacée. Pas même l'archiduc Rodolphe, son ancien élève !

Sa déception est si forte qu'il arrache ses pansements et pleure. Dieu que tout est douloureux! Et, dans sa mémoire, s'ébauche le souvenir jamais terni de Joséphine. Pépi! Où est-elle? Pourquoi n'est-elle pas à ses côtés?

« Toi, tu es un heureux coquin; tu as une femme qui te soigne, qui est amoureuse de toi, mais moi, malheureux! » lance-t-il à Hummel qui, pour lui faire plaisir, revient à son chevet accompagné de son épouse. C'est elle qui en essuyant délicatement le visage trempé de sueur de Beethoven aura pour celui qui avait tant espéré des femmes, le dernier geste de tendresse et de complicité.

Le 20 mars, son état de santé empire brusquement. Incapable du moindre mouvement, il ne peut plus fixer son attention, ni rien lire de ce qu'on lui écrit. Le 23 mars, le Dr Wawruch décide de prévenir son malade de l'imminence de sa mort. Une mort annoncée que Beethoven dans un ultime effort parvient à déchiffrer sur la feuille de papier qu'on lui tend.

Il demande alors au médecin d'appeler un prêtre et qu'on le laisse seul avec lui. Est-ce à ce moment-là ou après le départ du prêtre qu'il aurait dit à Schindler et à Gerhard von Breuning :

« *Plaudite, amici, finita est la comedia!* »

Applaudissez, amis la comédie est finie! Quelle importance face à cette vie prodigieuse qui est en train de s'achever bien trop prématurément! Beethoven, la main guidée par celles de Johann, de Stephan von Breuning et de Schindler, trace d'une écriture tremblée quelques lignes qui confirment Karl dans ses droits d'unique héritier, puis, rasséréné, ferme les yeux.

En larmes, ses amis assistent à l'ultime combat de cette force de la nature contre la mort, aux efforts de cette poitrine amaigrie qui semble vouloir voler un dernier souffle à la vie. Beethoven délire, puis sombre dans un coma profond.

Le 26 mars 1827, « vers cinq heures... » nous dit le compositeur Anselm Hüttenbrenner, grand ami de Schubert, qu'il avait probablement emmené autrefois au chevet de Beethoven, « un violent coup de tonnerre retentit. En même temps un éclair illuminait la chambre... A ce phénomène si extraordinaire, qui m'impressionna vivement moi-même, Beethoven ouvrit les yeux tout grands; il souleva sa main droite; et le poing crispé, l'air farouche et menaçant, il fixa pendant quelques secondes, son regard en haut... Quand sa main retomba sur le lit, ses yeux étaient à demi voilés... Aucun souffle ne sortait plus de ses lèvres, le cœur avait cessé de battre... »

A sa porte, son frère et sa femme attendaient impatiemment pour se jeter sur les quelques biens qu'il laissait. A défaut de fortune, ils trouvèrent une poignée d'actions, le fameux testament de Heiligenstadt que le compositeur avait si longtemps gardé contre son cœur, le portrait de Giulietta Guicciardi, celui de Marie Erdödy et la lettre à l'Immortelle bien-aimée!

Pour qui Ludwig van Beethoven l'avait-il si précieusement gardée?

Paris, le 14 avril 1996.

BIBLIOGRAPHIE

Boucourechliev André, *Beethoven*, coll. « Solfèges », Seuil (2e édition), 1994.
La présente édition a été complétée par un choix de textes et d'annexes par Élisabeth Bernard.
Brentano Bettina, *Correspondance de Goethe avec un enfant*, Gallimard, 1943.
Buchet Edmond, *Beethoven, légendes et vérités*, Buchet-Chastel, juin 1995.
de Candé Roland, *Histoire universelle de la musique*, Seuil.
Dictionnaire des compositeurs, coll. « Solfèges », Seuil.
Chantavoine Jean, *Correspondances de Beethoven*, Calmann-Lévy, s.d., Traduction et introduction de Jean Chantavoine.
Herriot Édouard, *La Vie de Beethoven*, Gallimard, Paris, 1929.
Hevesy (de) André, *Beethoven, vie intime*, Émile-Paul, 1949.
Magnani Luigi, *Beethoven, les carnets de conversation*, traduction de l'allemand, Éditions de la Baconnière, Payot, Paris, 1971.
Massin, Jean et Brigitte, *Ludwig van Beethoven*, Fayard, 1982.
Porot Maurice et Miermont Jacques, *Beethoven et les malentendus*, étude médicale des laboratoires Siba Geigy.
Prod'homme J. G., *La Jeunesse de Beethoven*, Delagrave, Paris, 1927 (2e édition).
L'Immortelle bien-aimée de Beethoven, Glopeau, 1946.
Les Symphonies de Beethoven, Delagrave, Paris, 1906.
Beethoven raconté par ceux qui l'ont vu, Stock, 1927.
Riemann Hugo, *Dictionnaire de musique*, Payot, Paris, 1931 (3e édition) Traduit par Georges Humbert, édition entièrement refondue et augmentée sous la direction d'André Scheaffner.
Rolland Romain, *Beethoven, les grandes époques créatives*, Éditions du Sablier, 1930.

SOLOMON Maynard, *Beethoven*, Lattès, 1985.
VITOUX Frédéric, *Rossini*, Mazarine, Paris, 1982.
WAGNER Richard, *Beethoven*, Gallimard, Paris, 1970 (3e édition). Traduit par Jean-Louis Crémieux.

Un grand nombre de ces livres et de partitions originales peuvent être consultés à la bibliothèque Gustave Mahler, 11 bis rue de Vézelay, 75008 Paris.

Achevé d'imprimer par la
SOCIÉTÉ NOUVELLE FIRMIN-DIDOT
Mesnil-sur-l'Estrée
pour le compte des Éditions Lattès
en avril 1996

Imprimé en France
Dépôt légal : avril 1996
N° d'édition · 96052 – N° d'impression : 33768